「銃後」の民衆経験

戦争の経験を問う

「銃後」の民衆経験

地域における翼賛運動

大串潤児

岩波書店

目　次

目　次

装丁＝虎尾　隆

プロローグ

銃後のハナ子

のんきな父さん、しっかりものの母さん、慎ましい長男(兄)の嫁と長男夫婦の可愛い子ども。長男は出征中。そんな家庭に、明るく元気な若い娘がいた。近所の若者と結婚、喜びにあふれた二人は野原でデュエットする。新居を構えた二人にとってたまの楽しみであった「外食」は、夫の賞与が国債で支払われたためにキャンセル。でも妻であり主婦となった娘は「無駄遣いしないように」と明るい(①貯蓄と戦時生活)。娘はやがて身ごもり(②出産奨励)、夫婦は娘の実家に同居することになる。一方、夫の妹は「歩るけ歩るけの道」という遠足(厚生運動!)で傷痍軍人と親しくなり(③健民運動・傷痍軍人援護)、隣組全員に祝福されて結婚する。実家の若い夫婦は隣組の防空演習(④防空)に参加した日の夜、実際に空襲に見舞われる。明け方、空襲警報が解除された頃、娘は無事に男の子を出産。やがて夫に召集令状が来る。「お前だと思って持って行くんだ」と「オカメの面」を見せる夫に、娘は、明るく見送るためにその面を頭の後ろにかぶって陽気に踊るのである(⑤応召と家族)。

娘の名前は「ハナ子」。マキノ正博監督映画作品「ハナ子さん」のあらすじである。轟夕起子が「ハナ子」を演じ、その夫「五郎」を灰田勝彦(日系二世俳優)、「五郎」の妹「チヨ子」を高峰秀子(「デコちゃん」)が演じた。原作は杉浦幸雄の漫画(『主婦之友』連載)。日常生活をこまごまとかつほのぼのとした笑いのなかに描いた「銃後のハナ子」。「銃後」がタイトルからはずされた映画「ハナ子さん」は一九四三年二月二五日に封切りとなった。ちなみに、その二日前、陸軍省は著名な標語「撃ちてし止まむ」のポスター五万枚を全国の映画館・劇場などに配布している。

あらすじに紹介した①—⑤の行動は、レビューをとりまぜた作品づくりともあいまって、「明るく・楽しく」という銃後のあるべきすがたを示すものとなっている。「撃ちてし止まむ」の文字が大写しにされた後、「ハナ子さん」はきらびやかなレビュー・シーンでスタート。「防空演習」も和気あいあいと楽しく行われ、BGMには「なんだ空襲」(大木惇夫作詞・山田耕筰作曲の戦時歌謡、一九四一年)が使われている。一方、検閲によって「オカメの面」で顔を隠して泣くシーンや、「チョ子」が陽気に歌いながら散歩するシーン、「太腿」が露出するレビューのシーンは「軽薄」としてカットされた。「ハナ子さん」は「明るい銃後のミュージカル映画」(内田勝)や、「戦意昂揚にならない銃後映画」(加藤幹郎)とも言われる。(1) すでに「決戦段階」ということばがあふれていた一九四三年、「ハナ子さん」が描いたものは、やがて現実の空襲によって「銃後」そのものが「戦場」となる直前、まだ戦争が人びとの日常に深刻な影響を及ぼすまえ、「銃後」が戦争と同居できる生活をも意味しえた時代の、「平和」で「モダン」な「銃後」のすがたであったのだろうか? ちなみに「ハナ子さん」の副題は、「昭和十四(一九三九)年から昭和十六(一九四一)年までのハナコさんのうた物語」であった。

村のレビュー

レビューで彩られた都市の庶民生活は、深刻化する物資不足のなかでも、「銃後」を支える人びと

――特に青年にとっては「憧れ」の対象として保持しつづけられていた。日本放送協会が一九四二年八月から四三年二月にかけて行った農村文化調査がある（日本放送協会編『農村文化の課題』一九四四年）。これによれば、この頃でも、映画は青年層にとって「村第一の娯楽」であった。ただし村で、大政翼賛会や学校が主催する校庭での映画会は「電圧が低いため画面が暗く発声も明瞭を欠き興味を削ぐこと夥しく」青年には人気がない。しかも映画は「農村娯楽の都市化傾向を助長」し、「村自身の立場から娯楽を創り出す積極性を喪失」させるものだと指摘されている。

その一方、「村の娯楽建設」を推進するという立場からは、「〔支那〕事変後に生れた」素人演劇運動が注目されている。それらは出征家族慰問・祭礼などの余興、青年の離村対策などから出発している。『農村文化の課題』で「都会の舞台を思はせるもの」と紹介されているのが、長野県下水内郡太田村（現・飯山市）の素人演芸会で演じられた「〇〇部隊」（残念ながら伏せ字）である。これは、青年女性が工場の演芸会から持ち込んだという「前線の兵隊さん」の明るい朗らかな一面を扱ったレビューで、軍歌を歌いながら展開する喜劇である。「上演の際は男子青年から戦闘帽や団服を借りる」というから、演じているのは農村の若い女性だろう（男装の女性！）。

太田村の銃後活動は「県下の模範」といわれ、「共同作業」「農繁期託児所」も行われている。「共同作業」は「ゆひ〔結い〕」に比べて作業時間が規制されていて「気兼ねない」から喜ばれている。小学校には楽器一揃いを持つブラスバンドがある。青年団中心の素人演芸は、浪曲・漫才に寸劇、「農村の実生活に取材したものは少く、仁義や義侠を主題とする時代ものや童話に説話的なものを取り入れたもの」が多い。村ではレビューと「仁義と義侠の時代もの」が同居している。でも青年たちは

「何よりも映画をよくしてほしいと希望してゐる」。この村では、娯楽は青年にまかされ、翼賛壮年団などの指導は見られない。優れた(?)レビューの存在にもかかわらず、「村の娯楽建設」の立場からは評価が低い。「多忙な村」では浪曲やレビューを導入したり、映画を見に行ったりと「都市娯楽に依存できるため」、自ら独自に創る娯楽には関心がなく、むしろ「休憩が一番の楽しみだといってゐる」(『農村文化の課題』)。

太田村の青年たちがこの調査後に公開された「ハナ子さん」を見たのかはわからない。一九四三年、邦画興行収入一三位というから、ある程度のヒットだろう。「銃後」のすがたは、都市生活のなかで理想化されて描き出された。現実の農村の「銃後」では都市文化の形式と素材(レビューと映画)が喜ばれ、例えば工場を経験した青年(女性)によって都市(工場)の文化が入り込んで来る場合もある。しかし、その水準はあいかわらず低いままである。「描かれた銃後」と現実の生活のなかに、人びとは何を経験したのだろうか?(2)

一九四三年という時代に映し出された二つの極相が示唆する問題を手がかりに、主として日中戦争開戦後に形成され、やがてアジア太平洋戦争末期には崩壊していく「銃後」という社会の特徴を考えていきたい。

「銃後」という経験をどのように描くか

「戦争経験」は膨大な証言をふくんだ記録として私たちのまえに残されている。軍隊での経験とそこに直結する戦場の経験、戦闘後つかのまの「平穏」と緊張のなかで綴られた占領地での経験、その少なさが圧倒的であるとはいえ一部の人びとによってものされた戦時中の植民地での経験。二〇世紀は戦争と民衆の世紀ともいわれる。記録に残されることなく消え去ったかけがえのない民衆の経験は、いまは歴史的構想力のなかから想像するほかはない。

そうしたなかで「銃後」の経験は独特の意味を持ってきた。政治・経済的な指導者たちエリートや、「兵士」の経験ではない、いわば「民衆と戦争」を考えるための重要な記録と記憶が、「銃後」の経験であった。戦後の歴史学が社会総体をとらえる方法的視点とした、「民衆」の歴史。それは何よりも「平凡な日常生活」と戦争の相互依存関係や緊張関係を照らし出す重要な経験であったのである。

しかし、一方で「銃後」ということばには「戦争の惨禍」や「自らがこうむった被害の酷烈さ」が張り付いて語られてきた。おそらく多くの人びとにとって、「銃後」経験を象徴する出来事は、疎開経験であり、空襲経験であり、食糧難・物資不足などの生活難の経験であった。「銃後」の「記憶」に基づいた証言や、回想、記録が本格的に集められ、描かれはじめるのは一九七〇年代前後である。この時期の成果の一つが『戦争中の暮しの記録』(暮しの手帖社、一九六九年)であることは共通理解となっているが、この優れた記録が描きとどめようとした「戦時中」=「銃後」とは、基本的に一九四一年一二月八日以降のアジア太平洋戦争期、しかも空襲・食糧難などその後半期に対象が集中しているのである。こうした認識が次第に揺さぶられていくのは、空襲記録運動などの民間史学の運動と、そこでの内省的な議論を経てのことである。「銃後」をタイトルに掲げた雑誌『銃後史ノート』創刊号(女たちの現在を問う会編、一九七七年一一月)の「刊行にあたって」は次のように記していた。「母たちは確かに戦争の被害者であった。しかし同時に侵略戦争を支える〝銃後〟の女たちでもあった——

何故にそうでしかありえなかったのか――この機関誌を通じて、これを明らかにしたい、と思います」。それは、「〝銃後〟の女たちになるかもしれない私たち、すでに形をかえてなっているかもしれない私たちを、かつての〝銃後〟の女たちをみることによって対象化するため」、さらには「他者」や「他国の人々」を踏みつけにしないで自分たちの「解放」を模索するためである、と宣言されていた。

では、本書で私は、文字通りに複雑で多様、かつ個性的で個々かけがえのない「銃後の民衆経験」を、どのようにしてつかまえ、描こうとするのか。

「銃後の民衆経験」を考える思考は、まず「銃後」とはどのような社会であったのか、という「問い」から始まるものだろう。

地域の人びとと軍隊のあいだに結ばれた徴兵や物資調達・役務などの諸関係、戦時に現出する直接的な軍隊支援の諸活動（遺家族慰問、前線慰問、出征兵士の見送り）の総体として、戦時の「銃後」は存在していた。これに加えて「増産」「貯蓄」は「銃後のつとめ」などといわれるように、総力戦のもとでは生業や消費生活といった民衆の日常的な暮らしそのものが「銃後」を構成する領域となっていく。

さらに、「銃後」とは、戦時下の社会一般を指して使われることばでもあるが、本書では「銃後」の段階的な把握を試みた。日本近代における「銃後」は、日露戦時の「理想化」された地域社会や諸集団の「銃後後援」のありかたを、歴史的前提とする。近代日本社会は十数年ごとに小規模かつ限定的な「戦時」を経験していったが（そしてその都度、関係する地域には「銃後」が形づくられていったが）、日中戦争時にすがたを現してくる「銃後」の社会はその規模、質ともに全く異なるものであった。こうした「銃後」の社会編成の一つの到達点に、一九四〇年結成の大政翼賛会が存在する。従来、この時期の社会は、ファシズムという独特の社会編成として議論の対象となってきた。その社会編成のありようが、戦争支持という一点に集中された「銃後」社会をどのように性格づけていったのか、そのなかでの人びとの営みにはどのような特徴ある「主体性」が発揮されていったのか、を考えてみたいのである。

アジア太平洋戦争の開戦をはさんで、一九四二年頃までは、民衆のなかに「高い戦意」が存在していたこともあって、比較的「安定」した「銃後」社会が成立していた。しかし、前に述べたように、主として「銃後」の記録として語られてきた経験は、むしろ「銃後」の社会がさまざまな矛盾を噴出させつつ「崩壊」していく過程であったのではなかろうか。そして、戦争責任という問題は、こうした「崩壊」する「銃後」の経験をうけつつ考えられた独特な「銃後への問い」ではなかったか。

本書の視角

「銃後の民衆経験」を考える場合、視点としておきたい軸心は当面次のようなものである。第一に、「個人化」のベクトルと「平等化」のベクトルの相互連関という問題である。地主小作関係や集落の共同性のありかた、職員／工員のあいだの社会的身分や差別待遇と職場における関係のもちかた、こうした日本社会のありかたが「銃後」の社会においてどのような意味を持つのか。同時に、戦争はそれなりに「立身出世」・学歴上昇の機会をも提供するものであった。そして、国策に沿った公的「ことば」を多用することで、人びとは「簡単に」他の人びとを叱咤することができる(3)。

第二に、「銃後」の「社会」を論じる以上、人びとの社会関係がどのように作られていったのか、「銃後」における人びとのさまざまな集団化の意味を考えてみたい。それは、戦争や国内体制、「銃後」を支える主体性、その基礎となっている関係とは何か、という「問い」を考えることである。翼賛体制下の諸集団はおおむね「共同性」を強調する思想を持っていた[4]。

第三に、民衆思想史研究は、①生活意識に即した中間的知識人の思想形成、②民衆思想のイデオロギー化(体制化、およびその逸脱)を積極的に論じてきた。戦時の社会は、「知識」が社会的にも広範囲に必要とされる時代であり(「科学的・合理的」な「生活」への改善など)、在村知識人にとどまらず、専門教養をもった人びとが民衆の生活に向かい合った時代でもある。民衆の「銃後経験」のみならず、知識人の「民衆経験」をも考えてみたい[5]。

本書では、いくつか叙述の焦点をあてた地域や「場所」がある。もちろん、史料や記録の残存状態から、一つの地域社会に内在して叙述をしつくすことは困難である。多様な経験をとりこぼしてしまうことにもなる。そうしたなかでも次のような地域や「場所」は意識的に叙述に盛り込んだ。第一に、地方都市。これは、モダニズムのなかで人びとがどのように戦争を経験するのか、モダンな文化相のなかでの「銃後経験」を考えるために選んだ地域である。第二に、農村。特にその戦争による影響の局面に注意している。第三に、職場、戦時期急速に成長した工業地帯。「銃後」のもとで進行した社会変容は、都市と農村のあいだの人びとの移動、そのことによる職場・農村それぞれの社会のありかたの変化を通しても見えてくると思う。農村は「健康な兵士の供給源」であり、かつ食糧をはじめとする軍需品物資の豊穣な生産基地であらねばならなかった。同時に、戦争は農村の多くの人びとを都市の工場へと吸収していった。いや、農民自ら工場労働者へとなりかわっていく、あるいは家族のうちから工場労働者を出そうとする、そのような彼ら自身の選択と、農村に残る人びととの葛藤が広範に見られたともいえよう。

本書は、こうしたいくつかの地域社会での動きを組み合わせ、地域のなかの「銃後」、つまりは「翼賛」への動きを描き出そうという試みである。

二〇一五年冬、信州・松本市。新安保法制の意味を考える人びとの営みは続いていた。松本での「平和」を考えるつどいに、岡山空襲を経験したアニメ映画監督・高畑勲が参加している。高畑は『火垂るの墓』という映画も、戦争がもたらした惨禍と悲劇を描いています。しかし、そういった体験……戦争末期の負け戦の果てに、自分たちが受けた悲惨な体験を語っても、これから突入していくかもしれない戦争を防止することにはならないだろう」と述べている。「やはり、もっと学ばなければならないのは、そうなる前のこと、どうして戦争を始めてしまったのか、であり、どうしたら始めないで済むのか、そしていったん始まってしまったあと、為政者は、国民は、いったいどう振る舞ったのか、なのではないでしょうか。……いったん戦争が始まってしまったならば、「始めた以上は勝たなくては話にならんだろう」と言って、おそらく政府の戦争に協力するようになるんです。そういう人が圧倒的多数となるのではないかという、この恐ろしさ……」(『君が戦争を欲しないならば』岩波ブックレット、二〇一五年)。

本書は、「戦争の経験を問う」というシリーズのなかで「変容する社会」に視点をおいて「問い」

をたてるものである。戦後の歴史学は、なによりも「戦争はどのようにして、なぜ、始められたのか?」という「問い」をたてた。そうして、大日本帝国の政治経済構造や、思想史的観点から「敵」に対する蔑視観、教育による国民思想の画一化、軍隊や社会における「民主主義の欠落」などを問題としてきた(家永三郎『太平洋戦争 第二版』岩波書店、一九八六年)。「戦争はどのような惨禍を人びとにもたらしたのか?」は家永の著作にとどまらず、戦後日本民衆にとって切実な「問い」でもあった。

これに対して、「戦争が始まったら、どう振る舞うのか?」という「問い」は、戦争の問題を考えるうえで、自らを「戦争の〈当事者〉」として考えてみるという論点となる。こうした問題提起は、歴史教育をめぐる議論のなかでも注目を浴びている。それは戦争の「記憶」の継承をめぐる新たな方法の模索でもある(屋嘉比収らの仕事)。「銃後」の社会を叙述すること、またそこで人びとがどのような選択=「振る舞い」をしたのかを見つめること――それらは、戦争に対する「拒否」の可能性を、同時代の経験のなかから見つけ出すための第一歩となろう。「銃後」の人びとの営みは、「戦争の時代だからしかたがなかった」のだろうか? 人びとが「戦争の〈当事者〉」であったことを、いかに考えていたのか、この問題は「戦争責任」論の構成にとっても重要な「問い」なのであろう。

第一章
「非常時小康」

名古屋汎太平洋平和博覧会ポスター
(1937年[NETWORK 2010「アーカイブズ名古屋の歴史」])

「銃後」は戦争との関わりで生まれる。軍隊が動員され出動すると、関連する地域社会には「銃後」が形成されてくる。軍隊が帰還し、兵士が「復員」すると地域社会の「銃後」は解除される(藤井忠俊『国防婦人会』岩波新書、一九八五年、同『兵たちの戦争』朝日選書、二〇〇〇年)。近代日本は、こうした関係を繰り返してきた。そして満洲事変(一九三一年)は、メディアによる排外熱の広がり、国防婦人会を始めとする女性の「銃後」活動への積極化など、こうした関係に一つの画期を印した。

満洲事変の頃から社会には「非常時」ということばが溢れていった(安田浩「「非常時」と国民」金原左門ほか編『昭和史』有斐閣、一九八二年)。この時期、国家が人びとに求めた「非常時」意識に対応する生活態度は、対外的危機を「所与」とし、「国防」のための「国民精神の涵養」、「自力更生」のための生活態度の改編(「消費経済の改善」「生産の合理的増加」など)というものであった。

しかし「非常時」ということばは、次第にその意味を稀薄化、風俗化させていった。満洲での戦闘行動の存在にもかかわらず、日常の生活意識と対外的危機のあいだにはまだ距離があり、「非常時」であるがゆえに生活スタイルを改編させるということに、人びとは真剣ではなかったのである。

一九三三年を転機として時代は変化していく。出動部隊と関連する諸地域には「銃後」の関係が形成されていた。しかし、それは日中戦争期(一九三七年―)の「遍在」化とは段階を異にする。むしろ、人びとは恐慌の克服や生活再建――その意味で「あたりまえの安穏さ」「ふつうの状態への復帰」を模索しつつあった。

いち早く恐慌を脱出しつつあった地方都市の「モダン相」と、本来は経済恐慌からの脱出策であった農村地域の「自力更生」の試み＝農山漁村経済更生運動。「非常時」から「銃後」へと変化していくことば、「更生運動の村」から「銃後のむら」への展開のなかに、どのような社会の変化が読み取れるのだろうか。そこで人びとは、満洲事変や経済更生運動、選挙粛正運動などを通じて次第に形づくられていく部落会・農事実行組合、警防団、町内会、国防婦人会といった集団に組織されていくのである。

1　一九三三年——暗転する社会

一九三一年九月一八日からの満洲事変、引き続き日本軍の謀略によって激戦が展開された上海事変(一九三二年)は、多くの犠牲を日中両国民衆のうえにもたらしたうえで「終結」に向かっていた。一九三三年五月には塘沽《タンクー》停戦協定が締結される。新生の傀儡国家・満洲国では依然、抗日運動と日本軍討伐部隊との戦闘が続いていたが、日本国内の人びとのあいだには満洲事変は一段落を迎えたとの感慨が広がっていった。例えば宮城県志田郡古川町の森塗《もりぬ》師屋《しや》では、職人たちの会話のなかで「世間の事変に対する関心も薄れてゆき、私たちの〝満洲事変熱〟も次第にさめきって、終止符をうった」との感想が聞かれた(森伊佐雄『漆職人の昭和史』新潮社、一九九二年)。時代は「非常時小康」と言われていた。都市部を中心に、社会は昭和恐慌の打撃から立ち直りはじめていた。

八月、関東防空大演習が実施される。防護団を中心に、空襲・灯火管制、はては毒ガス対策などの演習が行われた。東京市では町内会への関心が高まり、その組織化に拍車がかかった（古屋哲夫「民衆動員政策の形成と展開」『季刊現代史』六号、一九七五年）。軍部はつねに「非常時」をあおるさまざまな宣伝・施策を打ち出していく（ワシントン・ロンドン軍縮会議期限の消滅などにともなう「一九三五・三六年の危機」）。

東北を中心とする「窮乏の農村」、繁栄する都市。人びとは「不安」のなかで生きている。景気が回復しつつある都市ではサラリーマンが増加し、郊外と都心が私鉄電車で結ばれる。ターミナル・デパートも急増し（一九三二年・阪急梅田店、一九三四年・東横渋谷店）、映画館が増加してくる。都市の代表的な産業である重化学工業においては、早くも労働者不足が問題になりつつあったが、実際には臨時工として働いたり、臨時手当などによって労働者の生活が維持されていた側面が強い。「自力更生」をうたった農山漁村経済更生運動においても、立派な「更生計画」は立案されたが現実の経営改善はまだ先のことであり、何よりも大きな負債が家計を圧迫していた。都市と農村の差、階層の差、「コントラスト」の社会は「不安定」な社会でもあった。満洲事変の「熱狂」は一時的に人びとを巻き込んだものの、いまだしっかりと「銃後」と呼ばれるべき社会を形づくっていたわけではなかった。

凱旋の風景

一九三二年五月一一日、一月から上海事変に参加していた金沢第九師団「凱旋決定」の号外が金沢市内に撒かれた。おりしも開催されていた金沢博覧会は多くの参観者を集めており、市内は「博覧会と凱旋を一緒」にして「大雑踏を早くも予想」される事態となる。旅館も料理店も、町内の世話役たちも「落着いた気分もない」」、市内は「総てが歓喜に満ちた晴れやかな凱旋の日を待」っていた(『北國新聞』一九三二年五月一二日)。「第九師団先発隊 けふ上海を出発す」の号外は、くしくも五・一五事件の号外とともに配られている。

凱旋準備は進み、「電飾塔や大アーチ」、駅前にたてる「大凱旋門」の作製も進んでいる(『北國新聞』一九三二年五月二〇日夕刊、以下夕刊は[夕]と表記)。「凱旋門」(ハリボテ)は日露戦争の「凱旋」から各地域でさかんに作られはじめ、「戦勝祝賀」のムードをもりあげる必須の舞台装置になっていた。「日支事変の花形師団」(『北國新聞』一九三二年六月六日)と讃えられた第九師団は、五月三一日までに上海の戦場から撤退完了、六月一日八時二〇分、金沢到着の列車で「凱旋」。駅頭から衛戍地《えいじゅち》(駐屯地)まで行進した後、諸業務を済ませ、兵たちは数日後から逐次、村むらへと帰って行った。市内だけでなく、どんな小さな村や町でも、簡素な「凱旋門」が作られ、地域の人びとは兵士の歓迎に余念がなかった。

部隊が出動する。地域ぐるみで出征兵士の見送りを行う。その後も、家族や遺族に対する慰問や献金が行われ、凱旋の場合は盛大な歓迎会が行われる。部隊は出動しても一年か二年のあいだのこと(金沢師団はおよそ半年)。戦死者も、かつての日露戦争に比べればわずかでしかない。これは、「日常」的に繰り返されてきた兵士を支える社会の営みであった。もっとも金沢師団の場合は、激戦地上海への出動であったため、多くの戦死者が出ていたのだが、そのことも「戦勝ムード」にかき消された感がある。

満洲事変勃発時、現地に駐屯していて真っ先に戦闘に動員され、最初の戦死者を出した仙台第二師団は、一九三三年一月に帰還した。この頃は、毎年、徴兵検査によって現役とされた「新兵」の入営の季節である。「満洲」での「勝ち戦」を得て、入営兵の見送りは盛大を極めた。従軍志願者・志願兵の増加現象も各地域で見られた。

しかし、また別の表情が社会には現れはじめている。第二師団に多くの将兵を送っていた新潟県では、一九三三年一月、「郷土部隊」が帰還すると、地方当局と各種社会団体合同で盛大な凱旋歓迎行事と戦没将兵慰霊祭が行われた。しかしその後、県民の「戦争気分」や「軍隊への慰問後援」活動は急速に失われていく。ただ飛行機献納運動のみが、県社会課を主管とする恒常的事業となって継続し、国防婦人会が設立されていく。また防空演習が実施され、その住民協力組織である防護団が町村に組織されていった(『新潟県史 通史編8 近代3』一九八八年)。一九三二年なかば頃までの自然発生的な「排外主義」はおおむね落ち着き、以後は、各種団体の「動員」による外見的な「排外主義」、国防献金や慰問袋の数、国防関連の講演会、軍への感謝会・歓迎会への「参加」数を「成果」として競うような「制度化」された「排外熱」「排外運動」が強まっていったのである(三宅明正・平賀明彦「ファッショ化と民衆」藤原彰・今井清一編『十五年戦争史1 満州事変』青木書店、一九八八年)。自発的な「排外熱」や対外的な緊張感は自然とゆるみ、日常生活への関心がまさっていくであろうことは常識的なことである。これに対しては、「事変」という小規模な「戦時」を繰り返し引き起こすことで「緊張感」を持続させるか、官製団体や行政機構などを通じた「宣伝」「動員」によって人びとの参加・動員数を確保し、「排外熱」を数的に表現させるか、そうした方法がとられるようになっていく。人びとは、いまだ「短い期間の戦争」、戦争の「一時」性の意識のなかにいたのである。

静かな戦時気分――北陸の村から

金沢市は一九三〇年代を通じて「北陸随一のモダン都市」と呼ばれる「繁栄の時代」を迎えていた。一九三一年に底をうった金沢市の工業生産物価額は、一九三四年に昭和恐慌前の水準を超え、順調な伸びを見せた(『金沢市史 通史編3 近代』二〇〇六年)。一九三二年には「産業と観光の博覧会」が盛大に開催され、「満洲国」が建国(三二年三月)されると日本海をはさんで大陸と向き合っていたため一気に「満洲」への貿易による地域振興熱が沸騰、金沢築港と周辺町村合併による「大金沢建設」が唱えられはじめた。

金沢市には旧制高校が存在したこともあって映画館を中心として批評会などのサークルや、映画関連の商品販売業がさかんとなるなど、地域の「映画文化」もこの時期に底上げされた。『モダン金沢』(一九三〇年創刊)の刊行に象徴されるように、劇場、喫茶店、カフェーが栄え、北陸の「モダン文化」の中心となった。三越金沢店(一九三〇年開店)が進出するも、三越の「高級品」販売に対抗してより大衆的な物品を大量に販売した宮市大丸が金沢を制覇した(一九三五年三越は撤退)。宮市大丸は富山(一九三二年一一月)・福井(一九三七年九月)にも出店して、北陸地方を代表する百貨店になるとともに、戦時には市内駐屯師団の軍需を一手に引き受け、その催し物会場などを国防意識昂揚や生活改善のための展覧会・展示会に提供することになる。特に地方の中小都市においては映画館やカフェーが代表的な文化施設となり、こうした新たな文化産業の広がりのうえに、日中戦争(一九三七年開戦)以後のニュース映画ブームなどが展開していくのである。(1)

石川県石川郡富奥《とみおく》村。(2) 経済更生運動の「模範村」である。「村は金沢市から南へ約二里ぐらゐ」にあり、一戸平均水田二町二、三反、「昭和七八年〔一九三二、三三年〕の米価の暴落から経営が引きあはぬので、水田をつぶしてトマト、西瓜等を作るやうになりました」という。[3] 村内には「粟田トマト組合」が作られ、共同出荷によって集荷されたトマトは加工され、ソースやケチャップとして金沢市内に販売された。市内の「モダン文化」がこの生産を支えた。

他の金沢周辺の農村も、繭価格の惨落や凶作の打撃にみまわれつつも、人絹を中心とする輸出織物(羽二重《はぶたえ》)産業がさかんになったことで、恐慌の影響を克服しつつあった。経済更生運動のなかで創刊された村報『富奥』にも、織物産業への女性の「進出」を促す記事が掲載された(「若き女性の方々に」『富奥』二巻五号、一九三五年五月五日)。

こうした立ち直りつつある農村は、同時に多くの犠牲者を出した金沢師団を支える農村でもあった。富奥村では、在郷軍人の村民が地域社会の軍隊関係の文化施設を再構築する動きを見せはじめていた。[4] まずは、村民の慰霊・追悼行事への消極性が問題となる。村民は、招魂祭を「只単に〔在郷軍人〕分会の一事業」だという「大なる誤解」をしているのではなかろうか(東週二〔富奥村分会長〕「招魂祭に就いて」『富奥』一巻二号、一九三四年九月一日)。この年の招魂祭(八月七日)は小学生たちは参列したものの、記録にしたがえば、村長・学校長など村の指導者を別とすれば、村民にかかわる出席者は婦人会・青年団の会長・団長のみ。招魂祭よりはその後の「余興」が人気だったようだ。仏教講話と、午後には「児童相撲」大会、夜八時からは「映画会」が開催されている。この映画会には、金沢聯隊区司令部より説明者が来訪して、「一　空襲　二　漫画―各国ノ陸軍　三　聖戦の輝き　四　一九三六年」など合計六本を上映し、「右フイルムハ時節柄非常ニ村民ニ与フ感動ガ大デアッタ」(同)。つづいて在郷軍人分会は、村に国旗掲揚塔を建設、これ以後、村のさまざまな祭典儀式はその場所で行われることになる。「銃後」を支える「空間」が次第に形づくられていった。

在郷軍人会は、「平時」においては地域社会の軍事動員の中枢を構成し、徴兵検査前教育にあたり、青年団・青年訓練所に対する指導者として重要な位置を占める集団である。満洲事変期には「国防思想普及運動」に活躍し、反軍的な言論に圧迫を加え、一部は政治的な動きも見せていた。しかし、一九三三年にはその「国防思想普及運動」も一応の終結を迎えたといわれ(由井正臣『軍部と民衆統合』岩波書店、二〇〇九年)、満洲事変の排外熱が収束するとともに、日常的には地域に暮らす人びとである在郷軍人も、平凡な行事・事業を別とすればあまり活発な活動をすることはなくなっていった。それでも、国旗掲揚塔の建設や、慰霊祭の挙行などは地域社会にそれなりの変化をもたらしたであろう。やがて二・二六事件(一九三六年)後の反軍意識の昂揚のなかで在郷軍人の活動にも枠がはめられる(藤井忠俊『在郷軍人会』岩波書店、二〇〇九年)。

上海事変で大きな損害をうけた金沢の第九師団は、一九三五年六月末から満洲に派遣されることとなった。大陸へと向かう出港地である広島県宇品に向かう沿線では、列車からも見えるように「各戸ニハ輸送終結迄、国旗ヲ掲揚」することが求められた。列車が駅を通過する際には、各種団体員は制服、国防婦人会員は「エプロン襷掛」での見送りが要請された。飲食物・酒類は別として「列車内ニ慰問品投入」も許可され、「楽隊ヲ出場セシメ」国歌を合唱、「歓迎煙火(花火)打揚ゲラレタシ」というものであった。(5)

富奥村でも、出動にあたっては、新たに結成された国防婦人会・女子青年団などが金沢の師団衛戍地に慰問を行い、「渡満軍人歓送の為め各種団体は勿論村民多数に西金沢駅及松任駅頭に万歳を連呼して歓送の誠を表」した(『富奥』二巻七号、一九三五年七月五日)。その後、一九三六年にかけて断続的に部隊派遣(交代)と帰還が続き、その都度、小学生など村民が歓送を行っている。村報を通じて、渡満部隊への慰問金・慰問文が募集され、慰問文は紙面に掲載されるようになる。これに応えるため青年団員にも村の青年団宛に「更生の村」を気遣う「見舞状」が来るようになる。これに応えるため青年団員には「渡満軍人に出来得る限り銃後の心配なき様故郷の現況をお知らせかたがた御見舞して下さい」と要請されている(『富奥』三巻一号、一九三六年一月五日)。次第に「銃後」ということばが『富奥』の紙面に見え始めるようになった。

「満洲国」駐留部隊を内地各師団の「交代制」としたことは「国民の対満関心の昂揚と普遍化」のためであるという(6)。渡満部隊所在地域の地方新聞は戦時美談を報道し、所在地在郷軍人会などは慰問活動を続けた。「討伐戦」・治安工作の具体像も伝えられ、同時に「開発と移民」を中心に満洲への関心がかきたてられる。一九三〇年代なかばのこの時期、人びとの生活のなかで「満洲情勢」は身近な情報として存在し、師団単位の派遣は「銃後の熱狂をつくったわけではないが……戦時気分は静かに持続した」(荒川章二・前掲『軍隊と地域』)。確かに経済更生に力を尽くしつつあった富奥村でも「戦時気分」は「静かに持続」していった。そして藤井忠俊のことばによれば、「銃後」の気配も「蠢き」だしていたのである(藤井忠俊・前掲『在郷軍人会』)。

後にとある軍関係者は次のように述べている。「事変が速戦即決なること満洲事変の如くでなければならぬ。然《しか》らば毫も全国民は事変反省の機に接せず、直ちにその大成功に酔ひ、知識階級は自己の認識不足を恥ぢ改むるに至るのである。然るに事変の結末が永びき、それが知識階級以外の国民並に大衆の経済的活動と生活を抑圧するに至るや、社会的不満は之を抑圧するほど内訌《ないこう》せざるを得ない」(「国民輿論の推移と対策」海軍省調査課、一九三九年一一月一五日『昭和社会経済史料集成8』大東文化大学東洋研究所、一九八四年)。軍にとっても、①満洲事変のごとき「熱狂」に包まれた「銃後」、②「討伐戦」に対応した「銃後」(「静かな戦時」の持続)こそが求められていたともいえよう。

一九三七年五月、金沢の渡満部隊の「凱旋」が行われた。まだその喧騒は収まっていなかったが、夏になると「北支」の情勢悪化と緊張が伝えられるようになる。

更生の村から「銃後」へ

一九三五—三六年頃になると、長野・山梨などの養蚕地帯の村を除けば、経営・流通の改善のみで土地問題への対処を欠いた「自力更生」をスローガンとする農山漁村経済更生運動は不活発となっていったと指摘されている(新潟県の事例、沢田喬雄「農村経済更生運動の拡充」『社会政策時報』一九八号、一九三七年三月、平賀明彦『戦前日本農業政策史の研究』日本経済評論社、二〇〇三年)。立派な「更生計画」は立てられたが、その実践成績は思ったほど伸びていなかった。その一方、地方都市近郊の農村などでは新たな商品生産の展開が進んでもいる。

しかし、経済更生運動の「成果」は、何よりも地域社会の人びとをさまざまな属性において組織したことであった。

宮城県本吉郡御岳村表山田部落は「更生計画」を樹立し「赤字部落」から「模範更生部落」となっ

た。満洲事変で最先に戦闘を行ったのは、宮城県を徴兵の管区とする仙台第二師団であり、この村でも出征兵士の見送りなど伝統的な行事は行われてはいたが、戦争に応じる村をあげてのとりくみがあったわけではない。村の施策は経済更生運動におかれていた。一九三七年の日中戦争開戦後も「模範部落」として注目を集めていた。この地域においては、「更生運動が喚起した農民の「自力更生」はどのようなものであり、そしてそれがいかなる形で銃後の「滅私奉公」につながっていくのか」、農民の「主体性」に即した分析が行われている。(7) 佐藤信夫の研究によると、「更生運動」から「銃後農村」への展開過程における重要な論点は次のようにまとめられる。第一に、日中戦争当初の農業政策は、「人・馬」の労働力対策を主としており、軍需農産物の供出、消費節約、自給肥料増産など他の政策の多くは、「民間」の協力に依拠することが必要で、経済更生運動期に整備された地域の農業諸団体が担っていた。注意すべきは農業改善のための「任意」団体であった農家組合が、農業関係以外の「生活改善」「生活統制」の末端機構として機能しはじめることである。また産業組合も国家統制の末端に位置づけられた。第二に、農家組合に即して人びとの活動を見てみると、累積した負債を商品作物生産の拡充によって解消しようとする動きを見せるとともに、農業経営の共同化をも展望するリーダーによって「自力更生」が進められている。第三に、しかし、「銃後農村」に対する農民たちの主体性は、村落のリーダー層でさえ、その精神主義的な同調を別とすれば必ずしも確固としたものではなかった。負債整理も、戦中戦後の急激なインフレによって「自然消滅」をまつほかはなかった状況である。「模範更生部落」にあってすら、「自力更生」の主体性と「銃後農村」形成への積極性とのあいだには、多くのズレが存在していたのである。

「非常時小康」といわれた時代。

恐慌から立ち直りつつあった都市や、「自力更生」を模索しつつあった農村、「銃後」を支える新たな集団の形成、広がる大衆文化、のちの「銃後」を支える諸条件が整いつつあった。

2　一九三七年・夏――動きはじめる「銃後」

勝ってくるぞと勇ましく　誓って故郷を出たからは
手柄立てずに死なれよか　進軍ラッパ聴くたびに
瞼に浮かぶ旗の波
（「露営の歌」）

「歌うべき」歌

「故郷」と「瞼に浮かぶ旗の波」の情景がこの歌のキイワード。日常的な生活世界からすれば「赤紙の祭」（藤井忠俊）ともいわれた「出征風景」。何よりも「銃後」を表現する風景である。召集令状の受領からおおむね一週間に満たないあいだに、村の神社での祈願祭、小学校での壮行会、家族を中心とする宴が続き、入営の日は地域社会の指導者たち（村長、村議）、地域の諸団体（在郷軍人会、青年団、国防婦人会など）、小学校生徒らによる歓送の行進が行われる。「祝出征」の幟《のぼり》と、日の丸の「小旗」が延々と打ち振られ、「万歳」の歓呼のなか、最寄り駅・村境に人びとが集まって兵士を見送った（藤井忠俊・前掲『兵たちの戦争』）。

応召でもっとも打撃をうけたといわれる漁村・漁港町においても、「壮行旗翩々として船橋に翻り、万歳歓呼の声港頭を圧」し、停泊する船舶の「汽笛の響きに士気愈々《いよいよ》昂然たる」状況も見られた（厚岸町銃後後援会眞龍支部、北海道庁学務部社会課『銃後後援事例集』一輯、一九三八年四月）。また都市部、特に軍隊駐屯地（衛戍地）では、集結してくる兵士たち、見送りの人びとの宿泊で旅館はごったがえし、部隊出動にあたっては、駅頭までの見送り行列が続き歓呼の声がこだまする。こうした光景は「戦争」のたびごとに繰り返され、人びとがまず最初に地域社会で目にする「銃後」の情景であった。

「露営の歌」は、戦時中に国策として作られ歌われた「国民歌の嚆矢《こうし》（はじまり）」と評されている。軽快で明朗な長調の「愛国行進曲」、荘厳な「海ゆかば」とならんでとりあげられる「露営の歌」は、短調を基調とした哀愁ただよう歌調であった（「軍国調が皆短調で……短調ものが日本人に喜ばれる」、「目・耳・口」『文藝春秋』一九四一年四月号）。日中戦争が始まり、農村地域に多くの召集令状が届けられるようになった一九三七年の夏、東京日日新聞社・大阪毎日新聞社は、「前線といはず、銃後といはず軍民ともに唱和すべき〝皇軍の歌〟」を募集する（『東京日日新聞』一九三七年七月三一日）。応募二万二七四一編、第一位に輝いた「進軍の歌」は、同年八月にコロムビアレコードから発売されたが、そのB面の「露営の歌」がかえって著名なものとなった（見田宗介『近代日本の心情の歴史』講談社、一九六七年、戸ノ下達也『「国民歌」を唱和した時代』吉川弘文館、二〇一〇年）。

一九三七年、日中戦争が勃発するとラジオの「花形」プログラムは軍歌となり、生演奏やレコードで「毎日毎夜放送」されるようになった。当初は日清・日露戦争時の歌（「日本陸軍」「勇敢なる水兵」

「日本海々戦」)・満洲事変の頃の歌(「満洲行進曲」「討匪行」)が多かった(M・S・N「戦争とラジオの役割」『文藝春秋』一九三七年九月号)。日中開戦後に製作された「新軍歌」は「僅かに軍歌調であると云ふだけで日清日露軍歌には遥かに及びもつかない」。したがって、「迫力のあるうたひ易い、そして戦線でも銃後でも士気を鼓舞する明朗豪快なもの」が必要とされたのである(M・S・N「新軍歌放送の失敗」『文藝春秋』一九三七年一二月号)。

民衆生活に即した感情表現と娯楽の関係を考えてきた権田保之助も、新しい軍歌を「其の表はす情緒と興奮はその昔に於ける事変(満洲事変)当時のそれであつて、決して現在の感激と興奮とを表現すべく適切なものではなかつた」と述べている(「戦争と娯楽」『中央公論』一九三八年九月号。文部省社会教育局編『時局と娯楽問題』一九三八年三月[執筆は権田保之助]も同趣旨)。軍歌のなかでは最も著名な「戦友」を「感傷的なもので、出征軍人を送る際には、どうも不適当です」と語る塩入亀輔は、軍人の歓送に「日本陸軍」を薦めている。しかし、それでも「まだ国民を熱狂させるほどの軍歌があまり出てゐないわけ」は、「実戦地で生まれる軍歌とちがつて、いづれも平和な机の上で、作られたのが多い」からだという。「銃後」で歌う「軍歌」にも、戦場経験に裏打ちされた作品が求められていく(「愛国の熱血迸る　軍歌ものがたり」『家の光』一九三七年一〇月号)。

こうして、「今は非常時でレコードは軍歌だらけだ。処《ところ》が案外誰も唄つてゐない。出征見送りに唄ふのは大抵何十年前に出来た軍歌だ」という情景(「目・耳・口」『文藝春秋』一九三七年一〇月号)、また「出動兵士の歓送会に出席してみるがいい。東京駅に行つてみるがいい。天に代りて不義を討つ……あの「日本陸軍」が満足に斉唱出来ないのだ」という情景が広がるのである(前掲「新軍歌放送の失敗」)。「実際は今大衆は軍歌に餓えてゐるのだ。うたはんと欲してうたへないのだ」。人びとがどうして「軍歌」を歌うことを欲するのか。古い軍歌は質的に高いが、「いま、ここの戦争」に直面している民衆の感情が歌にのらないし、歌えない。新しい軍歌は質的に劣る。他方で、「露営の歌」のように戦時に流行した軍歌は、「今次事変の情感を其のまゝに忠直に流露せる歌」(権田保之助)でもあった。「ラジオ匿名月評」は次いで以下のように述べる。軍歌の放送とレコードで、「国民の士気は一段と高まつた。だが士気の高まつたことは直ちに出征兵士の家族のうち収入の道が杜絶した者の腹がくちくなつたとは云へない。ここが問題なのである」(『文藝春秋』一九三七年九月号)。国民意識の緊張と生活実態の乖離、あるいはその距離、「銃後」がつくられてゆく社会に生きる民衆の意識の底に横たわる問題であった。

予　兆

現役入隊の兵士にとって「除隊」は指折り数えてまつ〝ハレの日〟であった。徴兵検査で甲種合格・抽籤外れがもっとも好まれたという記録もあるが、甲種合格で現役入隊し、二年間の軍隊生活を送って帰郷したものには、「優秀」かつ「一人前」として遇される地域社会での生活がまっていた。一九三七年七月一〇日前後は、各歩兵聯隊で青年学校経験者の前倒しの除隊日にあたっているところが多かった。青年学校はやがて村の中堅的な指導層になるべく教育を施す機関である。

盧溝橋での武力衝突の翌日(一九三七年七月八日)、軍は「支那側従来の態度に徴し万一の場合を考慮し各師団に対し目下退営期に在る一部現役兵の退営延期の命」を発した。内務省は直ちに軍当局と連絡をとり、「退営延期又ハ其ノ解除ノ命令ヲ受ケタル部隊並ニ之ヲ推知セシムルガ如キ事項（除隊状況等ノ写真ヲ含ム）ニ関スル記事ハ一切之ヲ新聞紙ニ掲載セサル様」との「示達」を発した（『出版警察報』一〇七号、一九三七年八月）。普段であれば新聞紙面をにぎわす、除隊者出迎えのために営門に群れ集う人びとや面会人の様子も報道されなかった。(8)

政府は大陸に向けて「内地師団」の派兵を決定。村むらに多くの召集令状が届きはじめた一九三七年八月二五日午前四時過ぎのこと、秋田県のとある村では「東空より射出る日光」が五色に変わり、その「黄白に澄んだ光の照る尊さ」に人びとは息をのんだ。すでに辺りはしらじらと明るくなっている盛夏の頃、早朝から野良仕事に向かう人びとはその「日光」を「皆伏し拝んだ」という。この日午前二時、役場には「大量の動員令」が下っていて、村むらでは「この五色雲に乗つて神々も出征されるのだと噂が立つた」。同県「雄勝郡岩崎町（現・湯沢市）の三吉様へ供へてゐた大煙草と新しい草鞋二足が見えなくなり、この神様も御出征され」た。平鹿郡浅舞町の大平山の三吉様の草鞋も「一足失くな」り、「朝いたく濡れてゐた」もう片方の草鞋を見かけた「講中の人々が市子を立てゝ伺ふと」、口よせに「今帰つたばかりだ。又戦場へ行くがこの通り草鞋ばきの儘《まま》だ」と述べたという。仙北郡協和町境の唐松神社は神功皇后の「三韓征伐」に関連する由緒をもつ神社だが、ここでも「神馬には古来より従軍の弾痕があるさうだが、この度も（神は）出征中」、しかし「御札御守りを受ける人雲集」、雄勝郡岩崎町天ヶ台や、平鹿郡里見村柄内の摩利支天も「夥しい参拝者」となっている。(9)

戦時動員が始まると、神がみが住まう神社は「武運長久」、「無事凱旋」を祈る場所ともなり、それが「銃後」の日常的な風景になっていった（喜多村理子『徴兵・戦争と民衆』吉川弘文館、一九九九年）。同時に、そうであるがゆえに、日常的なちょっとした「異変」が「神々の出征」として語られ、噂として広がっていった。戦時には人びとは神に親族・知人の「安穏」を祈る。その神がみの「異変」は、神がみから示された「戦争の予兆」でもあったのである。

「祈り」は「銃後」と「戦場」を結びつけた。(10)

農村に広く普及していた雑誌『家の光』は、一九三七年一〇月号に「戦時体制中の国民心得集　この質問にお答へ下さい」を掲載した。「どんな流言蜚語をすると罰せられますか?」「召集令が下った場合にはまづどうすべきですか?」「軍事扶助法はどんな場合に適用されますか?」「被傭人出征中の俸給、復職はどうなりますか?」「出征兵士の生命保険についてお伺ひします」「慰問袋にはどんな品が喜ばれますか?」「軍事郵便について注意を教へて下さい」……。ここに掲載された質問群は、「戦争の予兆」を感じての日常生活レベルでの不安と、心の準備のありかたの「目録」を示すものでもあった。やがて『家の光』は、戦死者の「賜金・扶助料」のゆくえや、「幾日ぐらゐしたら出征兵士の戦死がその家族にわかるでせうか」「遺骨はだいたい何日後に凱旋いたしませうか」「内縁のまゝ夫は出征しましたが、ある人から正式に結婚してゐないと戦死の場合面倒なことが起ると注意されました。戦地の夫と、どんな方法で手続きしたらよいでせう」と、「死の予兆」にかかわる「問答」を掲載するようになる(一九三八年一月号、一九三八年四月号)。

緊張する社会①——地方モダン都市の夏

一九三七年八月一五日、近衛文麿首相は中国に対して「断固たる措置」をとると声明、「内地」から上海への派兵が決定した。一度に、十数枚の召集令状が村に届くなど、通常では考えられない事態が始まっていた。「緊張」。多くの村むらの記録に、このことばが記されている。

この夏、金沢市周辺の農村は、天候にも恵まれ秋の豊作が予想されていた。もちろん「豊作貧乏」への懸念はあったが、数年前の凶作の記憶は鮮明であったし、羽二重織物産業も順調に伸びつつあるなかでは、地域にとって明るいニュースでもあった。

緊張感がなかったわけではない。先に述べたように金沢第九師団は、大きな損害を被った上海事変の後、「反満抗日運動」が活発化している満洲警備のために出動し、治安戦・「討伐戦」をくりひろげ、この年五月に帰還したばかりであった。大陸志向を強めつつある日本海側諸都市にとっては他人ごとではなかったと思われるソ満国境紛争「カンチャズ事件」も、一段落したと報じられた(『北國新聞』一九三七年七月三日[夕])。同時に、金沢市ではこの夏、全市を挙げての防空訓練が企画されていた。静かに、しかし確実に「軍国色」は地方都市をも染めつつあった[11]。

『北國新聞』は、金沢港建設着工による「日本海新時代」の展望を語り(一九三七年七月五日)、金石海岸の「海開き」(七月一二日)と山開きの記事のほか、夏の「お中元」の季節を迎えた金沢市内の「跛行的とはいへ軍需インフレに溢れんばかりの購買力」の高さを報じている。金沢の「モダン街」は「賑やかな売出し風景」にあふれていた(「商店街をゆく」『北國新聞』一九三七年七月八日[夕]、七月一〇日[夕])。夏を迎えつつある金沢の人びとは、ラジオの緊急ニュースで七月七日の日中武力衝突の「突発」を知る。『北國新聞』は、翌日昼間に号外を発行(七月八日)、以後、交渉経過・決裂、武力衝突の様子、派兵状況などが逐一号外によって知らされていく。『北國新聞』が動きはじめた「銃後」の様子を伝えはじめるのは数日後の七月一四日から。この日、紙面には「国防献金を募る」社告が出ている。市内に暮らすある「お菓子づくりの職人」は、その年の徴兵検査で第一乙種・未入隊となっていたが、「暴戻《ぼうれい》な支那兵に憤激やるかたなく」金沢憲兵分隊に献金を申し出た。金沢商工会議所が政府支援を決議、浅野川電気鉄道従業員会が市内尾山神社で武運長久を祈った。

夏のさかり、予備・後備兵主体の第一〇九師団が金沢で編成され、華北に出動していった。村むらには多くの召集令状が届けられ、新聞紙上には祈願祭、村民大会、在郷軍人を中心とする講演会などの記事が目立つようになる。第九師団に動員下令となるのは九月九日。精鋭の常設師団が、上海戦線に向かっていくこととなる。軍機保護のため出征兵士は「公務者」と記されていたが、その見送り記事が新聞紙上にあふれるようになったのは一五日から。金沢の街に「汽車で下車した県外、県下各地からの歓送者数は実に約十万」にのぼった(『北國新聞』一九三七年九月一六日〔第二朝刊〕)。第九師団は、九月二一日から二二日にかけて金沢を出動、二三日、大阪から大陸に向かった。これまでも戦果を伝える号外を乱発し続けてきた北國新聞社は、一六日から戦場の様子を伝えるため「支那事変速報」と題した「第二朝刊」を刊行しはじめた。上海において第九師団は苦戦を重ねた。一九三七年九月三〇日の戦闘開始からおよそ一カ月のあいだに戦死者二五七六人・戦傷者五三六二人、損害は師団兵力の六三%にものぼった(橋本哲哉・林宥一『石川県の百年』山川出版社、一九八七年)。上海を制圧した第九師団はそのまま雪崩を打って南京に進撃することになる。

ちなみに第九師団管下の富山県高岡市では、町内組織である高岡市連合公道会が中心となって、七月一四日に市内射水《いみず》神社での国威宣揚祈願祭の執行が計画されたが、「全市民の参列を要望」しつつ、

「特別の事情で参列不可の向は各家庭の神棚で拝礼されたい」としている(『富山日報』一九三七年七月一四日)。新潟県の白山神社で企画された「皇軍祈願祭」は、会場となった境内に人びとが入れるか主催者は心配していたが、あてははずれ、終始ひっそりとしたものであったという(『新潟新聞』一九三七年九月一四日〔『新潟県史　通史編8　近代3』〕)。いまだに、「総動員」からの「抜け道」は存在していたというべきか。

緊張する社会②——立ち直りつつある村むら

大陸で日中武力衝突が起こった一九三七年七月七日、「役場日誌」によるとその日は晴れわたった水曜日だった。「内地」の村むらは、農村恐慌からの脱出と、新たな農村振興計画の立案に忙しい日々を送っていた。千葉県山武郡源村役場ではその日「庁員皆勤」、役場には県庁から吏員が派遣されていて「経済更生計画樹立ノ指導」にあたっていた。七月一五日夜半、「驟雨」のなか「夜十時五十分充員召集令　動員下令」。村内から二人の応召者、令状を布達するための使者が役場を発った。一八日、在郷軍人分会・青年団合同での送別会を開催、二〇日、新たな充員召集(近衛歩兵第四聯隊)の入隊者の見送り、「普通ノ入営兵ト異リ気分緊張ス」。八月二〇日に出発したある兵士は、「亡父君新盆ニテ送リ火モ済マスヲ得ス」の出発であった。家族をめぐる人びとの個人的な都合は無視された(「昭和十弐年源村役場日誌」〔『山武町史　史料集　近現代編』一九八六年〕)。源村は「日本帝国における三模範村」と称されていた。「村民協同」の気風、村有林財産の確保、貯蓄の実践、軍事公債への応募成績良好、と日露戦争の「銃後」を支えた典型的な村落である。

秋、一〇月に入り、作家の石川達三が近くの山武郡福岡村(現・東金市など)を訪れている。「向ふの森のはづれからカーキ色の自転車の一隊が出て来た。ついで旗と幟とそればかりでない、日の丸の小旗をもつた小学生の合唱団凡そ三百。国防婦人会凡そ百。青年団、知人親戚、田圃道を掩うて蜿蜒《えんえん》何町」、「出征者の見送りの盛なことに於ては東京あたりの比ではないといふ」(石川達三「農村を訪ねて」『文藝春秋』一九三七年一一月号)。村内を埋め尽くす「戦勝祝賀・武運長久祈願・出征兵家族慰問」の「旗行列」(一一月三日)は、「挙村一致」と認識されたのである(前掲「昭和十弐年源村役場日誌」)。

石川達三は、戦時期農村の変化をも記録している。「地主はその土地に労働の不足を来し荒地がいくらでもある」、そして「次第に没落に向つてゐる」。一方、「小作人の方が却つて堅実な生活を歩んでゐる」。町場の「半商半自作農」も堅実な生活だ。地主の「没落」、小作農・半商自作農の「堅実」さ、これらは、農山漁村経済更生運動が目標とし、かつ基盤としつつあった地主を中心に中堅農民を担い手とする安定した地域社会構造が大きな変化にさらされていたことを示している。働き手の多い家庭では「独り者の二男」などが出征することは悪くない。手柄を立てて金鵄《きんし》勲章などでももらって帰ってくれれば、年金も沢山もらえる。「だから遺る家族さへ困らない家庭ならば、出征は大歓迎であるといふ」。戦争によって「人間の心といふものは両面に向つて動く」。一つは「戦争を各自の家計に関して観る」心へ。同時にもう一つは、「忠君愛国感情が興奮となつて盛り上る」心へ。戦争による生活向上への待望が、村むらを興奮に巻き込んだ(石川達三・前掲「農村を訪ねて」)。

「模範村」源村から南へ、房総半島のなかほどに夷隅郡中根村(現・いすみ市)がある。「銃後施設優良」村とされたこの村の国防婦人会は、「今後ハ送リ旗ハ団体旗ノ外ハ一切停車場ニ持出デザルコト」

を村に申し入れた。送り旗が、「人ニヨリテハ一本モナキモノアリテ一様ナラザリシ」ということが問題になったからであった(千葉県経済部『農山漁村銃後施設事例』一九三九年三月)。「銃後の模範村」は、単純に盛大な見送りを実施していたわけではなかった。

緊張する社会③――大陸を向く軍都

大陸に戦火が起こるたびごとに、西日本各地の部隊は真っ先に動員され出動していった。広大な内湾とよく整備された宇品の港湾施設をもつ都市・広島は、日清・日露戦争以来、大陸に向かう部隊の出撃基地としての役割を果たしてきた。日中戦争が始まると、各地域から続々と軍隊が集結してくる。「日毎夜毎の軍靴の響き、軍馬の嘶《いなな》き、車輛の轟き、万歳の声、旗の波と、事変下に躍動し続けてゐる軍都広島！」、「喫茶店洪水」、「精養軒も繁昌とは、軍都の景気も上乗」(「広島」『文藝春秋』一九三八年三月号)。見送り側にとってみれば、身近な人びとの出征に止まらない行事である(広島県『支那事変誌』一輯、一九四二年、『広島県史 近代2』一九八一年)。

華北の紛争は未解決のまま、七月二七日、政府は広島第五師団を含む西日本の内地三師団の派兵を決定、動員令が下った。ついに広島の部隊そのものが動くことになったのである。広島市は、「当師団ノ動員下令ニ軍都広島ノ空気緊張、関係者ノ出入増加ト軍ノ買上ケニ伴フ清酒、雑穀、味噌、醤油、蔬菜、魚類、木材、畳表等関係商品ノ荷動キ遽《にわ》カニ活潑トナリ相場亦《また》漸騰ヲ辿レリ」という状況となった。慌ただしい人の動き、軍需物資買い上げに伴う物価上昇などにより、市内は一段とした「緊張」に包まれる(日本銀行広島支店「本月中金融商況報告」一九三七年七月三一日『広島県史 近代2』)。

「緊張」は村むらにまで及んだ。各地域の壮年団の活動報告によれば、深安郡坪生村では「一般情勢は各人「一致緊張」の一語に尽く。婦人団は遠来の村社参拝者に湯茶の供給をなし、小学児童は午前三時と云ふに既に神社掃除奉仕をなす」という様子であり(坪生村壮年団)、芦品郡広谷村広谷中堅同志会では「一時的興奮に馴《な》れず、郷土の人心に弛緩なき様、或ひは種々の風説などなすあつて人心をまどわす如きことなき様、互に見守るべく相戒しめて居」るが、村の「古老の言に、日清日露の役にも此度《このたび》程全村民あげて熱烈なる一致行動は見られなかつたと感激の声を聞きます」という(『銃後風土記』壮年団中央協会、一九三七年)。

「緊張感」の昂揚は極端な警戒心をも生み出していた。一九三七年八月三日付け『中国新聞』は、「軍都広島」は「スパイ警戒のため、軍民協力して防諜の完璧を期してをる」が、「最近陸軍某要衝部に支那人のスパイ潜入した形跡」と報じ、「事実無根」「徒《いたず》ラニ流言浮説ヲ為シ人心ヲ惹乱スル」として同日発禁となっている(『出版警察報』一〇八号、一九三七年九月)。第五師団は八月三日までの戦死者三六四人、戦傷者は八六九人と新聞が報じた。一〇日後、戦火は上海に飛び火する。

挙国一致の風景

日中戦争勃発の「緊張感」は「挙国一致」の風景を出現させた。

満洲事変期を上まわる迅速さで、新聞は戦況を報道して「見出し感覚」(ヘッドラインセンス)を異常発達させ、格段に普及率を高めたラジオからのニュース放送の「声」は社会に氾濫した。敵の描写を欠いたニュース映画がヒットし、その一方で、多分に典型化された(その意味では誰でもよい)「個人」

のあるべき「銃後における人の生き方」の範型をつくりながら「軍国美談」があふれかえる。軍も、二・二六事件後の「濃厚ナリシ反軍風潮」が、「挙国一致ノ良気運ニ転進」したと評価した(「昭和十二年下半期ニ於ケル管内思想情勢」『資料日本現代史11　日中戦争期の国民動員②』大月書店、一九八四年)。こうして現出した「挙国一致」は、メディアを最大限動員し、さらに、地域で組織されてきた各種団体を基盤にした献金運動によって社会に「緊張感」をつくりだしていった。国防献金の金額は満洲事変を上まわった。国民動員体制は段違いに整備され、人びとは「興奮」と「緊張感」のなかに包み込まれていった。

国民精神総動員

戦線が上海に拡大した一九三七年八月一四日、政府は「挙国一致・尽忠報国・堅忍持久」をスローガンに掲げ、国民精神総動員運動(精動運動)を開始する。人びとを「銃後」に動員していった、その意味では人びとが「銃後」の社会を経験する一つの場所となった国民精神総動員運動の仕組みは、次のようにおさえられよう。

第一に、中央に国民精神総動員中央聯盟が置かれ、道府県には地方長官を委員長として市町村長・教化団体代表者・実業家・地域ジャーナリズム関係者など「民間ノ有力者ヲ網羅」した地方実行委員会が設置された。さらに市町村では、各種団体などを総動員し、次第に部落会・町内会などを単位とする実践網を整備、これら単位ごとに実施計画を樹立させた。「各家庭ニ至ル迄浸透スル様努」むること、また会社・工場・商店でも実施することが構想され、国民精神総動員運動の実践にあたっては、

「地域」に加えて「家庭」と「職場」が積極的に位置づけられていた(「国民精神総動員実施要綱」八月二四日、「国民精神総動員ニ関スル地方実行委員会要綱」九月一〇日)。

第二に、「満洲事変」を通じて計画・整備されていった動員方式が、より大規模かつ組織的に実践されたことである。一つは、普及率を着実に高めつつあったラジオを利用したり、音楽・演芸・映画など広汎な文化機関・文化関係者の動員が構想されていたことである。特にニュース映画や、講演会などにおける映画の利用は、一九三〇年代に普及しはじめた映画視聴というモダンな文化を前提として動員が組まれたことを意味する。もう一つは、満洲事変を契機として地域においては新しい集団の形成、社会の組織化が進行していたが(農山漁村経済更生運動、選挙粛正運動など)、中央聯盟には既存の教化団体に加えて、青年・女性・社会運動関係者などが参加するなど、社会の「中堅青年」層がさまざまなかたちで組織化され、登用されたことである。新しい女性団体である国防婦人会は、満洲事変期に形成された「銃後」の特徴を引き継いだもので、逆に、在郷軍人会は応召者の増加などにより、「銃後」の担い手としての比重を低下させていた(吉田裕「「国防国家」の構築と日中戦争」『一橋論叢』九二巻一号、一九八四年七月、藤井忠俊・前掲『在郷軍人会』)。

一九三七年の秋までに、すでに地域では、応召動員・出征兵士の見送り行事がとりくまれ、銃後後援会などの後援組織による前線への慰問品送付、献金運動、勤労奉仕体制がつくられつつあった。そのうえで、国民精神総動員運動は民衆に何を求めていったのだろうか。第一に、「早期終結」する従来の戦時とは異なり、「持続」的に運動を展開し続けることが求められている(「国民精神総動員実施要綱」)。第二に、民衆に対しては、「運動ノ本旨ハアクマデ実践ニ存ス」(地方長官宛・文部内務両次官通牒

「国民精神総動員ニ関スル件」九月一〇日)として生活上の具体的な実践・活動・行動が求められた。「国民精神」への「理解」やおのおのの生活上の戦争への「決意」、時局への「認識」は、「実践」によって表現される。第三に、運動の目標は「日本精神ノ発揚」などと表現されるが、具体的には「生活ノ刷新」「享楽ノ節制」「社会風潮ノ一新」が掲げられ、特に「国債応募」「冗費節約」「消費ノ抑制」がうたわれたことである(文部省「国民精神総動員実践事項」九月一〇日)。つまり「消費する存在」としての民衆、その生活への介入が運動の重要な軸心となっていた。「事変中一度生活ノ程度ヲ高ムルトキハ他日事変終了シ其ノ所得減少スル場合ニ於テ俄《にわか》ニ之ガ程度ヲ低下スルコト事実困難」(閣議申合「此ノ際国民ノ消費節約ニ付テハ左記方針ニ依ルコト」一〇月五日)と理解されていた。民衆は、戦争の利益にのって消費生活水準を向上させてしまう、その「抑制」にあたることが眼目であった。その意味で精動運動は、軍需産業への労働力移動が拡大しつつある農村部をふくめ、都市的な民衆経験への対応であった。農林省のある官僚は、千葉県での精動運動に関連する農村の生活刷新運動をめぐる座談会において、「実施項目のなかに簡易生活の実践として、生活を切り下げることがあるが、これは都会の上流社会や、殷賑《いんしん》産業関係にこそ自粛さすべきこと」で、農村の生活費は、「むしろ加へる必要こそあれ、減らしてはかへって生活力を落しはしないかと心配します」、しかし「冠婚葬祭には、手を入れる必要がありませう」と述べている(『家の光』一九三九年九月号)。むしろ、農村部に対しては、その「都市的生活様式」の浸潤への批判という文脈となる。「軍都」として部隊出動・歓送行事の喧騒のなかにあった新潟県高田市の近郊、和田村では「本村ハ高田市ト新井町ノ中間ニ位スル関係上生活様式ハ殆ンド都市ニ類似スルノ一途ヲ辿ルノミニシテ農村ニ相応ハシカラザル憾《かん》深マリ之ヲ抑制スルハ緊急ノ措置ナリ」との認識が示されている(『昭和一八年 庶務関係雑書』旧和田村役場文書〔『新潟県史 資料編16 近代4 政治Ⅱ』一九八五年〕)。

同時に、こうした掛け声とは対照的に、民衆生活「一般ニ消費ノ節約ヲ行フコトハ現在ニ於テ行過ノ感アリ」ともされていた(「国民ノ消費節約ニ付テ」閣議申合、一〇月五日)。むやみな「消費ノ節約」はかえって反発をかう。「消費抑制」は、あくまで都市部の――あるいは都市的な――生活様式への対応でもあったが、実際は地域の差を無視したかたちで指示・布達されていくことになった。一九三七年一〇月から開始された初の「国民精神総動員強調週間」は、九月中に強調されていた「国民ノ決意」を、「国民生活ノ上ニ実現ヲ図ルヲ主眼」として行われ、こうして「生活改善」が浮上してくる。

このようにして始まった国民精神総動員運動は、講演会・ニュース映画会などを通じて未曽有の人びとを動員し、地方末端にいたるまで多くの実践指示事項が決められ、人びとに「行動する」ことを求めていった。「緊張」のなかで「挙国一致」の風景が現れていたようにみえた。

「挙国一致」の「成果」を示す国民精神総動員運動について、国家からの評価には、次のようないくつかの特徴があった。第一に地域の差異、都市と農村、とりわけ農村部におけるその高い評価と、都市・漁村などにおける低い評価との差異である。一九三七年一二月に開催された国民精神総動員指導者協議会では、「主な市町村では正しい認識を持つてゐるが、山村特に漁村には未だ事変の認識が浅い」(京都府)、県内における実施状況は「大体良好」だが「山村では多く支那と戦つてゐると云ふ事は分つてゐても事変の目的に対する認識が未だない。都市に於ては此の点は分かつてゐても、時艱《じかん》克服への協力が未だうまく行つてゐない憾《うら》みがある」(岩手県)と報告されている(『国民精神総動員』三号、一九三八年一月一五日)。

農村部においては、経済更生運動の進展、また既存の銃後支援体制が早急に組まれたことが国民精神総動員運動実施の具体的な基盤ともなっており、高い評価が与えられている。しかし、国民精神総動員運動で示される諸実践項目、貯蓄奨励や生活改善、とりわけ消費節約などは不評であり、特に「食」をめぐる意識のズレが目立つ。合理的かつ「模範的」な食生活の献立が農家の最上の御馳走より豪華であったこと(愛知県の事例)、「玄米食」や鰯《いわし》国民食運動といった官製運動に対して「田舎の百姓に胚芽米や鰯をすゝめて下さつても駄目……農村の指導の任に当られる方は、も少し農村の実情、真の姿を御覧下つて、少しでも銃後の農村強化の実を挙げるやう」との批判がでたこと(「虹」『家の光』一九三八年五月号)、など多くの記録がある。さらに回復しつつあった農村経済に対する「消費節約」への一般的反発があった(内閣情報部『事変下に於ける農山漁村の思想動向』一九三八年三月[『資料日本現代史11 日中戦争期の国民動員②』大月書店、一九八四年])。また、農作業スケジュールをあたかも無視したかのような精神動員週間行事の濫発には不満が蓄積していった。

第二に、経済的な問題においては一定程度の評価が見られたことである。千葉県知事は県議会で、国民精神総動員運動が「低調」であることに対する批判に対して、「殊ニ精神的運動ニナリマスト云フト、中々困難……前途遼遠デアル」が、勤労奉仕運動・生産督励・軍需品供出などの「経済的ノ具体的運動ハ……相当ナ実績ヲ挙ゲテ居」ると答弁した。「経済運動」は「眼ニ見エル運動」、つまり運動の「実践性」が数値として表現できるものであるだけに、評価されていたのである(「昭和十三年度通常千葉県会議事速記録」五号、一九三八年一月[『千葉県教育百年史4 史料編(大正・昭和Ⅰ)』一九七二年])。

貯蓄奨励・消費節約は、軍需資材輸入のための外貨獲得という必須の課題を解決するのにはそれなりに役割を果たした(原朗『日本戦時経済研究』東京大学出版会、二〇一三年)。そして、「社会の底流」の動きを精動運動がいかにうまく掌握できているか、ここにもう一つの評価軸があったのである。

底流へのおそれ

先述したように「反軍風潮」が「挙国一致ノ良気運」に変わったと評価した久留米の第一二師団留守司令部は、続けて次のごとく記している。「表面挙国一致ノ態勢ニアルニ拘ハラス其底流ハ相当険悪ナル状態ヲ示シ居ルモノト観察セラル」(前掲「昭和一二年下半期ニ於ケル管内思想情勢」)。ここで軍の関心は、治安維持法違反者の存在、合法左翼団体による「銃後運動」を利用した勢力拡大などである。しかし、葬式や出征者家族の様子など小学生の慰問文に表れた「戦争ノ悲惨ナル」状況を示す文章や、軍需工業への「職工引抜」への中小工業者の不満、祈願祭の負担など、より広範な「銃後」の民衆の不満にも注意が向けられている。さらに民衆意識の「底流」には、戦争へのさまざまな不満のみならず、戦時利得への渇望を基礎にした戦争遂行への積極性と、中国蔑視観に基づく戦争への楽観論をふくんだ「早期終結願望」も形づくられていた(吉田裕『天皇の軍隊と南京事件』青木書店、一九八六年、吉見義明『草の根のファシズム』東京大学出版会、一九八七年)。そこにはこれまで繰り返されてきた日清・日露戦争など近代戦争の「短期性」、あるいは山東出兵・満洲事変など「事変」の勃発と停戦の繰り返しによる対外膨張・「成果の獲得」、それらの「戦争」「事変」に対して支援体制を組む「銃後生活」の一時性、という経験の積み重ねも意味を持っていた(「長期戦」への自覚の欠落と評価されてきた)。

村むらでは早期終結の見通しが議論されている。長野県下伊那郡山本村では、この地域の主要産業である養蚕・製糸業が昭和恐慌で壊滅的な打撃を被っていたが、日中戦争勃発にあたって村長が訓示している。一九三三―三四年頃、「経済界ハ実ニ惨憺タルモノ」で「人心ハ実ニ悲愴デアリ緊張シテ居タ」。しかし現在は「財界ノ幾分恢復スルニツレ先《さ》キノ苦難モ稍《やや》モスレバ忘レ勝ニナリハセヌカ」とその訓示は述べている(「時局に直面して」『山本時報』一二号、一九三七年九月一日)。経済の回復基調への「予感」からか、人びとの心は「悲愴・緊張」から「忘却・弛緩」へと動きつつあった。同じ紙面には、「戦時体制」が原因で肥料価格も安定しないが「日支事変のみなれば余り長くかかるまいとは思ひます故余り心配せず相当量用ひる必要」がある、と述べる記事がある。「格安肥料」を使い「生産費」を節制すると同時に、「生産力」低下を防ぎ「産業を守る」こと、これが「銃後」の「務め」である(「農倉から」『山本時報』一二号)。「事変の早期終結」を前提としての「生産力維持」＝「銃後協力」の論理が見られる。

各地域に派遣されていた農林省の官僚も、農村では「比較的時局に対する認識が十分でないやうな感じ」を持っていた。その根拠は、「どうせ相手は支那との戦争だから、さう長引くことはなからう」という「農民の肚《はら》」である。「来年の植付時期あたりには応召者も帰つて来るのではなからうか」「何れ事件が終れば満洲事変後のやうに、何等かやはり向ふに移住して行かれなくても利益が得られるのではなからうか」との農民の声を聞いていたことによる(木村益太郎〔農林省経済更生部参与〕『時局対策懇談会記録』中央農林協議会、一九三七年一二月)。さらに、戦場の兵士がふるさとに送った手紙やハガキに「戦争終結」の見通しが、多分に願望を投影させつつ記されるようになっていた(吉田裕・前掲『天皇の軍隊と南京事件』)。

「早期終戦待望論」は、南京陥落後の緊張感の弛緩という現象からも見て取れる。愛国婦人会長野県支部も各分会宛に「……南京陥落ヲ以テ一応戦局ノ終結ヲ告ケンカ如キ感ヲ与ヘ之カ為メ今後一層時局重大性ヲ加フル秋《とき》ニ当リ苟且《かりそめ》ニモ銃後国民ノ間ニ於テ緊張ヲ欠ク虞《おそれ》ヲ生スルニ至リテハ寔《まこと》ニ戒心ヲ要スル次第ニ付……」といっそうの銃後活動の強化を指示した(「一層銃後精神ヲ振作セラレ度キ件」愛国婦人会長野県支部、一九三七年一二月一四日、『自昭和十一年至昭和十四年　愛国婦人会ニ関スル綴』延徳村分会、中野市立図書館所蔵)。このことは、当然先の山本村にも伝えられた。

戦争の「早期終結願望」は、①中国蔑視観にも根拠をおく楽観論(同時にある程度の利益獲得への願望を含む)、②物資不足(特に農村では肥料・農具など)、生業の困難(商店などの都市自営業者)にともなう「長期戦」の忌避感情、③日露戦争以来感得されていた戦争の一時性・短期性、といった側面を持ちつつ、人びとの意識の「底流」を構成していた。さらに「戦争目的」のあいまいさ、も重要な「銃後」の意識の一側面であった。

社会教育の専門家であって仏教家・東洋大学教員、やがて戦時には純潔運動を行うこととなる高嶋米峰は、「日々目のあたり見せられる征途にのぼる人々の見送りや、街頭で目撃する銃後にある婦人の涙ぐましい情景」を経験していた(『同し方向へ』明治書院、一九三七年)。

当今わが国に於ては、目下の支那事変に対し、国を挙げて感奮興起してゐるとはいふもの丶、なほこれを日清、日露両戦役当時に比較すると、そこに何となく物足らぬ感じがする。……今回の戦ひは、最初北支事変と称し、次いで日支事変となり、さらに支那事変と変更されるなど、その名称がたび〳〵変へられたといふだけでも、それが何のためにさうなつたのか、また何のために戦争といはないのか、さらにまた何のために戦ひ続けてゐるのか、その知りたいと思ふことをも国民に知らしめず、また知らせずにゐたりしてゐるところに、心の底から湧きあがる真の感激といふものが、何となく力弱く感じさせてゐる。……何ゆゑに支那と戦はねばならぬのか、その大義名分、すなはち止むに止まれぬその理由を、はつきりと認識したいと希《ねが》ふ国民が、随分沢山あるのではないか……。

「何のために戦うか」、その「問い」に対する「説得力あるこたえ」「自己納得」と、「空疎なスローガン」「違和感」の拮抗のなかに民衆経験の位相が存在する。

3 新しい銃後

日中戦争開始後の情景と、「銃後」を形づくる国民精神総動員運動について見てきた。日中戦争以後に形づくられる「銃後」は、これまでとどのように異なるものだったのだろうか？

「銃後」ということばは、二〇世紀に入って用いられるようになった。日本社会の文脈でいえば日露戦争以降のことである(12)。そこには、「前線」と「銃後」ということばの連関が示すように、総力戦形態にまで肥大化し、社会をもまきこんだ「二〇世紀の戦争」という歴史的性格が反映している。一般的、世界史的には第一次世界大戦以後を「二〇世紀の戦争」とするが、日露戦争をプレ総力戦として把握する研究状況に即していえば、日露戦争期の「銃後」のありかたが、日中戦争期の同時代の人びとの「銃後」認識の前提を形成する。(13) 日露戦時銃後論からすれば、日中戦争期の「銃後」は次のような感慨をもって語られる状況であった。例えば日露戦時に活動した銃後後援組織が日中戦争時にも活動している事例である。群馬県群馬郡中川村「潜徳巡耕隊」は、兵士を「安心」させるために、「今度の事変からではない、ずつとさかのぼつて、日露戦役のときから、せつせと前線に送つてゐる〔慰問袋などか？〕私設の援護団体」である。現在は、中川村銃後奉公会となっているが、日露戦争の頃は「前線も銃後も何もない、たゞ一かたまりにかたまり合つた」社会と表現されている（棟田博『或る帰還兵の想ひ』協栄出版社、一九四二年）。

一方、日露戦時と日中戦争のあいだには画期的な満洲事変が存在している。満洲事変期における「銃後」の特徴はこれまでの研究に即していえば、次のように指摘できる。

第一に、十五年戦争史研究の立場からみれば、満洲事変は「戦争の発端」となったことは間違いないけれども、戦場は中国東北部に限定され、また一九三三年停戦協定成立後は主として反満抗日運動に対する討伐戦が主であったため、後の日中戦争段階と比較して兵力動員は限定的であったこと。ただし、金沢第九師団の事例のように、師団単位という意味では十全な動員がかけられ、かつ上海戦線においては多大の損害を出した部隊もあり、それらの管轄区域では地域社会に大きな影響を及ぼしたところもあったこと。

第二に、出征兵士の歓送迎など戦時において繰り返し実践されてきた行事はもとより行われたが、モダン文化の影響もあってその様相は派手になっていたこと（「ハレ」の景色の肥大化）。新聞・ラジオなど速報性をもったメディアが戦況をほぼリアルタイムで国内に報じた結果、また軍部が中心となった講演会などの企画により、一気に「排外主義」的気運がもりあがったこと。しかし、同時に、こうした「気運」は「一過性」のものであり、常に「非常時」の危機が宣伝されなければならなかったことである。「銃後」社会の構築は、この時点では、むしろ「危機意識」をつねにあおるかたちで進められようとしていたが、実際には必ずしも十分には展開しなかった。これまでの研究でも注意が向けられているように、「銃後」社会形成の前提となる「排外主義」「対外的危機意識」にともなう戦争支持熱と、政治社会的再編成への支持とのあいだにはズレが存在していた(14)。

またメディアによる戦争像の造形は、後に日中戦争期における「ドキュメント」の意義を浮上させる。兵士たち自身が記録を書き、総合雑誌も「現地報告」などの増刊号を出して、戦時の「記録」が人びとのあいだに書き手としても、受容する層としても広がっていった。『文藝春秋』の臨時増刊「現地報告」や『改造』誌上の「現地報告」記事、『中央公論』のコラム「東京だより」は、民衆の戦時生活を描き出す重要な史料ともなっている。

第三に、銃後後援事業のなかでも「女性の役割」が軍部によって高く評価され、国防婦人会が結成されていったこと。そのことと関連して、地域社会に多様な団体が作られ、「銃後」を支える基本的な組織がすがたを現したこと。特に、都市における町内会や警防団の組織化、農村における経済更生運動の展開による社会的な組織化、また選挙粛正運動を通じた地域社会組織の活用といった事態が進展していた。全面的な「銃後」社会が形成されると、人びとの経験はおおむねこうした団体・組織を通じたものとなり、団体の活動を通して「銃後」を経験していくことになる。

そして、第四に「生活と戦争」という問題が浮上したこと。例えば労働者の事例をみると、満洲事変期においてすでに出征軍人の生活保障が問題となっている。公的な軍事援護だけでなく、企業の実施した出征手当・救護をはじめとする待遇問題については、その個別的対応が、「救護の格差」を生んだことが指摘されている（山本和重「満州事変期の労働者統合」『大原社会問題研究所雑誌』三七二号、一九八九年一一月）。大企業では、工場委員会の開催数や参加規模が拡大し、同時に国防献金も企業や日本主義的な労働運動団体を通じて拠出されるなどの事例が報告されていて、この時期、労働者の企業への包摂が進んでいる（三宅明正「昭和恐慌期の労資関係」『日本史研究』二四〇号、一九八二年八月、三輪泰史『日本ファシズムと労働運動』校倉書房、一九八八年など）。農村における経済更生運動の展開（「生活問題」のゆくえ）が現実の戦争によってどのように捻じ曲げられるのか（「自力更生」から「銃後農村」へ）。地域住民・労働者にとって「生活と戦争」という問題が経験されていくのである。

総じて「銃後」の意味内容は日露戦時から大きく変化しつつあった。もちろん、出征兵士の歓送迎、戦時慰問などの活動は変わらざる「銃後後援」活動として存在していた。しかし、①「銃後」の社会を通じて、人びとはどのような「感情」や「情念」を、どのような回路で開放＝表現していくこととなったのか、②「銃後」社会の構築のなかで、どのような人間関係が形づくられ、そうした関係のなかで生きることを強いられた民衆は、どのような経験をしていったのか、といった問題が「銃後」論の焦点になっていくだろう。

ニシンの村から――『かもめの便り』

北海道留萌地方初山別《しょさんべつ》村（一九三七年人口、四〇九九人）は、ニシン（鰊）の群来《くき》による豊漁でたびたび賑わう漁村であった。初山別村郵便局共助会（のちに逓信報国団）では、局長を中心にしてザラ紙の西洋紙一枚の『かもめの便り』を発行していた[15]。「天候・四季」「人の出入」「景気」「慶弔」「村の展望」「村の話」などの欄があり、村のちょっとした話題、ニシン漁をはじめとする地域の景況、出征兵士からの手紙などを編集していた。

「かもめの便り」33号（1940年8月7日［初山別村編『かもめの便り　史料篇』北海道出版企画センター，2000年］）

創刊は一九三七年一二月九日、最後の「便り」は一九四五年八月四日発送の九四号。「謄写版印刷用青インキ」の供出を願う悲痛なことばとともに創刊された『かもめの便り』は、四号から盧溝橋事件の日付である七月七日にちなんで毎月七日の発行となり、一九四五年八月まで毎月一回も欠かさずに発行された。局員が郵便を配達するときに、それぞれの家で立ち話をしながら出征した人の様子などを聞いて情報を集め、月一回の会議で編集を行ったという。

当初は手書きであったが、出征兵士が増加するにともない発送が間に合わなくなり、一一号(一九三八年一〇月七日)から謄写版印刷となった。戦争末期の『かもめの便り』には、「初めてこの便りをだしたのが、僅かに十部」、「今日では毎月百部を越える盛況。既に銃後の精神、弾丸として送ること百十三回と延べ四千九百六十七通になつた」と記されている(八五号、一九四四年一一月七日)。

戦勝祝いの旗行列・提灯行列、国民精神総動員運動実践の模様、村の翼賛会の動向、勤労奉仕活動、貯蓄・国債(「愛国公債」)消化成績、戦意昂揚の村民大会、武運長久祈願祭、そして村葬の様子。「支那のみなさまお元気ですか。北国の郷土にもちらほら白いものが散り来る時季になりました。村民は益々張り切つて銃後の完璧を期して活動して居ります」と「銃後」の様子を前線に届け続けた。そして、同じ号には「満洲のみなさまお変わりありませんか」「朝鮮の村田さんから、〝内鮮一体国策協力〟本当に力強いです」「樺太のみなさまへ」との呼びかけがあり、その範囲は大日本帝国の広がりを反映していた(四八号、一九四一年一一月七日)。

一九三五年に初山別村郵便局に入り、一九四二年に召集されるまで勤務した田口正司(一九二一年生まれ、留萌市)は、『かもめの便り』は「朴訥な語りで表現も幼稚」だけれど「それが良かったんです。

生活のこまごまとしたことが書かれていて、ユーモアがあって」、「ニシンが獲れたかどうかとかが、いちばん気がかり」であった、「ほかの兵隊さんもうらやましがっていた」と回想している。「物価の統制の波に乗つて僕の話も統制されそうだ」(一五号、一九三九年二月七日)、「これはこれは恵比寿さんに大黒さん、うまい文句はないかいな。どうも近頃は、おいらのところ迄も統制がのびて、宝槌にも物資の統制や。いくら打ち振つても振つても出るのが汗ばかりや」(二八号、一九四〇年三月七日)、などはユーモアあふれる文言だろう。しかし確実に「銃後」の生活統制を前線に報知するものでもあった。

北海道庁では日中戦争がはじまると、「銃後後援」活動の一環として、地域の人びとがつづる慰問文に加えて、新聞・小冊子を前線に送るよう指導していた。道庁自身も、『銃後の護り』五〇〇〇部を前線兵士に送付している。地域の銃後後援会などでは、例えば毎月半月分の新聞(茂別村［現・北斗市］では地域の中小新聞である『函館新聞』)を送り郷土の模様を知らせる、などの活動が行われていた(茂別村銃後後援会の事例、北海道庁学務部社会課『銃後後援事例集』一輯、一九三八年四月)。

こうしたなかで、郵便局員の仕事は、単に手紙・ハガキなど郵便を配達するのみではなく、割り当てられている国債の消化、貯蓄奨励など、民衆に最も近い場所にあるものの一つであった。そのような郵便局員が独自に「便り」を刊行し続けたことはユニークな活動であったのである。

『かもめの便り』のような「銃後」と前線を結ぶメディアとしては、岩手県和賀郡藤根村(現・北上市)・高橋峯次郎の『眞友』がよく知られている。鹿野政直の評価によれば、高橋の人生は「人格化された銃後」とでもいうべきものであった。これほどではないけれども、『かもめの便り』の事例のように、地域からは「むらの通信」「郷土のたより」の書き手・送り手が現れ、「銃後」――「前線」を強く、太く結んでいたのである。[16]

戦地との手紙のやりとりを誠実に行う人物の存在。こうした人間類型は、おそらく多くの「銃後」に存在していたのだろうが、それらの個別の精神史が十分明らかになっているわけではない。「人格化された銃後」とも評される銃後の担い手が存在する一方、同時に「銃後」はあるシステムとして確実に「匿名化」されたかたちで存在していた。「銃後のつとめ」を象徴する「慰問袋」も次第に既製品化している。上越高田周辺の農村で、『郷土だより』を戦地に送っていたとされる和田村でも、一九四一年になると慰問袋は村がまとめて百貨店から購入し、大字（集落）へ代金を割り当てている。村役場は「御迷惑には候へ共」といって代金の取りまとめを大字の代表者へ依頼している。また半数の集落では、代金納入の締め切りが守られなかった（『上越市史　通史編5　近代』二〇〇四年）。

戦地とのきずな

長野県では一九二〇年代に青年団が中心となって「村報」「時報」といわれるいわば「村の新聞」が刊行されはじめ、地域の広報、文芸発表の場、時によっては社会問題を討論する場としても機能した（鹿野政直『大正デモクラシーの底流』日本放送出版協会、一九七三年、西田美昭編『昭和恐慌下の農村社会運動』御茶の水書房、一九七八年）。一九三〇年代になると、その流れはより大きなものとなり、青年団が直接編集するもの以外にも、村役場が編集の中心になるものが数多く創刊されるようになる。

こうした地域の「村の新聞」が、全国的にどの程度刊行されていたのか、その全貌はつかみ難いが、日中戦争が始まると、「慰問号」などと銘打ってさかんに戦地へも送られることとなった。『かもめの便り』『眞友』のように、村内の各種団体が発行していたものや、地方紙の一部も「慰問袋」に同封されるようになった。

ほんの一例だが、長野県下伊那郡山本村の『山本時報』には、「村内の出来事や、一般へ周知すべき事項」を「村内一般へ配布する外に、出征軍人、在営者、満洲移民、青少年義勇軍などへ差し上げて居ります。……村の事情を知る事が出来て嬉しいと云つてその度毎に御礼の手紙が参ります」とある(「編輯雑記」『山本時報』三九号、一九三九年一二月一日)。また、長野県では、県支那事変銃後後援会が「主トシテ市町村ノ事情ヲ掲載シタル」「郷土だより」(地元紙である『信濃毎日新聞』付録の特輯であるという)を「海外部隊慰問ノ資トシテ」送付している。(17)

上越高田の近郊、諏訪村では、尚武会・在郷軍人会・軍友会・国防婦人会・青年会で組織された諏訪村銃後会が『諏訪村便り』を送り続けている。一号は一九三七年一〇月二五日に発行され、以後、およそ月二回のペースで戦地に送られた。『諏訪村便り』には、農作物の作柄、銃後後援の状況、村民の出征・帰還や戦死者の慰霊祭・村葬の様子、傷病兵の近況などが詳しく記載されている。ガリ版刷りであったが、「慰問文」特集(一〇号)は活字を組んだ(前掲『上越市史　通史編5　近代』)。青年団の事例では、静岡県引佐郡三日町青年団下尾奈支部が一〇頁ほどのパンフレット「郷土だより」(一九三八年七月創刊)を刊行している。これは「各種銃後運動や労力奉仕の状況、今年度の徴兵検査の状況、町会の模様、出生者死亡者等、これを見ればすぐ故郷の様子が分るといふもの」であった(外山利一郎[同支部長]「われらの新聞」『青年』二三巻一〇号、一九三八年一〇月)。

日露戦争の際にも、故郷の「銃後」と兵士たちはたくさんの手紙をやりとりした(大江志乃夫『兵士たちの日露戦争』朝日選書、一九八八年)。しかし、「銃後」からの「通信」「村報」「便り」といったいわば公的ルートによる情報の伝達は、日中戦争期ほど広く、また多くはなかった。日中戦争は確かに「兵士」と「銃後」を結ぶ〝きずな〟を太くしていった。そこには、おおむね「公的」な美談――「銃後のつとめ」にはげむ個々人の努力・苦労話に彩られた「公的な情報」が掲載されていた。しかし、軍の検閲があったことを考慮してもなお、「通信」「村報」「便り」の流通と軍事郵便の往還においては、兵士と家族のあいだにはさまざまな不満や不安が語られており、文中からもそのことがうかがえる。「兵士」と「銃後」の〝きずな〟の太さと広さは、両義的でもあった(18)。

村むらから戦地に送られていった「通信」や「村報」の多くは、断片的な記録としてしか残っていない。『かもめの便り』や『眞友』など個人の努力で刊行されていたものも、おそらくもっと多く存在したであろう。長野県の場合、「村報」「時報」などの「村の新聞」は一九七〇年代からその縮刷版が刊行されはじめており、これら刊行物のゆくすえがわかる。一九四〇年一〇月、物資不足のなか用紙統制とかかわって地域の新聞が統合されたことをきっかけに、ほとんどの「村報」「時報」が廃刊・停刊となっている。ちょうど翼賛体制の時代であった(一九四〇年一〇月、大政翼賛会成立)。「銃後」はこのような情況をもってしても「変容」していったというべきであろうか。

第二章
村と戦争——「忍従」の村

「銃後」の農村風景，出征兵士留守宅農家の田植えを手伝う勤労奉仕の人びと(1944 年 6 月末，尼崎市西川にて浅井栄氏撮影［尼崎市立地域研究史料館「Web 版図説尼崎の歴史」］)

山形県南村山郡本澤村（現・山形市、上山市）に暮らす結城哀草果[1]の「応召者素描」は、召集令状布達のシーンから書き起こされているのが印象的だ（『文藝春秋』一九三八年二月号）。役場が令状を届ける頃は夜明けとなり、夏の農村ではすでに仕事が始まっている。個人の生活や仕事のリズムとは無関係に「赤紙」は配達される。[2] 哀草果は、応召兵は「それぞれの苦難と悲痛とを忍耐」して出征するのであるから、「銃後を守る国民は、それに相応しい義務をはたさねばならぬ」と述べる。兵籍にあるものは「一日千秋の思ひで召集令状の来るのを待ってはおるが、いよいよ白羽の矢が自身におりると、眉《ま》宇《ゆ》を釣り上げてひどく緊張した面輪《おもわ》をする」。深夜に令状が届いた「S」は「自分が出征する夢」を見ていた（哀草果「非常時身辺記」『帝国大学新聞』一九三七年一一月一日）。「銃後」は「緊張」のなかに、ある予兆をともなってすがたを現した。そして、個々の民衆が抱える具体的な生活難、個別の困難や悲痛は、「忍耐」・「忍従」の一語によって抽象化され、「銃後国民」の覚悟を問うことばに転換される。

1　格差と平等のあいだに

不思議な応召

大動員はひとしなみに地域社会を覆いつくしたわけではなかった。一九三八年初頭までの全国における応召者を出した戸数は、平均して「農家戸数の一割前後（他村在住者即ち離村者の応召をも含む）」（内務省警保局調査室編『事変下に於ける農山漁村実地調査報告』一九三八年四月)。企画院産業部調査によれば、応召者の率は「市ヨリ町ニ、町ヨリ村ニ、農村ヨリ漁村」で高く、農業者では五三%が既婚者、六八%が二五歳から四〇歳の青壮年であった。「世帯主ハ世帯員ヨリ少ナキモ、既婚者ハ未婚者ト相半バシ」ており、「世帯員、未婚、二五歳以下ノ若年者ノ相対的ニ多キハ林業ニシテ、逆ニ世帯主、既婚、三〇歳前後ノ青壮年者ノ多キハ農業」(世帯主三七%、既婚者五三%)という特徴があった(『極秘　日支事変下農山漁村実態調査報告』第二輯「労働力ヲ中心トセル農林漁業経営ノ変化」、一九三八年五月)。階層的には「応召者ノ総戸数ニ対スル比率ハ、小作最モ高ク、自小作之ニ次ギ、自作ハ第三位」であった(同)。

小林平左衛門(三井報恩会理事)の報告によると、岡山県では出征軍人は小作人など「低い階級」に多く、村びとのあいだでこのことが「やかましく」問題になっていた。赤磐郡のある村の被差別部落では出征者が「他の部落は戸数に対して一七%であるのに、此の部落は二二%位出て居」るという状況であった(農林省経済更生部編『銃後農山漁村事情視察報告記』一九三九年三月)。一方、茨城県に向かった農政学者・近藤康男は、「銃後の世話」をしているという医師のことばを記録している。その村では、不思議にも応召は「大抵中流以下の人」のみであり、「物持の子息」に召集は来ない。国防献金も「上の人程不熱心」である。この村には「朝鮮の労働者が大分入つて居る」が、彼らの方が銃後活動には「熱心」で、村の「上の人」の「不熱心」を「不思議がつて居る」。地域在住の知識人(在村知識人)=医師は、こうした態度を見せる「銃後社会」が「思想的ゆらぎ」を抱えているのでは、と懸念していた(『時局対策懇談会記録』中央農林協議会、一九三七年一二月)。

当然のごとく、戦死者の職業・階層的分布もこうした応召者のそれを反映するであろう。戦争の影響はじわじわと社会の格差を広げていくというよりは、すでに存在している不平等を、不平等のまま襲ったのである。また、応召者に世帯主・既婚者が多いこと、応召した小作農民家族のなかには、すでに「離村」していたもの(＝工場勤務、都市の雑業層)が無視できない数いたことなどは、「経営主としての労働力」の不在(暉峻義等・吉岡金市・内海義夫「軍事応召による労働力の不足とその対策に関する調査」『農業労働調査所報告』四五号、一九三九年)、地域社会に暮らす人びと相互の労力奉仕関係(勤労奉仕)や、応召時における生活保障の有利・不利と戦時期における「離村」傾向の意味など、「村と戦争」を考えるうえで重要な論点になる。

〈平等〉の旗印

長野県南佐久郡『臼田町報』に、おそらく在郷将校が書いたであろう「兵士歓送法の改善」が掲載されている。この論説は、兵士の歓送を、①町村自治体主催で送る「公的歓送」と、②近親者・友人たちが実施する「私的歓送」の二種類に分け、①の方が「職業家柄身分等」の差がなく「平等の待遇」が出来、「理想的」としている。人びとは、寄贈者に申し訳ないと出征祝いの旗や幟を「全部持出」したりする一方、「知人又同部落出の兵士」でなければ見送らなくてもよいと「誤解」をする人が増えたという。旗は「兵士の身分職業家柄等を反映する」。論説は人びとの暮らしの「不平等」を前提に、出征兵士の「平等」を演出するため旗の「制限」を主張するのである(『臼田町報』一一六号、一九三七年一〇月一五日)。〈祝祭化〉のベクトルと同時に存在する〈平等化〉のベクトル、この二つの力学のなかで、「赤紙の祭」＝出征はまさに「盛大」に行われていったのである。幟は大きなもので三メートル近くにもなった。「出征送旗」の数量制限と「其後ノ処置」は国民精神総動員運動でも問題になっている(例えば「福井県国民精神総動員実践要領」一九三八年二月『福井県教育百年史4　史料編2』福井県教育会、一九七六年)。富山県東礪波《ひがしとなみ》郡北般若《きたはんにゃ》村(現・高岡市)では「国策の線に沿うて、一旒の幟を村として贈るだけで、青年団の団旗もずつと形が小さくなつた」が、こうした村が「戦時生活の先駆村」として賞賛されるようになっていた(『家の光』一九三八年九月号)。地方中小都市の商業界にあっては、出征兵士送迎のための楽器・送迎旗・国旗の売れ行きのみが戦争の「好影響」、という事態も存在していた(3)。

農村に広く普及していた雑誌『家の光』には、出征兵士「歓送の旗」をめぐっての小さな論争が記録されている。菅野堅治(岩手県)は、「歓送旗」統制の必要性を訴え、地域の諸団体(戸主会・在郷軍人会・青年団)で三本ぐらいにおさめ、旗を買うお金を貯蓄など別の「銃後の資」とするように主張した(「虹」『家の光』一九三八年一二月号)。ただちに、出征軍人の「歓送旗が多いと少ないとでは、非常に勇士の心変りがあります」(「虹「歓送旗の統制」に異議あり」『家の光』一九三九年二月号)と今岡文吉(島根県)の反論が掲載された。再び岩手県の菊池勇一による「歓送旗」統制(?)論は、隣り合って応召した兵士の様子を「一方には約二十本の歓送旗が立ち一方には僅かに四本といふ有様でした。この四本の歓送旗を立てた応召兵とその両親は、どんな気持ちがしたでせう」と述べている(「虹　歓送旗の統制について」『家の光』一九三九年四月号)。兵士の歓送迎は「不平等」を可視化してしまうが、盛大な歓送迎は、すでに物資不足のなかで「国策」に反するものとなっていたのである。長野県北安曇郡大町では、「従来屋別ニ建テラレタル出征軍人健康祈願幟ハ綿糸布統制ノ関係モ有之尓後之《じご》レヲ廃止」、木製の「健康祈願門標」に替えられている(「健康祈願幟廃止及健康祈願祭ニ関スル件」一九三八年八月二日、『昭和十三年　兵事書類編冊』大町役場、大町市文化財センター所蔵)。

盛大な〝見送り〟は、戦争支持熱のもりあがりを示すとともに、出征するものの安穏・無事を願う家族・縁者の心情の現れでもあろう。その盛大さは、物資保護・消費節約という「国策」と、地域社会に戦争の負担を平等なものとして観念させる配慮とによって、常にチェックされていったのである。

新潟県では知事が官民一体の「銃後」後援組織＝銃後会設立を提案するが、市長らからは市町村単位の組織とすべきことが訴えられた。銃後後援組織は各地域で作られはじめており、これを県組織とすると市町村から一律に拠金を集め、給付は一律となる。富裕な市町村においては独自に手厚い銃後後援を望んでいたという(『新潟県史　通史編8　近代3』一九八八年)。より狭い地域内での手厚い保護への希求が、より広域的な単位での「平等」を批判するという逆転現象が見られたといえる。

出征の負荷

応召者が出た家族や隣近所は、さまざまな出費と、こまごまとした仕事に忙殺されることになる。農村では応召者の費用は「シャツを買ってやったり、集つた人に酒を出したりするので、少くとも三十円乃至《ないし》五十円は掛る」。さらに、「労力が非常に潰されまして、一人の人が出征すると、其の附近の関係の者は少くとも一戸で五人位の手間が潰れる」という(前掲『銃後農山漁村事情視察報告記』)。総じて「農村ニ於テ応召ニ要スル一人当費用額」は普通五〇円程度、「振舞、衣服、旗、汽車賃吏ニ付添人ノ旅費、本人小遣等ガ加算セラルル場合」は五〇円に止まらない(愛知県碧海郡〔あるいは西加茂郡・

八名郡〕高岡村〔現・豊田市あるいは新城市〕では、標準費目で一〇〇円であるという)。費用はおおむね「餞別」「自己貯金」「親戚及五人組ノ拠出」や、「村ヨリ宴会ノ材料ヲ贈リ出征者ノ負担ヲ軽減」する(大阪府泉南郡南掃守村〔現・岸和田市〕)などが多く、借金によるものは少なかった。「疲弊セル農山漁村ニ於テ、一人ノ応召者アル度ニ五〇円ノ支出ヲ要スルコトハ村民ノ重大ナル負担」であった(企画院産業部『日支事変下農山漁村実態調査報告』第一輯「物価事情」一九三八年六月)。

長野県下伊那郡山本村長の訓示は、応召者の激増にともなう「村の生産力」の減退をふせぐため次のように呼びかけている。非常時に際しては「先ヅ応急策トシテ、倹約第一主義ヲヤラネバナラヌ事応召者ノ生産力減退ハ勤労主義ニヨリ補フ事」(「時局に直面して」『山本時報』一二号、一九三七年九月一日)。それは、養蚕業の壊滅的な打撃と過酷な昭和恐慌をくぐってきた地域社会のなかから絞り出された対応であった。より露骨に、「戦時体制下で一番大事なことは生活を切り下げることだ」と述べたところもあった(『臼田町報』一一八号、一九三七年一二月一五日)。回復基調を見せつつあった農村経済にともなう「緊張感」の弛緩をいさめつつ、農民たち、そして村むらに求められたのは「勤労」「倹約」「生活を切り下げる」、総じて「忍従」という態度であった。

2　村の銃後

勤労奉仕

兵力の大動員が開始されると、農村では勤労奉仕が始まった。一九三七年の夏から秋、刈り入れの農繁期をこえて、一九三八年三月までのあいだに、全国市町村の九〇・九％で勤労奉仕が実施され、農村は勤労奉仕一色に塗りつぶされた。

一九三七年末までに埼玉・群馬・栃木・福島（会津）・宮城を踏査した宇都宮高等農林学校の高須虎六は、「近所近辺の者」が「勤労奉仕組を作ってやった」ため「却って応召者の家庭の方が早く」終わったこともあったと報告している（前掲『時局対策懇談会記録』）。戦時農村の労力不足は「近所近辺」の勤労奉仕によって問題なく対応できているように見えた。応召農家への勤労奉仕は、日露戦争以来、「銃後」の当然の営みでもあった。日中戦争勃発後一年の頃までは、「個々ノ農家ニ於ケル農力不足モ概ネ町村ノ範囲内ニテ相互ニ補充調整可能」と概括されている。(4) 山形・山梨両県下五九カ町村を調査した報告によれば、勤労奉仕に対する労力提供組織は、「青年団、在郷軍人会、消防組、農事実行組合、五人組、婦人団体等の各種団体」が最も多く、次いで「各農家の実情に応じて夫々《それぞれ》異った量の奉仕労力を醵出《きょしゅつ》せしめる方法を採ってゐるもの」であり、「各戸平等に同量の労力を醵出せしめる方法を採ってゐる町村は極く少」ない。労力奉仕分配は耕作地、労力状態などに応じて多様に取り組まれているすがたが浮かびあがる。報告は、そうした方法こそが「不公平」を防ぐと結論している（宮崎新一「農村の勤労奉仕に於ける奉仕労力の醵出と配分」『社会政策時報』二二三号、一九三九年四月）。

勤労奉仕活動にすばやく取り組んだ地域は、「銃後」の支援活動「優良村」「優良部落」として賞賛された。東日本の米作地帯である新潟県古志郡山通村鉢伏部落は、経済更生指定村ともなっている地域である。ここでは、応召によって農業労働力が一一〇人から八〇人に減じ、さらに軍需工業へ三〇人が移動したという。この部落における応召農家への勤労奉仕は、地域内での不足労力調査を基礎に、経営主の応召に対しては最もその身辺に近い親類を経営主の代理とし、「部落との相談」で実施され、部落と親類、そして「自家で三分の一位強行して貰ふ」というものであった。「人夫」は青年会と在郷軍人分会の班幹部が世話をしている。その結果として、「労力奉仕は幸ひにして現在の程度であればさう心配することはありません」（傍点—筆者）との声が伝えられている（帝国農会編『時局下に於ける農家組合の活動　新潟県の事例』一九三九年三月）。

また、「結い」が機能する場合もあった。群馬県利根郡河田村では、勤労奉仕班が作られたが応召農家が「遠慮」して労力扶助を申し出ないので、「従来よりの五人組（但し、現在は戸数五—六戸より十戸まで）が世話掛りを設けて応召農家労力不足模様を調べて組長に報告し、組合で扶助してゐる」。そして「この村には旧慣の「エヒ」（結い）組があつてよく手伝つてゐる」という（前掲『時局対策懇談会記録』）。この村では、「公的」に作られた勤労奉仕班に対しては「応召農家」の「遠慮」がみられ、むしろ従来の地縁集団（五人組）や「結い」こそが勤労奉仕を円滑に実施するために効果的に機能していると言えよう。

勤労奉仕活動の末端にはあくまで集落がおかれ、そのなかでも応召農家個々の事情をよく知っている親類縁者が「奉仕」の中心となっていったすがたが見て取れよう。こうした「勤労奉仕」の事例を見ると、①特に経営主の応召に関して「親類」の役割が大きかったこと、それは計画・家族労力の配分など、農作業全般にわたる〝やりくり〟とかかわっていたこと、②同時に集落近隣の人びとが関与し、「自家」「親類」「結い」といった複数の層にわたって労働分配が決められたこと、③具体的な労力提供は青年団や在郷軍人会などの近代的な社会集団が大きな役割を果たしたこと、が指摘できる。[5]

もう一つの「赤紙」――「奉仕」から「動員」へ

地域における経済更生運動のなかで設置された更生委員会は、勤労奉仕の実施にあたって人びとの活動を組織していくための重要な組織となった。勤労奉仕は日露戦時の場合にくらべ、集落の近隣・親族などを中心としつつも、より組織化されたものとなっていった。地域の実際によって勤労奉仕のすがたはそれぞれ異なったが、経済更生運動・更生委員会を中心とした組織化の方向が次第に広まっていった。銃後奉公会などの「銃後」支援組織も経済更生運動を基礎として作られていった。もちろん、経済更生計画の実績そのものは十分でなかった村むらもあったが、ここでは地域の組織化そのものが意味を持っていく。

都市・工業地帯の近郊県であり、工場労働者を家族にもつ農家を広範に抱えた埼玉県では、「町村経済更生委員会(委員のない村では銃後統制委員会)に勤労奉仕部を設置」し、応召者の多い部落から農事実行組合を中心として勤労奉仕班が編成されていった。①応召者が農業経営の主体であるかどうか、②家庭内での農業従事者の数、③「工場其他の通勤者にして日曜又は祭日等に農業手伝ひをなし居るものの数、など工場へ通勤するものを抱えたより複雑な農民家族の就労状況を精査し、それに応じた奉仕人員割当を実施している(埼玉県『銃後施設　勤労奉仕概況』一九三九年二月)。また、漁村である岩手県下閉伊郡重茂村(現・宮古市)でも、「経済更生委員会主体トナリ、銃後後援会ヲ設ケ之ニ時局宣伝教化部、銃後後援部、勤労奉仕部ノ三部ヲ置キ、銃後ノ活動」を行っている(企画院産業部『秘　日支事変下農山漁村実態調査報告』第七輯「団体活動状況」、一九三八年六月)。ただし、漁村部は最も勤労奉仕活動が困難な地域であったことがむしろ現実であった。漁民や港で働くものたちは、「応召者個人としても他の人に代つて貰へぬ仕事の為」、軍事扶助を受けていた（宮城県桃生郡十五ヶ濱村、前掲『時局対策懇談会記録』）。このように勤労奉仕に代表される日中戦争勃発直後の農村銃後の対策は、一九三二年以降とりくまれた農山漁村経済更生運動の「成果」を土台としていた。(6)

農政学者・近藤康男は畑作・馬産地である茨城県久慈郡大子町の勤労奉仕調査を行っている。大子町は、平均耕作面積も少なく農作業は基本的に家族労働力に頼る状態であり、だからこそ「事変になつて動員が行はれて労力の不足を感ずる」ことが強い。近藤は、「普段の過剰人口のあることが、今日の労力不足の真の原因をなしてゐる」と重要な指摘を行っている（近藤康男「戦時農村の労働不足」『帝国大学新聞』一九三七年一一月二二日）。大子町の勤労奉仕活動は、農事実行組合を単位として実践されたが、連絡員が「応召農家の隣家又は親類」と相談して作業の進捗状況を確認、組合長と合議し労働奉仕の出動計画を作り上げていた。そして、組合長は組合員各戸に「動員令状に擬して赤紙に印刷せる用紙」をもって労働奉仕の「通告」を行うのである。「応召」と「勤労奉仕」はイメージのうえでも「同一」であることが求められたともいえよう。

大子町の勤労奉仕活動は一見問題がないように見えた。近藤はすでに勤労奉仕（あるいは共同作業）をどのように「持続」させるかをも視野に入れていた。「応召農家中には労働奉仕を受くるを当然と考へ、連絡員又は組合長に催促がましき態度を示し、村民の指弾を買ひたる例」もある。地域内での「現在の割当法によつては援護は困難」となることが予想されるので、「市街地からの援助、小学生の休暇拡大による援助、共同田植等」が当面の課題であると近藤は指摘している。(7)

状況は次第に変化していた。千葉県印旛郡六合村では、更生委員会内に労力管理部をおき、男女各戸一名ずつの勤労奉仕班をつくり、食糧運搬などは少年部を設置して対応していた。日中戦争勃発後は農事実行組合を単位に「自発的ニ応召家庭ノ労力奉仕ヲ行ヒタルモ応召者ノ増加ト共ニ村ニ於テ統制指導ノ必要ヲ認メ勤労奉仕班ノ体系ヲ整ヘ」（傍点―筆者）というように、自然発生的な労力奉仕に対する「統制」の必要性が指摘されてきている（千葉県経済部『農山漁村銃後施設事例』一九三九年三月）。

戦時農村において勤労奉仕活動は、次第に「軍隊式ニ規律ヲ重ンジ時間的物質的浪費ナキ様」注意すること、「勤労奉仕班長ヨリ出動ノ通知ヲ受ケタルトキハ正当ノ事由ナクシテ之ヲ拒ムコトナキコト」とされるように変貌していった（新潟県の事例、「勤労奉仕施設要綱」〔新潟県経済部『支那事変新潟県銃後産業振興施設概要』一九三九年三月〕）。新潟県では、糸魚川出身の作家・相馬御風が作詞、陸軍軍楽隊作曲の「勤労奉仕歌」が作られ、学校などに配布、ラジオ放送され、レコードにもなった。「光漲る空の下 協力一致働かん 出でゝ戦ふものゝふと 同じ心で働かん」、「をとこ〔男〕をみな〔女〕の隔てなく 集れ勤労奉仕班 生産軍の旗高く かゝげて立たん時ぞいま」……。勤労奉仕班員は形式的には男性であることが決められていたが、「実際ニ至ツテハ女子ノ奉仕者相当ニアリ」という状況であったという（北蒲原郡木崎村、前掲『支那事変新潟県銃後産業振興施設概要』、前掲『新潟県史 通史編8 近代3』）。「をとこをみなの隔てなく」といったフレーズや、先に見た茨城県久慈郡大子町の「動員令状に擬して赤紙に印刷せる用紙」も、単なるパフォーマンスではなくなっていったのである。

ゆきづまる勤労奉仕

当初、勤労奉仕は、農事実行組合などを単位とする近隣の地域社会を基本的には軸とし、特に農業経営主が召集された場合にはその中心に親類縁者が位置づき、地域のなかの社会諸集団が労力を提供する、というすがたをとっていた。

現実には多くの矛盾が生じていた。勤労奉仕において農家がどのような点に支障を感じているかを全国郡・市農会に問い合わせたある調査によれば、報告された三一〇郡市のうち二一七郡市において「支障」ありとされ、その内容は「自家ノ農作業(殊ニ農繁期)ト重複」「応召家族ノ希望期ニ奉仕困難」(六七郡市)が最も多く、「奉仕力ノ適当ナル割当」(四九郡市)、「特殊技術ヲ要スル」園芸・養蚕などへの学生生徒の奉仕困難(三一郡市)、「各種団体間ノ無連絡、適任指導者ノ欠如」(二七郡市)と続いている(前掲『事変ノ農村ニ及ボセル影響ニ関スル調査』)。また岡山・福岡・佐賀など軍需工業地帯隣接地を対象とした企画院産業部調査によれば、「青年団、在郷軍人会等ノ団体別ニ勤労奉仕ヲ行フコトハ、混乱・紛争ヲ惹起スルコト多キ故……不統一ノ形態ニ於テハ、農業生産ノ維持ハ困難」、「実行組合若《も》シクハ部落毎《ごと》ニ……厳密ニ調査シ、之ヲ基準トシテ労力ノ部落自給化ヲ計」ることが必要であるが、そのための団体・地域社会との関係の問題、例えば「農家ノ子弟ニシテ従来都市ニ出デ農業以外ノ職業ニ従事シ居リタル者ガ応召セラレタル時、勤労奉仕ハドノ程度ニ為スベキカ」(ただしこの点は「事変勃発」直後に問題となったが、次第に合理的に解決されつつあるという)、「出征者ガ戦死セル場合ニ何時迄奉仕ヲ為スベキカ」、といった戦争にともなう個別農民生活の変化への対応の困難、という問題が指摘されている(8)。

そして実際に、応召者の増加、都市への流出によって人びとが農村から次第にいなくなると、勤労奉仕のありかたも変化せざるを得なくなっていく。大分県では「応召農家の増加するに従ひ、一般農家による勤労奉仕は漸次困難」となり、「現在に於ては寧ろ小学校児童、男女中等学校生徒の勤労奉仕が其の主流をなし、中心となつてゐる観さへある」という状態であった(坂本長年［大分県農会］「大分県下農業経営及び農家経済の動向」帝国農会編『時局下農業経営及び農家経済の動向』昭和書房、一九三九年)。一九三九年六月二〇日から農繁期を「農業労力調整期間」とした群馬県では、勤労奉仕として一三〇班・六五〇〇人の需要を見込んだが、供給は半分にもみたず、不足分はこの頃までに国営事業として整備されつつあった職業紹介所を通した「請負労力班」(労賃は各農家が支払うこととなる)と、男子中等学校生徒の勤労奉仕班に頼ることになった(9)。

また、地域によっては一律的に勤労奉仕を計画しているところもあるが、むしろそれは困難で、小作農や「勤労収入に依つて生活を立てゝ居る者」は、「奉仕に依りまして労賃の収入が一部犠牲に供される」などの問題が存在していた(長島貞［兵庫県農会］の報告、前掲『銃後農山漁村事情視察報告記』)。労力の少ない地域では「賃銀が非常に高騰して居りますから、勤労奉仕をしなければ一日三円位は貰へる。其の大事な労力を奉仕する際にどうしても或る程度の不平が起こる」。「是が長期に亘るならば……補償方法或は特別な管理方法」が問題になってくる(本位田祥男の報告、『同』)。勤労奉仕によって下層小作農や兼業農家の就労機会が奪われ、まただからこそこうした農業者は勤労奉仕に参加していない。勤労奉仕活動に「経済的余裕」が少ない人びとをどのように位置づけるか、「何等かの経済的酬いが伴はねばならない」のではなかろうか、「村の美風を酷使してはいけない」との声もあがっていた(「銃後農村を視る」『東京朝日新聞』一九三八年六月一八日)。

「麗しい勤労奉仕」と喧伝され、また現実にも中心的な「勤労奉仕」の労働力であった女学校や小学校の子どもたちの「勤労奉仕」についても、「却って土地を荒らされて後で困る」「勤労奉仕は農村に好結果を齎《もた》らして居ない」ということが方々で聞かれ、「勤労奉仕と云ふやうな事も今日のやうな無統制の運動では却って農村では迷惑をして居る」と指摘されている（恒次東洋雄［日本農民組合］、『事変下の農村諸問題』協調会、一九三九年二月）。こうした声はかなりの広がりをもって確認できる。

勤労奉仕は、①農民家族とそれをとりまく関係者による相互扶助機能を基礎とし、主として農事実行組合（農家小組合）を単位とした「一般的勤労奉仕」と、②青年団や婦人会、学校生徒などの非農業者による「特殊勤労奉仕」に分類される（野田公夫編・前掲『戦後日本の食料・農業・農村1』）。大動員当初の自発的な「勤労奉仕」が、やがてさまざまな軋轢・困難につきあたり、統制・組織化され、さらには「勤労奉仕」そのものが主要な労力不足対策ではなくなっていく様子が、近年の研究で指摘されている。そして実際に「勤労奉仕」といえば、多くの課題を抱えつつも、学生・生徒および村内団体が実施するものと認識されるようになっていった。また、地域社会では、勤労奉仕では対応できなくなる事態が進んでいた。応召農家のみが農村労働力減少の要因ではなかったからである。

しかし、なお農村は恵まれていたというべきかもしれない。一九三八年までに北海道管内の応召戸数は二万一〇〇〇戸強にのぼっていたが、「応召当時ノ生活状況ヲ維持スルモノ」六割九分弱、生活困難となった戸数は「日傭人」で六割強にのぼり、逆に漁業家は四割、農家は三割にとどまっている。農家が「家業上ノ打撃少キハ」、作業などへの援助が可能であるからだが、「日傭」、漁業、商工業などは「他人ノ援助ニ依リ業務ヲ維持スルコト困難」であったり、「代替性ナキ」（「日傭」）ためであったりした（北海道庁社会課編『秘　銃後後援概況』一九三九年二月）。また、応召・軍需工業への就職・出稼ぎで、製炭労働者（焼き子）が減少し、木炭の製造量は減少していった。農業は勤労奉仕で労力不足を補うことができるが、炭焼きは「他の者が代る訳に行かず、又仕事の関係で大体細民が多いと云ふやうなことで、労力補充が出来ない」のである。しかし、長野県下伊那郡の千代村、新潟県北魚沼郡湯ノ谷村などの山村では、炭焼きの子は「骨の固い」子どもが多いので、「軍人になる率が非常に高い」と言われている（前掲『銃後農山漁村事情視察報告記』、畠山剛『炭焼物語』雄山閣、一九七一年）。漁業・林業労働者からの応召は比較的高い率にのぼり、代替が不能な生業だけに、都市の市民生活を支える「魚介類」（副食）、「木炭」（燃料）の不足が心配されるようになりつつあった。

「いそがしさの譜」

歴史家・黒羽清隆は、「銃後」の農村社会の特徴を「いそがしさの譜」と表現している。(10) ただでさえ忙しい養蚕期の福島県伊達郡粟野村。「忙しさが事変後一層激しくなつてゐるのは人夫が少くなつてゐるからである。家族の労働力が減つてゐる。他村からはいつてくるものも減つてをり、需要者は多いから、雇はうとしてもなかなか雇へぬ」。「労働が激しい」といふことは「どういふこととなつて現はれてゐるか?」。「それは壮丁の体格がわるいといふことになつて現はれてゐる」。粟野村の青年は徴兵検査で体格が一番悪い。「村から外へ出て行く青年は益々多い。この部落（堂内）などでは、二十軒のうち、今年小学校を出た十六歳が一人ゐるきりで、次に若いのは三十か三十一で、その中間の、ほんたうの青年層は皆無」である。そして「婚期を逸した娘」が多い。農村の忙しさは、人びとの体力を低下させている(島木健作『地方生活』創元社、一九四一年)。

一方、冬の北陸。鉄道の雪かき人夫は「この地方に付き物の冬の風景」であり、「労賃は農閑期農村の殆ど毎年きまった相当の大きな収入」であった。しかし「農閑期そのものが変化してしまった」。「かます編みのための忙しさである」(中野重治「雪の下」『改造』一九四〇年三、四月号)。富山県下の「某村」では「村全体として比較的富裕でありながら、その藁工品の繁忙につれて近年著しく死亡率が高まる傾向」にあった(一九三七年までの統計、四宮恭二『戦争・食糧・農業』日本評論社、一九四一年)。

官庁系統・農会指導者らによる「現地調査」は、その結論として、農村の「過剰人口」が整理されたに過ぎず、労力不足は問題ない、との報告が目につく。その背後には、「忙しさ」=「過労」によって問題に対処しつつある広汎な農村社会の人びとのすがたがあったのである。農作業のために起床時間が一時間早まったり(栃木県明治村、前掲『極秘　日支事変下農山漁村実態調査報告』第二輯)、夜間、電灯をつけながら刈り入れする農家は、「殆ンドスベテ之等応召農家ナリキ」という村もあった(愛知県高岡村、『同』)。国民精神総動員運動のもと、銃後の勤労奉仕がさかんに実施されていたとはいえ、いやむしろ勤労奉仕を受けるからこそ、「応召農家」の自家努力も求められていた村のすがたがあった。

戦時の多忙さは公的な仕事に出かける機会の増加をも原因としていた。新潟県のとある農事実行組合の一九三七年八月から翌年九月までの活動記録によると、「兵士歓送並に村葬、祈願祭等」への組合員の出動回数二四回、一回に「四十人出席」して、一人一回三時間平均で全員で二八八〇時間である(前掲『時局下に於ける農家組合の活動　新潟県の事例』)。また「ある地方では出征軍人の歓送は男女小学生が之に当り、大人は農繁期中家業に専らになるといふ申し合せをした」という。出征兵士の見送りに子どもたちが動員されるのも、地域社会の「忙しさ」が背景に存在したのである（近藤康男「戦争と農業生産力」『改造』一九三七年一〇月臨時増刊号）。

戦時における地域社会内諸団体の乱立と役職の兼任も「多忙さ」の要因であった。一九三二年に経済更生運動の指定村ともなっていた愛知県南設楽郡作手村では、十数戸、多くとも四〇―五〇戸の集落に「多種多様ナル組合」があり、集落のリーダー層には「殆ンド一人ニ十数ノ役ヲ兼タルモノ」が多く、「真面目ニ而《しか》モ献身的ニ貢献セントセバ寧日《ねいじつ》不稼業ヲ営ムノ寸暇ナキ状態」であり、「相当ノ地位ヲ得公益ニ従事スルモノハ経済上恵マレズシテ家政没落」という事態が問題となっていた。加えて「事変勃発後ハ村民一般ガ召集兵ノ歓送及神詣リ等殆ンド労働時間少ク従ツテ労働能率低下スルハ明カナリ」という状況であり、経済更生運動も、リーダー層と地域住民の「多忙」のもとでその実行には大きな制約がかかるようになっている（愛知県『農山漁村青少年移動並ニ団体調査書』一九三八年三月）。

当然のように「銃後」社会を支える「担い手」が問題になってこよう。

農村労働力の主力になりつつあった女性たちにも、団体の「乱立」、とりわけ愛国婦人会と国防婦人会の並立（加えて対立）が大きな影響を及ぼした。国民精神総動員中央聯盟の河崎なつの証言によれば、「婦人団体といふものゝ、喰ひ違ひから来る亀裂といふものがひどく婦人の働きを弱めてゐる……愛婦（愛国婦人会）、国婦（国防婦人会）、女青（女子青年団）の三団体の何《いず》れにも、村の婦人は会員であることになつてゐて、各本部から、銃後の任務遂行について、時日をちがへて、同じ様な指令が来り、違つた事柄を日を同じくして指令が来るので、村の婦人は、どちらの顔をして、いつ、どの任務を遂行したらいゝのか、全くてんでんばら〳〵……縄張り争ひまで飛び出して、そのために蒐《あつ》まるべき廃品も半分しか集まらず、貯蓄の範囲も町の半にしか亘らない結果となり、而《しか》も両々相対峙して気まづい心になつてゐる」と指摘している。(11)

女性は「忙しく洗濯もままならない」。加えて「何処でも五社詣り、千社詣りと云ふので、あちこち廻つて居る者が相当ある。是は止めよと云つて止める訳にも行かぬので、洵《まこと》に村としては困る」。戦争が始まり、人びとは、家族・縁者の無事を祈る行為としての「千社詣り」「千度参り」などをさかんに行ったが、その行為そのものが、特に女性にとって「手間を多く要」する行為として問題視されている(長島貞、前掲『時局対策懇談会記録』)。

静岡県東部・三島の周辺の村むら(三島には重砲兵聯隊があった)では、「殆ど毎日のやうに村から見送りに行かねばならぬ。終《つ》ひには皆段々と飽きて参りまして行かなくなる。さうすると余所からあそこの村は不忠な村であると云ふ攻撃を受ける。それで村の人が非常に困つて居る。併《しか》し村の当局としては銃後を護ることが大事だから、さう云ふことを気に掛けずに働けと言ふて居るが、其点で非常に困る」と言われている。農業労働と見送り行事の矛盾が「不忠な村」と指をさされる状況を生んでいる。戦勝詣りも同様、「行かぬとあそこの家はと言はれるから、挙《こぞ》つて之に行くことになる」(東浦庄治、『同』)。他からの「批判」をおそれ、国民精神総動員の各種行事・兵士の見送り・祈願祭や戦勝詣りなどを行うことによって人びとはますます多忙となっていった。農業生産による「多忙」は、国家的行事の増加にともなう「多忙」と矛盾するのではあるが、これを調整するのは農作業の遅速と国家的行事の参加・不参加など個々人の生活時間の配分にかかる。ここではどの方面からも「批判」を呼び込みかねない状況が生まれているともいえよう。

「出征及帰還兵ノ歓送迎ノ為ノ労力不足モ問題デアル。国民的感情ヲ損セザル限リ代表ヲ出ス等ノ方策ヲトリ労力不足ト歓送迎トヲ調和セシムベキ」といった声が公然と聞かれるようになっていた。地域社会の「多忙化」は政府当局においても認識されており、国民精神総動員運動は「地方ニ於テハ相次グ週間運動ニ忙殺セラレ本来ノ趣旨ノ徹底ヲ欠キ徒《いたず》ラニ労力及資源ノ濫費ニ終ル場合」があることが懸念されていた(「国民教化運動ニ関スル宣伝実施基本計画変更ニ関スル件」一九三八年六月三〇日)。

巨大軍需産業地帯である北九州。賃金が高いため現金収入をめあてに「工場からかなり遠いところの農村からも、自転車と汽車を利用して、われもわれもと工場労働に出るようになつた」。当然、「青年の風紀問題が心配」されたが、「都会の遊びを覚えた青年がないとは言へぬが、農村の通勤青年は、概して早暁自転車で我が家を飛び出し、最寄りの駅から汽車で工場へ駆けつけ、可《か》なり激しい工場労働をやつて、へと〳〵に疲れて遊ぶ暇がない様だ」という。「いそがしさ」は「風紀問題」の懸念すら吹き飛ばしていたともいえよう(朝日新聞社編『銃後の農村を視る』同、一九三八年)。

また、こうした「多忙」は、「銃後農村」に対する絶対的な要請である「農業生産力の維持・増進」にともなう労働によって加速度的となり、それは「過労」というかたちをとって人びと——特に女性たちの身体に負荷としてかかっていったのである。乳幼児死亡率は、一九三八年から増加傾向に逆転している。

応召による労力不足は地域社会のさまざまな関係によって「解決」されようとしていた。しかし、農村から植民地の巨大企業へ、農村から都市へ、農業から工業へと流れ出る若者の存在が、より深刻な問題を銃後の地域社会にもたらしていたのである。

3　村の担い手

日中戦争が本格化すると、作家・文学者たちが各地を旅行し、「現地報告」をさかんに行うようになった。楠本幸子は九州の村むらを巡っていた。

熊本県との境にある鹿児島県高尾野町(現・出水市)は人口一万人あまりの半農半商の「経済更生指定」をうけた「模範的農村」であった。生活状態は「事変前と大差なく、応召による労力不足も、婦人の牛馬耕、女子青年団、青年学校、小学校等の奉仕班によつてそれ〴〵補はれ」ている。しかし「只一つ困るのは、近年農村を見捨てて都会に奔《はし》る子弟の多いこと」で、「事変勃発以来、軍需工業の殷盛《いんせい》にともなつて」この傾向が著しくなってきた。農村の若者たちは「生活に追はれがちな農村の苦しさを嫌つて」、「商店員、人絹工場、紡績の女工、或ひは最近に於ては軍需工場の職工等」になっていく。しかも「更に困ることは、農村の親達までが、子供らの送金を唯一の頼みに思ひ、生活の望をその上にかけてゐること、せめて我子にだけは、農村の苦しい生活を経験させたくないといつた気持の著しいことである」という。そのためある部落では「青年会や処女会をつくるのに、一人の青年も処女もゐないといふ」状態で、「農村には今に若者がなくなつてしまふ」と言われていた(楠本幸子「東九州の村々」有馬頼寧編『農村現地報告』春陽堂、一九三九年)。

動き出す人びと

農村地域からどのくらいの人びとが工場で働くようになり、また工業地帯へ移動していったのか、その姿はよくとらえられていなかった。『東京朝日新聞』は、「事変発生以来一〇月末日迄に軍需工業方面に動員された員数」は二八府県で五万五九三三人と報じ(一九三七年一一月三日)、厚生省職業部調査では「事変発生以来一年」、全国の職業紹介所を通じて工業関係へ移動した人員は約三四万人、職業紹介所を介さないものも含めれば約五〇—六〇万人と推定しており、農林省農務局農政課編『事変ノ農村ニ及ボセル影響ニ関スル調査』では、農業より工業へ移動したもの推算約四〇万人、二〇歳—五〇歳の農業従事者のうち「約一割ガ工業関係へ移動セルモノ」と報告している。「事変の影響殊に労力の不足に依る影響が比較的軽度」と認識されていた愛媛県における調査では、事変後一年五カ月のあいだに約六万六〇〇〇人の流出があったが、うち応召六割、商工業への移動三割、その他一割であった(岡田愼吾[愛媛県農会]「愛媛県下農業経営最近の動向」前掲『時局下農業経営及び農家経済の動向』)。

大都市東京の近郊であった埼玉県の様子は次の通りである。「本県ハ大工業地ニ近接セル関係上、農村労力ノ此ノ方面ヘノ移動ハ頗《すこぶ》ル多キ傾向ヲ辿リツ、アリ」。一九三七年七月から三八年五月までの「移動労力」総数は二七万六六〇〇人を数え、県内総戸数の一二・三%。「移動労力」が最も大きい地域は東京市北部に隣接する北足立郡で、総戸数の二三・五%にもあたる。「移動労力」のうち農業経営に従事していたものは一一万四〇〇〇人あまり、農家総戸数の七・四%(北足立郡では一九・七%)であった(埼玉県「農業労力需給調整施設」一九三八年五月)。全国的に見ても、「京阪地方、北九州の工場、炭坑地方」に向けての農村労働力の移動は「極めて多く」、「附近の農村に於ては、応召者数の三割乃至それ以上に達してゐるところ」が目立った。「応召者以外に軍務労務需要の激増による離村者数多く、且《か》つこれは今後益々増加の傾向にあることは注目されねばならない」事態になりつつあった(前掲『事変下に於ける農山漁村実地調査報告』)。

一方、東北(青森・岩手・宮城)では、「応召者の数」「軍需工業等への労働力の移動」ともに「非常に数が少」なく、応召者は青森県でおおむね総戸数の一割五分、岩手県では生産年齢人口に対して二―三割、軍需工業への移動は大雑把にいって応召者数の二―三割で、農業生産に支障はない、と報告されている(内山徳次『東洋経済新報』社」の報告、前掲『銃後農山漁村事情視察報告記』)。この地域は、愛知・静岡・福岡などと異なり軍需工業地帯から遠いため、軍需工場への流出は「局部的の問題」で、「県全体としても村の場合でも、今までのところでは、労働力が不足してゐると云ふことはない」(宮城県庁職員のことば)と認識されていた。しかし、そうしたなかでも次第に問題化していく傾向は、応召者の増加のみならず、「工業動員、つまり軍需景気に煽り立てられて都会への出稼ぎが日を遂《お》って多くなってゆくことだ」という(前掲『銃後の農村を視る』)。

応召者のなかには、出郷者の帰村出征・入営や、これまで農村に滞留していた人びとの出征も多かった。また応召者の家業は家族の「過労」や勤労奉仕に支えられていて、応召者の増加は「深刻な労働力の不足」を引き起こすものではないとの認識もあった。しかし、この戦争では応召と同時に軍需産業への農村の労働力の流出という事態が加わり、問題を複雑にしていったのである。

こうした社会的な動きはこれまでの研究でずいぶんと明らかになっている。(12) 農業労働力流出の仕組みは、戦時期になると農村と資本主義的労働市場の結びつきがほぼ全国的に同水準のものとなり、東北や養蚕地帯では「離村者」が、近畿型農村や都市近郊では通勤者が過半をしめるようになっていくこと、が特徴的である。その様子は、おおむね次のように整理されている。

①青壮年の男性と若い女性が農村地域からの流出の中心となり、農業は若く働きざかりの男性の専業農業従事者が激減し、副業的に農業を営むか、女性および高齢者に依存する傾向になってきたこと。

②総じて、農村の労働力の流出には「階層差」があり、下層・小作貧農層は旧来の雑業的な労働市場、また地元の労働市場と結びついて通勤者となり、上層の農家では、重化学工場とより結びついて遠隔地に「離村」する傾向が強かったこと。例えば、地域社会において軍需工業化が進展している新潟県などの事例では、工場へ通勤する型の労働力流出が増加しているが、なお男性では大都市への「離村型」が基本であること。長岡市周辺の農村部での事例によれば、大都市における重化学工業への労働力流出は、平野部の経営面積が大きな上層農家ほど高く、その次男・三男や孫に「教育をつけ」させ「離村定着」する傾向があること。逆に、通勤者は戸主や長男に多く、また下層農家ほど通勤者が多いこと。さらに山間部の農山村では、経済的下層の家の戸主や跡継ぎ(長男)が地元の労働市場と結びついて「職工農家」を形成すること。

③東北地域では、大都市・工場地帯に直接結びついての労働力流出が見られ、地域での職工農家の形成は未熟であったこと。また、日中戦争期になると戸主・長男の流出も出現するようになること。

こうして農村社会は、地域差を含みつつ、農民と労働者が雑居する「農村」へと転化しつつあったのである。

満員の通勤列車

八幡製鉄所や筑豊炭坑地帯を擁する北九州の重工業地帯に隣接する福岡県遠賀郡地域の農村は「事変前より労働力不足を告げてゐた」が、戦争はそうした事態に「拍車をかけた」。筑豊炭坑も「近年稀なる活況を呈し附近農村より多数の労働者を吸引すること著しい」。遠賀郡農会調査によれば（一九三八年九月一日現在）、「青年男子の七九％は会社、工鉱業等に従事」しており（女性では農業従事者が五一％、会社工鉱業従事者が四九％）、とある農事組合（八〇戸）では「男子青年にして農業に従事してゐる者は僅かに二人」、多くが職工補充に応募している状況であった。「毎朝毎夕の出勤、退出時刻には一列車は此種通勤者を以て満員」という光景が見られるようになった。ある農会関係者は、「農業経営上には不利としても青年をして他出（他地域に出郷させ）就業せしむることを好む傾向がある」と、動きはじめた農村の人びとの意識をとらえている[13]。

軍関係工場の労働者募集には強引なところもあったようだ。九州北部に隣接する山口県熊毛郡周南町では、地元の海軍関係工場の工員採用に関して海軍より職業紹介所に募集要員の割当が来ている。職業紹介所長は各町村当局に対し、軍関係の雇傭のため「採用人員に充たざる等のことあらば大問題なるにより他工場に就労中の職工と雖《いえど》も事業主の承認なくして応募可なるを以て極力勧誘に努められたし」と強調した（傍点―筆者）。現在働いている工場・企業にことわりなく、応募することを労働者に勧めたのである。労働移動を奨励するこの通達は「同地民間工場に大衝動」を与えたのみならず、労働者たちにも動揺が走ったという。また「町村当局に於て半強制的に青壮年の応募を強要するが如きは余りに現下農村の実情を無視せる措置なりとし、不平不満の言動を洩し居れり」という事態が生まれていた(「昭和一四年自一月至六月 社会思想運動情勢」広島控訴院管内概況『思想月報』六六号、一九三九年一二月)。

群馬県の太田町は、巨大な軍需工業・中島飛行機工場の設立によって大きく変貌した町であった(高橋泰隆『中島飛行機の研究』日本経済評論社、一九八八年)。帰還兵・鷲尾洋三は、太田町に向かう「満員の通勤電車」のなかで一人の「酔漢」(よっぱらい)に出会う。昼間から酒をのんでいる「職工」風情の男、前橋・高崎などの地方都市へと出向くのだろう(鷲尾洋三「過渡期に立つ農村 群馬県農村の輿論調査」『文藝春秋』「現地報告」34、一九四〇年七月)。

一九三四・三五年に太田工場を拡張して一躍三菱にならぶ一大航空機製造企業となった中島飛行機は、周辺部からの労働力を貪欲に吸収していった。経済評論家の高橋亀吉がこの太田地域を調査のため訪れている。調査対象となった「新田郡某村」は「軍需工業地に接し、最近出稼者の多い村で一般的に、農村の戸数は殆んど増加せず、二三男の殆んど全部が村を離れて他の業に転」じている実情であった。こうした現状からみれば、農村の応召者の「過半は、実質的には已《すで》に農村を離れてゐた人達と見て大過無」く、したがって「農村労働力への直接影響は比較的軽微」であり「勤労奉仕」によって「優に補ひ得る」と高橋は認識していた。しかし慧眼にも彼は、地域社会にとって「応召軍人に依る影響と云ふものは一時的であるけれども、軍需工業の発達に基く影響は根本的、永久的」と見抜いていた。群馬県の「農業過剰労力」は一四万五〇〇〇人(農業従業者の三割)と見積もられ、工場への労働移動は「それを最近までは全部吸収」したこととなり、「随《したがっ》て農業に及ぼす影響はそれ程でなかった」。さらに、現在農村から「工業方面に吸収されて居る労力の大部分は若い人間で」あり、農家にとっては、こうした若年層は高等小学校卒業直後でもあり農業経営・農業労働力としては「まだ余り相手にして居ない」状態であった。しかし、今後の農業経営にとっては、農家に「代はるべき人間が欲しいと言った時に、代はる人間が殆どなくなって居る」結果となる（前掲『銃後農山漁村事情視察報告記』）。農業後継者問題の「発生」とでもいうべき状況であった。また、「銃後農村」にとって、農業生産粗放化の進展は深刻な問題であった。この点について高橋は、農民は「軍需工業への出稼を一時的と考へ」るため、生活根拠として、依然土地を手放そうとしない、こうした農民の態度に「農業粗放化、生産減退、土地荒廃の一つの原因がある」と指摘している（同）。

同時に、工場で働く人びとが地域社会に暮らしの場を求めはじめていた。高橋の調査の後、群馬を訪れた鷲尾洋三は、農村に「移住してきた職工たちの家族」が役場の要請により農業手伝いをしている様子を紹介している。ただ、地域の小学校教員によればそれはまだ一部であって、「もっと積極的に、工場員たちの農業参加を企図してもよいのではないか」という議論が起こっている。地域社会は変貌しつつあり、この小学校教員は次のように語った。「農民と移住工場員とがもっと互ひに結びついていくやうにしなければ駄目ですね。移住者ばかりではなく、土着の農民の中の工場転向者と旧態依然たるお百姓との間にも、すでに目立たないながらに、ある距離が出来かゝてゐる――農村の甦生《ママ》の上からも、国民協力の建前からも、これは危険千万なこと……」。軍需工場の進出と農民の労働者化は、地域社会のなかに「目立たない距離」を生み出しつつあった。

率直に「軍需工業ノ盛ナ地方デ職工ガ多額ノ賃銀ヲ得ルノヲ見マシテ、農民側ハ皇軍兵士ハ農村ガ出シテ居ルノダト云フ所カラ、之ニ対シテ怨嗟ノ声アルト云フコトハ憂フベキコト」とした報告もある。(14) こうした地域の社会関係の変動、あるいは秩序の変動を受け止めるべく存在する村のリーダー層である教員たちも、「割のいゝ軍需会社へ転向する者が多くて困る」事態となっていた。地域の小学校教育とそれを担う教員は「量的にも質的にも、事変前とはずつと低下してゐる」のであった(鷲尾洋三・前掲「過渡期に立つ農村」)。

なお、群馬県太田町周辺では「青年層が此の飛行場(中島飛行機太田工場)に吸収される為に青年会、青年団は解散せざるを得ない実情」が生まれ、また町では「職工達に余り多くの散財をさせないやう」に五人以上の宴会を禁止したが、そのせいか工場労働者たちは伊勢崎・足利・桐生・高崎・前橋方面などに出かけるようになっている(片岡銀五郎の報告、前掲『銃後農山漁村事情視察報告記』)。鷲尾が車内でみた「酔漢」もそのような工場労働者であったか。また「花柳病が非常に多」かった(三宅正一の報告、『同』、小野沢あかね『近代日本社会と公娼制度』吉川弘文館、二〇一〇年)。

職工農家の生活誌

一九三八年のなかば、愛媛県新居浜周辺地域を調査対象とした労働科学研究所の報告がある。(15) この地域において工鉱業労働者が増加し始めたのは一九三〇年以降のことであるが、さらに昭和恐慌のもとで、家族に工鉱業労働者がいた農家はその賃金収入によって所得の減少を補填したため、「農家の青少年を工場へ志願せしめる傾向を著しく強めた」という。こうした農民意識の変化のうえに軍事関係工場が「多数の労働者を吸収」する状況となり、日中戦争はそうした流れをより広く、深くした。

周辺の農村地域の生活はどのように変化していったのか。第一に、「最も著しきは主婦の役割の増加」である。女性が農業労働の担い手になるのみならず、家事・教育・交際をも受け持ち、男性工場労働者は「殆ど家事に煩はされない」こととなった。三六歳(高等小学校卒・後備歩兵上等兵)のある男性硝酸工は「村内の種々の交際も万止むを得ざる時を除きては総て主婦をして代理」させている(傍点―筆者)。そして、それらの結果でもあるが、「兼営農家の主婦たるを避けんとする」意識が農家の若い女性たちのあいだに広がっていった。その父母も、「現金収入と共に飯米を自給し得る家庭を望ましく考へるが、併し子女を寧ろ純工業従業員に嫁する事を希望する」ようになっていた。

第二に、近在に軍需工場が出来たため、従来、他郷へ出ていた青年たちの「殆ど全部は此の地域内にて職業を有する事」となった。通常認識される状況とは逆に「青年が村にいる」ようになったのである。しかし、これらの青年たちは、いわゆる「農業青年」ではなく「通勤型」の在村青年ということになるだろう。

第三に、零細規模農家が増加し、農地の細分化が行われていることである。「兼営農家は零細規模においてまた自小作農として猛烈に増加してをり」、その経営内容は「自給用米麦蔬菜の栽培に還元」しつつある。これらの兼業農家の多くはその主要農作業を雇傭労働または請負に出す傾向がみられる。工業従業員の低賃金(二交代制をとっても生活水準を保持して余裕が出来る者は少ない)という事情から、「飯米自給のための耕地」を保有しようとするからである(群馬県の事例と同様)。零細兼業工場労働者の増大によってかえって耕地需要が増大する現象(「土地飢饉」)が見られることが特徴的であった。[16]

第四に、低賃金労働と飯米自給の結合という生活スタイルにもかかわらず、「農業兼営の工業従業員がもつ生活水準は純農家に比して高」くなっていることである。具体的には子どもの服装や、ミシン・ラジオ・蓄音機などの所持といったかたちで表現されている。地域社会内における交際についても、むしろ「純農家」の方が「近隣の交際に於て工業従業員の増加に伴ひ現金支出の機会多くなりし事が訴へられてゐる」状況であった。

自家労働力に余裕があったため現金収入を求めて工場に入社したある三一歳の合成工(尋常小学校卒・後備歩兵上等兵、長男)は、父が農業経営主であり農会・水利組合評議員、農事実行組合長、氏子総代を務めている篤農家であった。この父親は「てまがへ」(結い)について、「他人の一日の労働は自己のそれと交換するに足らず、寧ろ賃銀を支払ふ方が簡単」といい、「自分の様に人一倍働くものは損である」と述べている。群馬県の事例でもみたように、軍需工業の近郊地帯にあっては、土地は細分化されながらも農業は「相当執拗に存続」していた。しかし、「農村的な共同社会的伝統は旧時の姿の儘《まま》に維持される事は不可能である」。数年前まで行われていた「てまがへ」はほとんど行われず、人びとは、「労働力の量を明確に意識」して他人の労働や賃金と比較していくことになる(17)。こうした「気持は次第に人々に一般化」し、工業労働による現金収入の増加とならび、人びとの生活は「打算に依るもの」が多くなる。調査報告者は、結論部分で印象的なことばを書きつけている。戦時下の「銃後」社会、その社会における「労働」、その「一切は計量されねばならぬ」、と。

「打算的」になる農村社会。それは、戦争への態度にも少なからぬ影響を与えた。そうして、「結い」労働も打算的になっていく。それは「勤労奉仕」の基礎を掘り崩しつつあった。ただ、こうした事態に対し、「個人主義的態度」「自由主義的態度」を批判し、「滅私奉公」など「伝統の表面的な美しさのみに着目」しては何ら問題の解決にはつながらないだろう、「寧ろ斯《かか》る変化の中に新しい協同への萌芽を見出すべきであらう」ということが、労働科学研究所調査の提起した方向感覚であった。

工場へ行くことの有利さ

大都市名古屋を中心とする軍需工業地帯、「トヨタ自動車工業」の近隣地域として成長しつつあった愛知県東部の農村・碧海郡刈谷周辺では、農会の技師たちが農民たちをどのように指導したらよいか「大きな迷ひ」を感じていた(前掲『銃後農山漁村事情視察報告記』)。農村から人びとは動き出していた。「時間から時間まで勤めて、しかも金になるといふ打算的な考へ」が、農民を工場に走らせていた(『銃後を護る農村の現地報告』『家の光』一九三八年一〇月号)。この地域では、高等小学校卒業生の進路も工業方面が多くなっている(『新編岡崎市史4　近代』一九九一年)。さらに、小作地や自作地を三―四反ほど保有したうえで工場労働者を一人か二人出している農家がむしろ「非常に生活は楽」であり、農民たちのあいだには「生活の中心は若い者の取って来る労働賃銀に置いて」、農業は女性と高齢者に任せ「唯食料を得れば宜い」という態度が広がりつつあった。農業生産意欲は「薄らいで居るやうで」あるけれども、農民生活の安定にはその方が良い、そこに農会指導者らの「迷ひ」があった。この地域では、経済更生運動特別助成村の「町村長や村の当局者までが、成るべく工場を近くに呼び寄せて土地を高く売らうと云ふので血眼になつて居」た。経済更生運動は、その基盤そのものが掘り崩されている。「却って農村の遅鈍な兵隊より、工場地帯から出る兵隊の方が宜いのではないか」との考えもみられる(小林平左衛門の報告、『銃後農山漁村事情視察報告記』)。

兵庫県農会・長島貞は、軍需用の農産物価格の騰貴(その限りでは農村の「好況」)や、勤労奉仕の状況などを調査していたが、「事変の思想上に及ぼした影響」について興味ある報告をしている。公務員は応召の場合、手当が出る。これに準じて工場でも手当が出される。「然《しか》るに農村から出て居る子弟は何も貰へない」。長島の調査によると、「隣同士で一方は住友の職工で、それは月二十円位貰つて居るが、隣の家の者は困つて居るが一文も貰へない」場合や、「酷いのになると、一軒に三人兄弟が出征して居つて、一番上の兄は役場へ出て居たから役場から貰つて居る。二番目の者は住友の片倉の製糸所に出て居つたので、之もやはり手当を貰つて居る。一番下の弟が家で百姓をして居たので一文も貰へぬ」という場合もあった。長島が調査した村むらでは、「日露戦争当時は平等で斯《こ》んなことはなかつた」(日露戦時の理想化！)という。「やはり都会に出稼ぎした方が得だ、斯う云ふ非常時に際しても恩恵は得られるのだと云ふやうな考」えが広がりつつあった(前掲『時局対策懇談会記録』)。同時に長島は、これまで家に送金してこなかった(出来なかった)出稼ぎ・都市流出者が、応召によって送金出来るようになり、農家には現金が入るようになることを述べている。「事変は洵に有難い」という声が挙がった。

村の担い手

長野県下伊那郡下久堅村。天竜川をはさんで「山都」飯田市(一九三七年市制施行)に相対する、山間地帯への入り口にあたる村落である。ここは他所への出稼ぎが多い地域ではあったが、青年会の調査によって明らかとなったのは、現金収入を求めて「永久的に村を離れ」てゆく人びとが増加しているという現実であった。「最近特に注目すべき傾向は中堅となるべき青年男女が矢鱈《やたら》に土地を棄て、村を棄て、他出する事で之は一考を要すべき」とまとめられている(『下久堅時報』六九号、一九三八年四月一〇日)。

滋賀県の農村でも、「応召による労働の不足といふよりも、戦争になつて軍需工業の隆盛になつたため、村の青年が……農村をすてて給料生活をやらうとする」ことが問題になっていた。滋賀県阪田郡鳥居本村東内町農業組合の中辻善平の知人の長男は「親に無断で大阪の砲兵工廠に行った」という。これでは農業を維持していく「中心」がなくなるから、「長男だけは村に止まらねばいけない」。次男、三男も「銃後の農村の護りをしつかりして、時がたつてから村を出るようにしてほしい」との指摘が出ている(『家の光』一九三八年三月号)。「親に無断」で村を出ていく長男、就職・就農をめぐる親子のあいだの軋轢は、戦時下の家族問題の諸相の一つであろう。出郷する長男と、それを引き留めようとする地域指導者層との相克がうかがえるのである。

漁村においても状況は同様であった。神奈川県真鶴近くの漁村・福浦村は一九三二年以来、漁村更生運動で成果を挙げてきた村であった。ここの子どもたちは、「高等小学校二年を卒業した男二十五名が昨年〔一九三七年〕は僅かに三名残り、今年は一人残らずそつくり軍需工場へ持つて行かれる」状況であった。地域の「中堅となる人物」がいなくなることが最大の懸念であり、福浦村では「労力不足問題よりも漁村の幹部養成問題」が憂うべき事態であった(前掲『銃後の農村を視る』)。

ここで問題となっているのは、単なる「労働力」不足ではないことが重要である。「応召」による農村への影響は、比較相対的に軽微であった。むしろ青年層の工業労働への流出という打撃。ここに、十五年戦争期、なかんずく日中戦争以後に形成された「銃後」の決定的な歴史的性格があった。その際、同時代においては「応召が国民の義務であるに反し軍需工業への移動は農民の自由意思に基くものである」と認識されていたことに注意を払う必要がある（澤村康「日支事変下に於ける農業、農民生活及び農村施設」日本学術振興会『時局と農村(一)』有斐閣、一九三八年）。したがって、「脱農」「向都」熱、高賃金への「誘惑」など、その「自由意思」性が社会的に批判の対象となると同時に（「比較的高賃銀を支払ふ為め之に誘惑されて農村子弟はややもすると家業たる農業を捨て」——澤村康）、そのことはまた、農村地域に暮らす人びとの戦時下での行動の幅をも示していたのである。

農村における「高学歴者」の流出も社会的に問題となった。農学校などの卒業生が地域に就職しない、果ては農村教師も次第に軍需工業へと流出していった。東京府、急速に発展する軍需工業都市・立川周辺の近郊南多摩郡農村では「先生が減る一方、困った軍需景気の影響」（『三多摩読売』一九四〇年二月九日）として、一九三九年四月以降一〇月までの教員の退職四三〇・転出一二一・死亡四八・休職二六、合計六二五名という数字が記録されている[18]。男性教員は、軍需会社への「転向」や、「地方の景気がよくなったので地方赴任を希望」する。女性教員は、①共稼ぎの夫の収入がよくなったこと、②女中不足による家事の手不足、などの理由によって離職者が増加した（『日野市史 通史編 近代(二)・現代』一九九七年）。また武蔵野町など北多摩郡農村では、近在の中島飛行機武蔵製作所など「工場関係の好況から比較的薄給であった（農業）指導員が工場会社方面に続々転向」（『三多摩読売』一九四〇年三月三日）と報道されている。愛知県でも「農村の中堅人物、指導者を養成すべき農学校、農蚕学校を出た者の大部分が……他の職業に就く傾向」が「憂慮」されている（山口傳「愛知県」「虹 農村と学校」『家の光』一九四〇年九月号）。

村に残った青年たちは、青年団などを拠点に勤労奉仕や講演会・座談会の実施、訓練などの「銃後」活動に携わっていた。しかし、この時期、青年団運動に対する評価はかんばしくない。もちろん、応召と軍需工業への流出のため青年団そのものが「解体」「消滅」していった地域もある。しかし、同時にまた、青年の持つ「教養の低さ」や行動力の欠如も問題になっていた。『家の光』や『青年団』(大日本青年団機関誌)には、「銃後活動」を積極的に行う青年団の「美談」の影で、次のような指摘が多くなっていった。例えば、村で青年団が弁論大会などを開催しているが、「口先ばかりで形式的に国民精神総動員を叫び、あるひは資源愛護を論じて、その実行のできないのが多い」(森田利光「三重県」「実行の青年となれ」『家の光』一九三八年六月号)、「この頃の農村青年は徒らに都会の華美を真似て、口先ばかりで実行力に乏しい」(松本孝平「愛知県碧海郡知立町」「非常時農村青年たれ」『家の光』一九三八年九月号。投書者の在地がいずれも中部の軍需工業地帯近在であることに注意)といった具合である。鑓田研一、下村千秋、上泉秀信、塚原健二郎、丸山義二、和田勝一ら地方文化運動の指導者や農民文学者による座談会でも、「優秀なのは、すぐよそへ引きぬかれて出世するんで困る」「農民出身の指導者が必要」(鑓田研一)、「青年は勉強してゐません」(和田勝一)、「青年の無気力、不勉強の点では、関東平野では一層その感が深い」(下村千秋)、「事変下の青年の動向を調べてみると、一般に青年が無気力」(上泉秀信)などと語られている(「土の作家がもち帰った戦時下農村の話題」『家の光』一九三九年三月号)。ちなみに、上泉は、戦時下農村の青年は「気力がないから、統制がとりやすいんぢやないか」と述べているが、戦時期の「模範村」の社会像を示す重要な指摘である。

農村から都市へと青少年を送り出すのは戦時行政機関・職業紹介所の重要な役割であった。そして村に残る青年たちへの評価も変わらざるを得なくなった。宮城県では、軍需会社の労働者募集には県庁から村役場までが斡旋の労をとっているが、「応募はいつでも定員を突破する」ので「一応の銓衡《せんこう》を経て合格者が決定」するのである。県庁でも村でも心配なのは「村に残るものは形式的にせよ、不合格者」ということになり、「村の中堅層の質の低下は避け難い」こととなることである（前掲『銃後の農村を視る』）。宮城県経済更生課は、戦時期における農村社会の第一の課題として、「応召等による部落中堅層による部落団体の結合力、統制力の欠陥」を指摘していた（「時局と経済更生運動」『宮城農報』一九三八年三月号〔佐藤信夫『昭和初期一山村における農村更生運動　「銃後農村」への道程』一九七一年〕）。

先に述べた通り、多様な生活実態をもつ応召農家を対象とした勤労奉仕は、地域社会においては、きめ細かな計画・統制と配慮に基づいてようやく実践されていた。単に青年団員や在郷軍人分会員、子どもたちの労働があればよいというものではなかった。やがて、勤労奉仕はゆきづまり、「共同労働」「共同託児所」などの「共同」の生活様式が求められ、実践されていくことになる。そうした地域社会の秩序が〝ゆらぎ〟かねない事態が憂慮されているのである。社会的に低い評価を受けた「在村青年」たちは部落のなかでどのような役割を果たしてゆけるのだろうか。また、そのことで彼・彼女たちには、どのようなストレスやルサンチマンが蓄積していったのだろうか。

一方、国家的に称揚された「農村中堅青年」は、また別の問題に直面していた。北九州に隣接し東部に炭坑・軍需工業地帯を抱える山口県では、戦時期農村の社会変動によって、農民たちは「いろ〳〵の研究と体験を得て、比較的小人数で農業が出来る自信が」ついてきていた。「農村は長男を中心に老人と女子供で農業を経営することにし、二男三男は大陸の新天地へ雄飛する」という考えが強まってきている（前掲『銃後の農村を視る』）。村には優秀な「長男」が残る、次三男は「大陸」へという政策基調の出現であった。

しかし、女性たちは「農村中堅青年」の働きぶりに「辟易して、嫁に行かうといふものがあまりない」（同）という問題にさらされる。「軍需工業方面の求婚の方が魅力を感じさせるせゐか、内地農家の青年によい花嫁がえられない」（山口孝助〔埼玉県北埼玉郡大越村弥栄結婚相談所主任〕）、「晩婚になり……今では二十四〔、〕五歳から二十七歳の花嫁が一番多くなつて、農村の青年でさへ、三十歳すぎの花婿が珍しくなく」なる（吉田豊文〔埼玉県庁産業組合課農林主事〕）といった状況が見られるようになった（「事変下の結婚の導き方研究会」『家の光』一九四〇年三月号）。こうした状況を、農村の若い女性の立場からみると、「農村女性が都市に走るのは、虚栄心や経済的理由ばかりではありません。私たちが真に覚醒を求め、深刻な問題として提供したいのは、農村に根強くはびこる封建的な習慣です」という議論ともなる（今泉種子〔愛知県〕「農村女性の抗議」『家の光』一九四〇年六月号）。信濃・三河くにざかいの山村の伝統行事を描いた『花祭』で知られる著名な民俗学者・早川孝太郎は、満洲移民送出活動に携わっていたが、満洲開拓は「新しい沃土」「すばらしい機械力」といった「魅力」に加え、「内地の部落や農家が古い伝統を重んじて、噂がうるさいのに、こゝ〔満洲〕には舅姑さへゐない点が、若い娘をひきつけるのぢやないか」と語っている[19]。山形県のある女性は、「自分の娘を都会へ働きに出してゐるお母様方」に、「娘の楽しさうな工場生活の話」を村ではしないよう呼びかけている。なにより「家にゐる娘は食つたきりだが工場へ行けば、食つた外に家にお金を送つてくる」、「金銭や外見上ばかり」見ることが耐えられないのである（岩崎みうゑ「虹　農村のお母様方へ」『家の光』一九三九年四月号）。

農民自らの嫁・舅姑関係、「封建的な習慣」の一方で、現金収入へのあからさまな期待と自家農業への「卑下」、が問題であった。

就職列車

秋田県平鹿郡醍醐村（現・横手市）。秋田県は典型的な農業県で、鉱山（尾去沢・小坂・花岡など）を除けば、近代的な工業はほとんど展開していなかった。この地域では、北海道への出稼ぎが多く、また県内の工場での働き口は少なくて、農家の次三男は農業労働に携わるもの、大工・鳶職・木挽・屋根板製造など在来工業・雑業的な仕事につくものが多かった。ようやく満洲事変の頃から、京浜工業地帯との結びつきが強まり土木建築や工業への就職・出稼ぎも急増しつつあった。東京・神奈川に出郷する場合は、葛飾などの軽工業、中小・零細工場地帯に向かうものが多かった。

醍醐村では、次第に東京・神奈川への流出が増加して離村者の過半を占め、流出先としては工業が急増し、その四割が金属・機械・化学となっている。一九三〇―四〇年、東京・神奈川へは五一人の村びと男性が出郷していったが、うち金属・機械器具・化学は約四分の三を占め（三八人）、他は葛飾区・向島区・江戸川区・浅草区・淀橋区・蒲田区に各二人など、であった。軽工業地帯が多かったとはいえ、蒲田・川崎・横浜など京浜工業地帯への流出が中心になっていった。これに対して、かつて繊維産業女工・娼妓などとして村を離れたものが多かった醍醐村の女性たちの「有業者の流出」は、一九四〇年以降、戦時社会のなかで激減するという。女性たちは、村にとどまる場合が多くなっていった（清水洋二「東北水稲単作地帯における農村労働力の流出構造（一・二）」『社会科学研究』三二巻四号、一九

八一年二月、三三巻一号、一九八一年七月)。

東北地域の子どもたちの希望としては一般に他出就職が好まれていないとも指摘されている(『山形新聞』一九三九年三月二三日)。しかし、新規小学校卒業者(一九三九年三月卒業)を対象とした東京の機械工業や満洲国官公吏などの求人が増えていた。

一九三九年四月八日午後三時二〇分、上野行きの臨時列車が秋田駅を出発した。四月五日には、大曲地域で「少年職業戦士」の壮行会も行われ、横手からは平鹿郡内の小学校を卒業し「半嶋(植民地朝鮮のことをこう呼んだ)の秀才」といわれた朝鮮人少年も同乗することが報じられている(『秋田魁新報』一九三九年三月二九日)。四月八日当日は、高等小学校を卒業した六八七人が秋田市に集合、春雨のなかブラスバンドに見送られて駅に向かった。

翌、四月九日早朝、上野駅。高等小学校を卒業したばかりの秋田県出身の少年たちは、福島県出身の少年少女二〇〇人あまりとともに駅頭に降り立った。彼・彼女たちは中島飛行機や東洋精機など、東京周辺の軍需機械工場へと分散・就職していった(『東京朝日新聞』一九三九年四月一〇日)。父や兄たち、生家が農業を営む家庭環境に育った少年少女たちが都市に「工場労働者」としてやってくる時代がきた。一九四〇年には、東北各県から上京して就職する少年たちは一九三九年度の「凡そ四倍」と報じられた。地域では「農村の手不足」から求職希望者が減少と指摘されるなかでの事態であった(『秋田魁新報』一九四〇年三月三〇日[夕])。受け入れ側の京浜工業地帯でも寄宿舎が整備されるなど、住宅難はある程度解消されている、と報じられていた。しかし、秋田県は国家が求める県外就職者の「供出数」には十分応じられていなかった。県は、軍需産業就職への「意欲」のある、つまり「時局」

を理解し「愛国心」旺盛な、それだけ家庭環境にも余裕のある子どもたちを対象に就職斡旋を行った。こうした子どもたちが遠隔地への就職に応じるようになっていった。地域社会の中軸的担い手から出郷者が出るようになったのである（山口覚『集団就職とは何であったか』ミネルヴァ書房、二〇一六年）。一九三九年四月九日、上野駅に着いた列車は「史上初の新規学卒者向け専用臨時就職列車」であった。しかし、一九四三年頃からは就職にともなう臨時列車ではなく、学徒勤労動員や女子挺身隊を運ぶ列車となっていった。

4　兵士の帰還

一九三八年八月、武漢作戦直前における中国派遣兵力の「役種区分」は、二〇歳代後半から三〇歳代までの「予備役兵」「後備役兵」が大きな割合を占めていた[20]。大陸派遣軍はこのような実態であった。日本軍の兵站線はのびきり、かつ軍事動員が限界に達したのは、一九三九年から四〇年にかけてのことになる。それまでにも、部隊の一部交代はあったけれども、この頃から「帰還兵」の問題が世上ににぎわしくなっていった。「戦場経験」者が大量に「銃後」に帰って来たのである。

「銃後人」

自らの戦場経験を描いた『麦と兵隊』で著名な火野葦平は当然のこと帰還兵でもあった。一九三九年一一月、大陸から復員した火野は、「戦地にある兵隊が一斉に内地に帰還したら、いったい内地はどうなるであらうか」と語っている（陸軍美術協会編『戦友に遡《おも》ふ』軍事思想普及協会、一九三九年）。単なる「兵士の帰還」ではない。戦場で「兵士の名を辱かしむる」行為を行った兵士、戦争では「少々のことはしてもよいといふ気持」を持った兵士の「銃後」への帰還である。同時に火野は、「銃後」からも「戦時利得」を求めた「一旗組」が大陸に渡っていることを問題としている。「銃後の貪欲」が大陸に持ち込まれ、大陸の兵士たちは「或る粗暴の半面」を「銃後に持ち込んだ」。こうして海の彼方の戦争は、「銃後の日常のなかに浸透しはじめた」のである（池田浩士『火野葦平論』インパクト出版会、二〇〇〇年）。戦中復員論は「銃後」の民衆経験にとっても深められるべき問題であろう。

棟田博（一九〇九―八八年）に召集令状が来たのは一九三七年七月二五・二六日の頃。一九三八年四月、棟田は日本軍が大損害をうけた華北台児荘の戦闘で負傷、帰還・除隊後、大衆文学作家・長谷川伸の勧めで兵隊小説を書き始め、代表作「或る分隊長の手記」をものした[21]。棟田は、兵士が「帰還」してから社会に戻る様子を次のように描いている。「剣を納め、銃を安全装置にし、鉄兜を脱いで軍帽に代へ」る。日本に帰還し、「群衆」の「万歳」の歓呼に迎えられ「懐しの原隊に入る。やがて、そこで召集を解除される」。こうして一人の兵士は、社会の日常、つまり「銃後と云ふ初めての世界に入つてゆく」のである（棟田博『或る帰還兵の想ひ』協栄出版社、一九四二年。以下収録されている随想はタイトルのみ掲げる）。

棟田にとっても、「銃後」の「内地」は出征前＝「戦前の内地」とは全く違う「新しい世界」であった。「帰還兵と称《よ》ばれること」も嬉しかったが、次第に「なにか異端の如き不満を持つやうになつた」。「帰還兵として甘やかされてゐてもいい時代」ではないのだ、棟田は「兵隊から一足飛びに完全なる銃後人に早代したい」と決意を書き記している。帰還兵は「銃後人」のなかでは「新参もの」だが、「戦場と銃後」をともに経験している。「立派な完全なる銃後人となり得る資格を充分に備へてゐる」のだ。帰還兵は、「戦場で得たものを、銃後で生かす義務」があり、その戦場経験ゆえに優れた「銃後人」になることが出来るのである（「戦場への放送」）。

「銃後」ということばの死

日中戦争当初、つまり棟田が出征した頃、「銃後の熾烈なる熱といふものは、まさに爆発せんばかり」だった。あれから四年、戦争の様子はあまり変わりはしない。しかし「銃後」は変わったようだ。棟田は「現在の銃後の熱」に「少しばかり物足らなさを感じないではゐられない」のである（「支那事変四周年七月七日」）。

多くの兵士が部隊交代により「内地」に帰還してきた。一九四一年春。数年前、ある帰還兵は棟田に「これが戦争をやつてゐる国の銃後なのか。このキラビヤカな美しい呑気な街が……」という「腹立たしさ」を語った。「銀座は昼も夜も着飾つた人々に埋まつてゐるし、N劇場の前には観客が入場券を買ふのに蜿蜒《えんえん》と長蛇の列をなしてゐる」。しかし、「銃後」も変わっていく。「不夜城の如き灯の海だつた銀座も、その面影はさらりとないし、酔漢の彷徨も影を断つた」、午後一〇時には商店は閉まり、混雑する電車・バスにもかかわらず「すべてが、一列運動に整理されてゐる……軍隊的な律動を市民の生活の中にとりこんできてゐるのだ」（「花信」）。帰還兵の目に映る「銃後」は、「熱狂」のちまたから「華やか」で「賑やか」で「呑気」な「銃後」へ、そして「軍隊的な律動」を感じる緊迫の街へ、それ自体大きく変貌していたのである。

一九四一年一二月八日、アジア太平洋戦争開戦にあたり、楝田は「いよ〱、真個の敵が現はれて来た」と記している。すでに「戦争」は数年にわたって続いていた。しかもこれまで「戦場は大陸」、「内地」は「完全な銃後」であった。しかし、「今度こそは、そのやうなけじめはない」。「帰還兵」楝田がアジア太平洋戦争開戦にあたってたどり着いた発想は、「銃後といふ言葉はもう生きてゐる言葉ではない」というものであった。「銃後」ということばは「死」んだのである。

銃後への出征――戦時復員論の試み① 村

一九四〇年、日本軍の動員数は限界点に達していた。大本営は、大陸戦線兵士の意識について、「召集解除、凱旋帰郷和平待望及銃後ニ対スル非難危惧等モ事変初期ニ比シ昭和十四年度後半期激増ス」と把握している(「通信及言動ニ現レタル思想動向」大本営陸軍部研究班編『支那事変の経験に基づく無形戦力思想関係資料(案)』一九四〇年九月、アジア歴史資料センター C11110755600)。「内地」帰還を待つ「乗船前の常識」とされていることばがある。「内地の緊張ぶり」を想像する会話の数々である。「靴の代りに下駄を履いて腰弁当だそうだし、それに物資も段々欠乏して居るやうだね。先日も小学生の慰問手紙に、此頃は煙草の銀紙もなくなつたと書いてあつた」。「あんまり窮屈なのもかなはないなあ」との声もあった(山下農夫也「銃後の蠹《しみ》」興亜歴戦者有志会設立準備会編『帰還兵の声』一九四〇年)。

部隊再編・交代にともなう帰還は一九三九年には始まっていた。八月一五日、松本歩兵第五〇聯隊を含む宇都宮第一四師団は、帰還にあたり「帰還者の歓迎に関する希望」を師団司令部名で発表している。この「希望」は地域には『村報』『時報』などの公報紙をもって周知された(『山本時報』三六号、一九三九年九月一日など)。軍は地域における凱旋歓迎の「熱狂」を「兎《と》もすれば秩序を紊《みだ》り、或は軍機漏洩の言動に出づる」と批判、現在は「全軍が芽出度《めでた》く凱旋するのとは異り、出動部隊の交替整理」に過ぎない、「新秩序建設と云ふ大目的から見ると」まだまだ「戦は之から」である。帰還兵は「銃後に於ける総力戦の戦士として新任務に就く」、「帰還ではなく銃後への出征」(傍点—筆者)という考えが説かれている。帰還兵も地域民衆も「凱旋気分」に浸り「戦は之で終りだなどと考へたとしたら聖戦途上之程危険な事は無い」のである。したがって、帰還地では警察・憲兵・警戒兵の指示のもと整列し、旗幟は全廃、団旗・校旗・会旗のみまたは小国旗とする、「行進間列中に飛入り知人家人に面接せんとし或は幼児を将兵に抱かせ様とする様な事は絶対にせぬこと」、市町村においては華美な歓迎門、アーチ、旗幟は全廃、大国旗掲揚のみ、市町村・団体主催の祝宴などは差し控えることが通達された[22]。神奈川県でも「銃後」の社会における「緊張せる空気に弛緩変調を来さしむる」ことを懸念して、「凱旋気分」を廃する指示を出している(『逗子市史 資料編Ⅲ 近現代』一九九一年)。

「銃後」の生活改善の文脈でも華美な歓迎がいさめられる。神奈川県高座郡大和村では「銃後国民ノ生活改善」として、各区長に「帰郷歓送迎式」の祝宴は簡素に行うことが通達されている(一九三九年一二月、『大和市史6 資料編 近現代下』一九九四年)。時期的には少し前だが、長野県では「応召兵並ニ其ノ家族ノ負担ヲ徒ニ重カラシムルモノトシテ」、「餞別返シ」廃止が県から村むらへ通達され、「贈呈者モ之ヲ期待セサル様」とも言い添えられている(「餞別返シノ風習廃止ノ件」一九三八年八月二三日、『昭和十三年 兵事書類編冊』北安曇郡大町役場、大町市文化財センター所蔵)。実際に「戦時贈与」の「風習」が廃れたかについては定かでない。

長野県小県郡泉田村では、泉田青年義会(青年会)が駅頭まで帰還兵士を迎え、役場や各部落で歓迎式・祝賀会が催されている。帰還兵は青年会部落支部などでさかんに座談・講演を行ったらしく、「歓迎会を開き戦線談を聞き尚更銃後の守りを完全にせにやならぬ事を痛感……時刻過ぎるを忘れ十時半散開」(『泉田時報』一六〇号、一九三九年一二月五日)、「歓迎会を催す、昨年暴支膺懲《ぼうしようちょう》の矛を執つてより体験された辛事や又面白事を聴き十時半解散」(『泉田時報』一六二号、一九四〇年二月五日)、といった記録が『時報』に散見される。

しかし、同時に、こうした座談会や帰還兵同士の「集団」形成は厳しい統制の対象ともなっていた。松本聯隊区管下の下伊那郡神稲村の在郷軍人分会では「防諜精神ノ普及」という趣旨で指導を行い、「帰還将兵ガ戦闘及戦地勤務ニ関スル座談会及講演会ヲ実施スル場合ハ其ノ筋ノ許可ヲ得ルコト」(『神稲時報』二号、一九三九年五月五日)が指示されている。仙台師団司令部は、憲兵警察・関係各位と連携しつつ、帰還兵のうち「戦争ノ悲惨ナル実情、軍機保護事項、上官ノ行動、進級(昇進のこと)及銃後後援ニ対シ不満的言動ヲナスモノ」を取り締まっており、さらに、「帰還後団体ヲ結成セントスルモノ」もその対象としていた(「昭和十五年度自一月至六月 管内ニ於ケル思想情勢」一九四〇年八月三〇日、『密大日記』昭和一五年、第六冊、アジア歴史資料センター C01004785100)。

帰還兵の「凱旋」がもたらす「銃後」の弛緩に軍部は敏感であった。しかし家族・縁者が無事帰還したという人びとの喜びは押しとどめることは出来ない。日中戦争期の銃後は、「凱旋」とそれにともなう人びとの意識のゆれを構造的に内包しなくてはならない社会であった。一方、同時に、帰還兵は彼らの目に映った限りでの「弛緩する〈銃後〉社会」に対する最大の批判者であり、かつあるべき「銃後」の担い手であることが求められる存在でもあったのである。

東京府南多摩郡は巨大都市東京の近郊でありかつ織物業の街・八王子市をひかえる農村部である。だからこそ農村青年の都市への流出が問題になり、戦時期には「無医村」や健康問題が話題になっていた。南多摩郡多摩村東寺方の帰還兵・杉田浦次中尉は、「戦場で得た貴い体験を今度は銃後の部長として増産報国に或は村民福祉のため献身的努力」をしたいと、「無医村解消運動」と農産物増産の運動を開始する。まずは国民健康保険の実施に着手、多くの反対を押し切って事業を開始することに成功した。杉田は、さらに「全村青壮年を一丸とした増産報国推進同盟を結成」、支部長に就任した。ただし杉田の「戦友の大部分は都会に走つた」ことも注意しておかなくてはならないだろう。帰還兵たちも、農村に居続けることはなく、軍需産業などへと流出していったのである（『三多摩読売』一九四一年三月二一日、五月一一日）。内閣情報局の記録には、「応召家族扶助の徹底により帰還軍人の離村を防止し、これら有為農村指導者の喪失による精神的打撃を軽減されたしとの声もある」と記されている（『皇国内外の情勢』一一号、一九四二年一〇月三〇日）。村むらに残る帰還兵たちは、以後の戦争下の社会を、どのように過ごしていったのか。「銃後への出征」の具体的なすがた。帰還兵たちは、後に述べるように地域社会において結びあい、あるいは地域社会集団の中核となって戦時体制を下支えしていくのである。

第三章 パリのような街で

百貨店（髙島屋）の「慰問袋」広告（『大阪朝日新聞』1939年8月9日［町田忍『戦時広告図鑑——慰問袋の中身はナニ？』WAVE出版，1997年］）

戦争は「街」を、そしてそこに暮らす人びとの生活をどのように変えていったのだろうか？　都市の「戦時風景」はどのようなものだったのだろうか？　「服装」の様子がとりあえずの視点となる。

東京の近郊都市・八王子は織物の街として著名であった。早くから養蚕を主とする周辺農村の都市化も進んで娯楽も増え、洋食を取り入れるなど食生活も変貌し、昭和恐慌下では少なくなった青年たちの出郷も、戦時期には増加していた（松井翠次郎編『農村生活の調査報告』佐藤新興生活館、一九三七年）。都市文化の影響を受けたこの地の男性たちにとって、壮丁検査（徴兵検査）は「ハレ」の舞台であり、日中戦争が始まるまでは検査の服装は必ず贅沢な絹織物（「絽織の衣服」）でなければと皆が思っていた。しかし、「銃後」のなかで取り結ばれる関係は、すでに「ハレ」の服装を許されないものとしていた。「新体制」が喧しい時期になると簡素な「青年服」に一変、絹の晴れ着から粗悪なステープル・ファイバー（「ス・フ」）製「青年服」への転換、これが「服装の新体制」への第一歩となった（『三多摩読売』一九四一年二月六日、八王子織物工業組合編『八王子織物工業組合百年史』ふこく出版、二〇〇〇年）。一方、農村では絹はおろか綿製品ですらその不足が顕在化していた。「銃後の護りは衣服から」と「非常時服」が提案され、ス・フを使った「国民服」制定の声も高まっていた。農村では婦人会などで「作業衣」の改善が試みられているが、「若い娘さんは着てくれない……青年団あたりから、女子にあまり色彩がなさ過ぎると、抗議が」出たという（『家の光』一九三八年五月号）。女性向けの「国民服」は洋服型・和服型とさまざまな議論が錯綜し、正式な決定をみないままとなった。[1]　農村女性たちは「国民服」にも「色彩」を求めている。「色彩」の感覚も戦争と無関係ではない。そんな時代、「忍従のむら」に対比して都市における戦時は、「街頭」の風景によりよく表現されている。帝都そのものには、どのような色どりの風景が広がっていたのだろうか？

1　街頭の戦争

スカートと戦争

『文藝春秋』の世相コラムは流行に敏感であった。一九三七年七月の盧溝橋事件いらい戦時色を濃くしていくこの秋のファッションモードはパリ発。マリーネ・ディートリッヒばりの「ツメ襟風の上衣に龍騎兵のカスケットに似た四角張つた服装」がパリでは流行している。そんな海外消息にも敏感な銀座には、「カーキー色の丈夫さうな着地で肩の張つたツメ襟の上衣に同色のスカートといふ極めて簡単な婦人服」がお目見えしている。戦争が長びき毛織物が不足すれば「人絹やファイバー物が流行」するだろう。銀座にも「質実且つ能率的なモンペ姿」が現れるだろう、との見通しが語られる（「目・耳・口」『文藝春秋』一九三七年一〇月号）。

二年後の初夏の東京。戦争は終わっていなかった。『中央公論』の世相コラム「東京だより」は、街の「流行」として「まづ女性のスカートが甚だ短くなつた」と指摘している。女性たちの意識が「物資節約」ということなら「頼母《たのも》し」いけれど、「銀座あたりのお嬢さん連はそんな料簡は御持ちでないやうだ」。百貨店の宣伝部員は、パリの「スタイル・ブックをそのまゝに鵜呑み」にしたのでしょう、と笑みをこぼした。「戦争と色彩」。女性たちの服装は「やけにケバケバしい」、「原色的な」「小学校の生徒の使ふクレオンの色の様」な、「むっとする強烈な色が断然支配的」となった。政府は「一思ひに国民服を着せろ」と怒る。「まあ国民服一色になるのもどうかと思ふ」が、とも語られる（「東京だより」『中央公論』一九三九年七月号）。

その頃、すぐれた「街の観察者」である今和次郎《こんわじろう》は自問している。(2) 戦争は「どんな流行を作り」、街には「どんな風俗」が現れてきたのか、と。「支那事変は一番動かなかつた婦人を大量的に激しく動かしてしまひました。……白一色の割烹着に甲斐々々しく身を固め、出征兵士の歓送に、武運長久の祈願に、そしてまた防空演習に隊伍を整へて、出かけて行くのは庶民階級のおかみさん」。「羞恥を感じてゐた若い娘が、駅頭の雑踏で、勇敢に見ず知らずの他人に呼びかけて千人針を」と声をかける。女性たちは、労働が激しくなったので着物の帯が短くなり、「断髪」はこれまで「モダンガールの象徴」であったけれど、現在はむしろ「工場婦人」「農村婦人」にこそ「便宜」となっている。「ショート・スカート」の出現も、単に労働する女性たちにとって便利であるだけでなくて、「物資節減の国策が齎らした戦争風景」である。戦争にともなって「新しい風俗が生まれくる」、「国防色とよばれる今日の流行色は……淳厚な色調、明朗性、安価な感傷に溺れず意力的に生活して行かうとする今日の女性にふさはしい」。そして、そんな「美はこれから創造されて行く」のだろう（「戦争と流行・風俗」『婦女界』一九三九年一月号）。今には都市の風景が、満洲事変以来叫ばれていた「非常時の気分」が持つ「圧迫された暗さ」が「皇軍の威力によって、積極性をおびた非常時」に転換し、「ある程度の余裕をもって、成功を待つ心境で時局の持久を努むる明るさに変わった」と見えていた（「近代和装美」

『みつこし(大阪)』一九三八年二月[後に改題して「昭和一三年の和洋装」『今和次郎集8　服装研究』])。

「暗さ」から「明るさ」へ。『中央公論』「東京だより」も「女の子の着物の派手なのは少々気にな」るという。「着物の色や柄も実に派手になつて」、「赤だの青だの黄だのといふ強烈な原色がきものにも洋装にもマフラーなどにも好んで採用されてゐる」というのだ。戦争は人びとの色彩感覚も刺戟するのだろうか。「戦争の強い刺戟から色彩感もだん〳〵強いものへ強いものへと潜在意識的に動いて行くのであらう」(『中央公論』一九三九年一月号)。

戦時中、今は、農村の生活改善指導のため都市と農村を行き来していた。そうした経験からみると、現在は、日常生活の「再吟味」が必要な時代である。都市・農村において、「まちまちな生活態度」、「風俗の対立が行なわれていた」のでは、「国民としての気がゆるむ」。地方では「どこの県庁舎でも「国民精神総動員」と書いた大文字の旗が庁舎の前面に高く掲げられて」いる。農民の生活はすでに相当程度「押詰め」られているが、農民たちは生活を「さらにむだのないものとしようと」している。しかしそうした「張切つた農村」から「大都市」へ帰ってきてみると、「まるで習俗の違った国々の人たちが集っている国にきたような感」じになるのだ。今には、「新たな統制下に地方農村人はおかれているのに対して、大都市の自由主義が伸びるがままに展開されて、いまだ手がつけられていない」こと、農村と都市の「風俗の対立」が痛感されるのである。

二〇世紀に入り、「都市と農村」という認識枠組みが人びとのなかに定着していった。昭和恐慌はその「対立」と「緊張」を強めた。そうした「都市と農村の鋭い対立」という認識の戦時版。恐慌から回復するなかで、ますます農村から青少年たちは都市をめがけて流れ込んできつつある。「事変の影響を受けて、ますます自給的な世界に閉込もらねばならぬ運命におかれることとなった農村の暮らしと、すべての点において、機械化されつつ進行し、そして金銭を仲介としてやっている大都市での生活」、それは「ますますお互いに隔離されて、対立的にそれぞれ進行しつつあると認識しなければならない」。だから、「なぜパーマネントウエーブはいけないのか、喫茶店でのびていることはいけないのか」、ということを考えねばならない。風俗の問題は、「「奢侈の遠慮」あるいは「装飾の遠慮」ということより以上に深刻な目下の倫理問題になっているのだといえよう」（「風俗対立」『早大新聞』一九三八年六月一日〔後に改題して「都市と農村の風俗対立」『今和次郎集7　服装史』〕）。「風俗」を「倫理」の問題として見る視線である。

しかし、都市の風景はあいかわらず「派手」と認識されるものであった。一九四〇年、「戦時生活三ヶ年」を回顧して、今は戦時の世相を語っている。「衣」は「事変前に較べて派手に」なり「刺戟的な原色調が目立つて来て……化粧等も都会では明粧を施したものが非常に多くなつてゐる」。そうした「風俗」の背景には、「戦時下の反射心理と軍需インフレ」があった。「結婚難」から手に職を持つことが求められたのか、花嫁学校・洋裁学校が増加したことも「服装が派手になった」ことの理由だ。今には、「戦時の文化」はどのように見えていたのだろう。「文化も農村方、東京などの大都会地では戦時下とは思へぬ程の華美に流れてゐる〔、〕少女歌劇のファンは増加こそすれ些《いささ》かも減少してはゐない。我が国の戦時下生活の現在は一言でいふとパリ的だといへる」。「戦時は平時に比べて非常に活動的だし青年的」である。学生たちも「事変前に比べて大いに活気に溢れ」ている（『中央新聞』一九四〇年六月二九日）。「原色の着物と美食」、「パリ的」で「活動的」「青年的」。今和次郎の眼に映った戦時都市の文化相であった。

復員兵でもあった里村欣三は、自らの住処でもある軍需工業地帯、「労働者の街」、鶴見・川崎・蒲田周辺をよく歩いていた。(3) 里村の眼にも「不思議に映ったのは職工さんの服装が目立って立派になったことだ」。工場街の夕暮れは、浅草・新宿などの映画館街の「ハネ」と少しも変わらない。友人のとある「職工」は、「背広を着て、折鞄を抱えて工場へ出勤遊ばす御時勢なんだ。収入に応じた生活をするのは、当り前ぢやないか」と里村にまくしたて、「職工の社会的地位の向上を納得させるのに必死」だった(里村欣三「殷賑産業地帯」『文藝春秋』一九四〇年四月号)。「職工」＝自らの社会的地位の「向上」を熱心に語る労働者の出現、その背景に進行している現実の生活変化が問題になってくる。

これよりさき、一九三八年六月二九日、軍需品・特免品(輸出品)をのぞくいっさいの綿製品の内地向け製造販売が禁止された(七月一日から実施)。「モメンよさようなら」といわれ、ステープル・ファイバー＝「ス・フ時代遂《つい》に来る」といわれた(『名古屋新聞』一九三八年六月二九日)。「……炭屋来りて闇取引の御詮議いよいよきびしくなり、山元にて炭を焼かぬやうになりたれば東京市内はいよいよ炭少くなるべしと云ふ。夜芝口に夕飯を喫して玉の井の里に往く。窓の女達も染色毒々しきスフの新衣をきるもの多し。赤黒青の如き原色ばかり大形(大きな形の模様、大きな柄)模様もこの里の女には却てよく似合ひて見ゆ……」(永井荷風「断腸亭日乗」一九四〇年一月三一日)。戦争の深まりは、「カーキ色」をはびこらせ、確かに街から色を奪っていった。しかし、木綿が消え、〝ス・フ〟の時代＝物資不足の時代が、かえって色調を〝派手〟にしているのは皮肉な景色であった。

戦時都市——祝祭と喧騒

東京には関東各県から召集された兵士が集まりつつあった。東京の第一〇一師団の出動である。この師団は戦時において動員される特設師団であり、予備・後備役が多く、装備も貧弱で、戦意も高くはなかった。一九三七年初秋九月三日に動員が下令され、九月一八日、訓練も不十分なまま神戸を出港、上海戦線に投入された。大宅壮一は次のように記録している。停車場のプラットホームでの兵士の歓送は、「野球の応援そつくりのリズミカルな拍手」がよく見られる。都会に限られてはいるが、「日清、日露の頃には、まさかあんな送り方をしなかつたらう」。「こんどの事変は、その規模において、現在すでに日露戦争の倍も大きいさうだが、国内にゐる一般民衆の頭には、身辺に出征者をもつものを除いて、戦争といふものが実感となつて沁みこんでゐないやうだ」(「国産品時代来る?」『改造』一九三七年一一月号)。「実感なき戦争」の祝祭と喧騒の空間が現れていた。都市における「銃後」とはそうしたものであった。

戦時動員、特に出征・凱旋風景に表象される民衆意識における「祝祭性」「祝祭空間」の意義が指摘されてきた。(4) 近代都市論は(あるいは「赤紙の祭」をふまえれば村落社会史論においても)、「祝祭性」と「日常性」の振幅のなかで問題を把握しようとしており、それ自体重要な観点であるが、問題は「祝祭性」に表現される民衆の日常意識の構造であり、繰り返される官製的「祝祭」が、人びとの日常意識にどのようなゆがみを刻印していくのか、ということであるように思われる。

永井荷風の日記「断腸亭日乗」に日中戦争の記事が現れるのは、一九三七年七月九日の号外を見た時のことである。(5) 七月一七日は両国の花火大会があり、「大川」(隅田川)にかかる吾妻橋たもとの公園は夜半一二時過ぎにもかかわらず人出が多かった。この日昼間、街頭に「男女の学生白布を持ち行人に請ふて赤糸にて日の丸を縫はしむ」すがたを見た荷風は、「燕京〔北京・盧溝橋近辺〕出征軍に贈るなりと云ふ。いづこの国の風習を学ぶにや滑稽と云ふべし」と記す。荷風がよく通った歓楽街・玉の井、「此里よりも戦地へ赴くものありと見え広小路の大通提灯を提《さ》げて人を送るもの長き列をなしたり」(「断腸亭日乗」八月四日)と記されている。東京市内では、満洲事変期以降、急速に整備がすすんだ町内会が中心となって出征の歓送会が行われた。子どもたちも動員されて軍歌「日本陸軍」を歌いながら、「最寄りの神社の社頭など」で儀式をすませ、「駅まで〝歓呼の声〟や〝旗の波〟をつくって見送るというものだった」(『目黒区五十年史』一九八五年)。その一方、大森区入新井地域では「熊野神社を中心の仲町会は愛国婦人会、春日神社のある南町会は国防婦人会で、出征兵士の送別、国防献金などで、それぞれ対抗意識をもっていた」との回想もある(間宮國夫「私の戦争体験」『大田区史研究 史誌』二三号、一九八五年八月〔特集 戦中・戦後の大田区〕)。

秋は深まっていった。「銀座辺住民中出征する者既に二百五十余名に達す」といわれていた(「断腸亭日乗」一〇月一三日)。玉の井では「雨の中を楽隊の音楽も先駆となし旗立てゝ歩み行く一群に逢ふ」、「路地の口々には娼婦四五人ヅヽ一団になりて之を見送り万歳と呼ぶもあり。思ふに娼家の主人の徴集せられて戦地に赴くなるべし」という経験もした(一〇月一六日)。

東京に駐屯する部隊が動員・出動しなくとも、街々には、故郷からの動員電報を受け取り、「郷土部隊」に入隊するため急いで東京を離れる人びとのすがたが見られた。一〇月一三日、もう冷たい雨が降る浅草、松屋百貨店近く。荷風は東武鉄道浅草駅のそばを通りかかる。駅の乗場は「出征兵士見送人にて雑踏」、「見送人の大半は酒気を帯び喧噪甚しく出征者の心を察するが如きものは殆んどなきやに見ゆ」。

都市の挙国一致は、「故郷」の出動部隊に向かう人びとを見送る行事、大部隊の移動にともなう駅頭やプラットホームでの歓送、百貨店など人びとが多く集まる場所での「千人針」というように、出動部隊や入営する兵士の複雑な感情とは独立して、喧騒と祝祭の様相を呈していた。

東京市内で味噌・醬油・酒などの日用必需品を扱うある小売商は、戦争で売上げが「急に減少したやうなことは」ないと述べている。彼によれば、「酒の消費が相当減って居るかと申しますと、七月八月頃盛んに応召兵が出発される時分には門出を祝ひまして相当酒が振舞はれて居る関係から、やはり全国的に見ましても、又東京としましても相当の酒が動いて居ったのです。併しながら其の半面に於いて飲食店、或は一流の割烹に於きましても小さなカフェーのような店に於きましても……さういふ方面の酒は減って居ります」という状況であった(東京市役所『事変下に於ける商業の実情』一九三七年一〇月『荒川区史 上』一九八九年)。

一方、次のような情景もある。国防献金のため街頭募金をつのる風景である。「街頭献金と云ふのはどうも遊戯的分子が多い様である。婦人洋裁商聯盟とかマネキン倶楽部だとか云ふのが派手な格好をして街頭募金をし、知つた顔などに打《ぶ》つかると私の箱にも入れてよ等は遊戯と云はずして何ぞや」。「募金運動も結構であるが、アメリカ式のお祭り騒ぎは非常時であるだけに徹底的に排斥したいものである」(「目・耳・口」『文藝春秋』一九三七年九月号)。こうした人びとの「自然発生的」な募金運動とは対照的に、多くの国防献金は陸軍・海軍を正式な窓口として、主に工場や青年団などの「集団」で受け付けている。

銃後のバロメーター

二〇世紀の「戦争と都市」を代表するメディアが「ラジオ」である。満洲事変を契機にラジオ聴取世帯は激増し、特に都市部でそれは著しい伸びをみせた。日中戦争がはじまってから「ラジオ」には「銃後」が氾濫していった。「全国民の聴覚神経は先づラヂオに集中し、ラヂオで聴いたものを新聞記事で見てその印象を強め」ていた（M・Y・S「戦争とラヂオの役割　ラヂオ匿名月評」『文藝春秋』一九三七年九月号）。盧溝橋事件の発生から一週間後、一九三七年七月一四日からは午前六時二五分の定時早朝ニュース放送がはじまり、次いで一九日からは午後九時三〇分のニュース放送およびニュース解説が加わった。

そうして「今街に氾濫する千人針」が初めてラジオの電波に乗ったのが一九三七年七月二五日、日本放送協会大阪放送局（JOBK）が編集した「ニュース演芸」においてであった。これをきっかけに「演芸放送」での「千人針」は、「（七月）卅日のラヂオドラマ「銃後の人々」、（八月）十日の「銃後の手帖」での新作曲、十四日の「銃後の夕」では塚本篤夫作詞・弘田龍太郎作曲の「千人針」が国民歌謡として放送され、十五日には大阪道頓堀の中座から松竹家庭劇の「千人針」が中継され」るなど、「軍歌に亜《つ》ぐ花形プロが千人針と云った有様」となった。「ラヂオで千人針を煽り立てるので街頭の千人針は益々激増し最近では男にも縫はせる、然《し》かも男の場合は「死線を越す」ために五銭白銅を結びつけさせる」（前掲「戦争とラヂオの役割」）。

「千人針」は「銃後のバロメーター」(奥村五十嵐「街頭事変色」『改造』一九三七年一〇月号)、「このごろの街頭風景の随一」(上司小剣「千人針情景——社会時評」『文藝春秋』一九三七年一〇月特別号)といわれた。(6) 街をゆく人びとの「多さ」、それなりに維持されていた消費熱に支えられ「街頭銃後のバロメーター」＝「千人針」は縫われていった。やがて「既製品」が販売されるようになる。一九四一年七月には、軍事機密・防諜を理由に街頭での「千人針」は禁止となった。ここに一つの「銃後の風景」は消滅したのである(山中恒『暮らしの中の太平洋戦争』岩波新書、一九八九年)。

戦争がはじまって一年。ある女性は、日中開戦当初の様子を、近くの駅に行くにも「今までよりは四十分余計に見積つて」出かける必要があった、と回想している。「千人針」を縫うため、「どの街にも布をさげた女学生が歯列して通行を妨げ」ている。仕事の休みに「散歩に行かうといふ代りに、千人針を縫ひに行かうと云」うことばが「覚悟の程」を示すものとして使われていた。みなが千人針を縫うているそばを「ぢろつと横目に見て通りすぎる貴婦人や令嬢があるといふ非難が出たりした」。この女性は、「さういふ貴婦人や令嬢」にも、同時に彼女たちに対する「その非難」にも、「腹を立てた」(岡田禎子「女の一年」『改造』一九三八年八月号)。〝戦争に協力しないこと〟のみならず、〝戦争に協力しないことを非難すること〟が、同時に彼女の意識のなかにわだかまりとして生まれている。

つい「戦争」と言ってしまってあわてて「事変と云ひ直す」、そんな「神経質」な人はもういなくなり「戦争とか戦時下といふ言葉が公然のもの」となった。そして、「銃後とか非戦闘員」ということばの「感じが変つて来た」と彼女は述べている。「銃後」ということばからは「烏《からす》におしつこかけられて、上向いて真赤になつてぢたんだ」を踏む群衆のすがたが眼に浮かぶという。それは「防空」

意識をあおられ、「空爆」への「怖さ」を感じる人びとのすがた。そして「非戦闘員といふ言葉を聞くと、無手で最尖鋭の武器の前にさらされてゐる怖さが身内を走」るのだ(同)。「銃後」の「怖さ」が、彼女の心に迫ってきた。一年前には、少なくとも「千人針を縫う」ことで示された都市の「覚悟」はどのように固まっていったのだろうか。

都市の「覚悟」――一九三八・東京――「敵国」都市陥落の歓喜

一九三七年一二月、南京陥落、翌年には武漢三鎮・漢口(一〇月)が陥落する。都市が陥落するたびに、東京の市中・街頭には旗行列・提灯行列が続いた。徐州会戦が一段落した一九三八年の夏、国民精神総動員運動の「成果」か、「消費節約のお蔭でこの夏は暮しよいやうだ」と『中央公論』「東京だより」は記す。「銀座などを歩いてみても、あまりオシャレをしなくてもいゝ黙約が出来た」ようだ。紳士の帽子も新しいものではない。「消費節約が銃後国民の合言葉となつてゐるので、やはりみんな気が楽になつたのだらう」。三八年六月から、衣料品は綿ではなくス・フが用いられるようになっている。だから「代用品ぢや嫌だといふ人は、やはり兵隊さんになつて戦場へ行つてもらふより外はない」、「代用品に文句をつける時代」ではないのだ(「東京だより」『中央公論』一九三八年八月号)。

しかし、「東京はまだ時局の重圧に喘いではゐない」。「地方農村」は「相当人数が減つたといふ感じがある」のに対し、「東京は少しも減つたといふ感じがない」。「電車に乗つて朝晩のラッシュアワー」、「銀座や新宿を歩いても押し〳〵」「スポーツを見に行つても、映画を見に行つても、街々の夜店をひやかしても、ランチタイムのオフィス街でも、人間がいつぱいゐる」。「そしてまだ青年がいつぱいゐる」。東京は、未だに(いや今だからこそ!)「青年」が多い街であった(同)。

都市に「青年」は増え、出征の祝祭の喧騒のなかにあっても、「銃後」は意識と生活スタイルのうえでは「静か」だった。散歩し、「千疋屋」の二階から街並みをながめながら「冷たい果実に舌をころばす」。郊外の家に戻り、浴衣で冷たい「ビールの小壜」で涼をとる。「戦地に在る兵隊の辛苦と、銃後に在る吾々の生活との対比がしみじみと思はれ」る。「さういつた生活のデリカシーがまだ許されてゐる戦時日本の銃後生活の静けさ」があった(「東京だより」『中央公論』一九三八年九月号)。「生活のデリカシー」はどのような批判にさらされ、また個々人のなかに維持されていくのだろうか。

新聞は日中戦争勃発以来、「耳目に入り易い日本に都合のよささうな記事」ばかり書いている。「国民は都合のいゝことばかり聞いてゐるものだから、いゝ気になつてゐる」。戦意昂揚の記事であふれかえったメディアの状況は、逆に、「明日にでも事変は終結するのかと国民の事変に対する長期の心構へのタガがゆるむばかり」といわれる始末であった(「東京だより」『中央公論』一九三八年一一月号)。

しかし、次第に東京の風景も変化しつつあった。「一時至る所のビルデングや官庁の高い所から下げ卸ろしたり、横の壁面に張り拡げられたりしてゐた時局の標語――「国民精神総動員」「尽忠報国」「壮途を送る」「武運長久」等々――を書いた布が、申し合せたやうに大部分見られなくなつた」。わずかな変化であったかもしれない。そもそも東京の市民は戦争を深刻に考えていなかったのかもしれない。「幕が盛んに下げ出された昨年(一九三七年)の秋から暮にかけての上海戦―南京攻撃戦の時でも、東京は戦捷《せんしょう》に亢奮はしても、戦争に対する恐怖などは始めから無かつた」。政府・軍よりも「東京市民の方がこの戦争に対し気軽であつた」のである。そして垂れ幕は次第にすがたを消しはじめている。

「東京だより」はいう。「東京市民は、最早や事変に倦き出したのだらうか。在支皇軍の悪戦苦闘に無関心になり出したのだらうか」と。「さうは思はれない」。「言葉や字句で大仰に表現される事が、即ち力や決意の表現ではない。東京は、色の褪せ出した標語布を適当な時期に引込めて、却って底力を示すかに見える」と（「東京だより」『中央公論』一九三八年六月号）。〝ことば〟ではない、実践が求められるようになっていった。

将校は軍人といえども新中間層サラリーマンの官吏である。「一般国民カ勤倹力行銃後ノ固《かため》ヲ強化シ国策」に協力しつつある時、将校家庭の女性たちのなかには、「己ハ軍部ノモノニシテ銃後以外ニアリトノ誤レル観念ヲ有スルニアラスヤト思惟セラル、モノ等アリテ一般世人ノ指弾ヲ受ケ」るものがあって問題になっている。彼・彼女たちは「或ハ華美ナル服装ヲナシ屢々《しばしば》百貨店等ニ出入シ質実勤倹消費節約ノ念慮ニ乏シキモノ」、「或ハ無聊ノ余リ同志夫人相集リ好ンテ他人並ニ野戦部隊等ノ批判ヲ試ミ甚シキハ事変地主人等ヨリノ通信ヲ資料ニ流言飛語誘因ノ虞《おそれ》アル言動ヲナスモノ」といったふうであって、軍は各地在住の将校団を通じて指導を行った（「将校家族ノ指導方ニ関スル件」一九三八年八月三〇日『陸支密大日記』四六号、昭和一三年、アジア歴史資料センター C04120536700）。

戦死者も次第に増加していった。戦没者遺家族が集う靖国神社の例大祭の〝祭り〟の気分は制限されるようになった。「支那事変と満洲事変の英霊が一万三百余柱祀られ、全国から、二万六百余の遺族達がこゝに集まる」といわれた一九三八年秋の靖国神社臨時大祭では、普段はにぎわう境内で催される「猿芝居や曲馬団や「親の因果が子に酬い」の片輪《ママ》者の見世物など」の芝居・見世物興行に制限がかけられ、この年を最後に廃止となった（「東京だより」『中央公論』一九三八年一一月号）。

復員者の視線――戦時復員論の試み② 街頭

一九三九年一一月、中国戦線から広島にもどった秋田県の国語教師・木村源左衛門は、その日記に次のように記している。「……某デパートに夕食に上ったが、国民の余裕のあるのに且《か》つ驚ろき、且つ安堵したことであります。この状態なら、戦地半分の苦労でもよい、全国民がする気になったら、もう何十年戦争したって大丈夫な様な、そして反面には、あまりにも平常的に恵まれ過ぎて居る生活に、憤りにも似たものをさへ感じました」(一九三九年一一月一六日、『日中戦争出征日記』無明舎出版、一九八二年。木村は弘前の部隊に帰還、一一月二五日に除隊となって営門を出た)。「銃後の余裕」「銃後の生活はあまりに平常的に恵まれ過ぎて居る」。ある帰還兵は「戦地にゐる時は、日本ではもう皮革や毛織物がなくなってみんな下駄をはいてボロ〳〵の洋服を着ている……紙も鉄も布も毛類も食べ物も欠乏して、とても不自由してゐるのだと」心配していたが、東京へ帰ってくると「みんなが綺麗な着物を着飾つて」「贅沢な美味いものを食つて」、街を歩いている、「あんな大戦争をしてゐるのに、それとも思はれん位、平気で知らん顔をして落ちついてゐるので、ちよつとあきれたり、感心したりしてゐる」と語った。続けて、「初めはシャクに障ったのだが、実は今では寧ろ力強く頼母しくさへ思つてゐるのだ――と云つてゐた」(「東京だより」『中央公論』一九三九年一月号)。

しかし、帰還兵の目にも東京の「街頭風景」は変化しつつあった。ただそれは、深まりゆく戦争の影響、「絢爛たるネオンの消えたこの街々の表情の寂しさ」のみではなかった。「ネオン」が消えることは、「派手」な都市風俗「改良」の結果であり、国民精神総動員運動が提唱した「消費節約」などの結果であるだろう。その意味では、人びとの生活レベルにおける「戦争支持」の態度は固まりつつあったともいえる。しかし、同時に見られたのはその「戦争支持」のデモンストレーションの減少であった。特に「千人針を求めて辻の其処彼処に立ってゐた婦人の姿が非常に尠くなってゐる」。東京のあちこちには今でも「出征兵士を送る旗が林立」しているのに、「千人針」は減少、「これは余りに寂しい街頭風景」である。かつて「銃後の人々の真心が街に溢れてゐた頃」、「勇躍征途に就いた」その時に見、また手渡されもした「千人針」は「尖端をゆく一つの流行現象」だったのだろうか？　そんなはずはない、しかし「これを否定し去さる材料が今の私には見当らない」のである（安藤為造「求める応召の対価」興亜歴戦者有志会設立準備会編『帰還兵の声』一九四〇年）。だからであろうか、軍は帰還兵を銃後後援の相談役とする。少し後のこととなるが、陸軍恤兵部の将校は、「今度は、自分の町会の番だ。品ものは無いし困つたもんだ。面倒だから百貨店からでも買つて出さう」などという隣組が集めてくる「型通りの朱印の捺してある慰問袋」を批判し、近所の戦場の帰還兵にその中味を相談するよう主張している（「慰問袋への希望」『日本婦人』一巻四号、一九四三年一月）。

　東京の街の交通機関は混雑で「地獄の有様」（一九三八年の夏から市電は座席を減らして定員乗客を増やす措置をとった）、人びとは乗客が「降りないうちに乗らうとする。女子供年寄をつきのけて狂ふかと思へば窓からトランクを投げ込む」。「帰還した一人の戦友」が、こうした東京を見て語ったことばは、「どうもまるで敵国人みたいにお互ひが啀《いが》み合いをしとるので……前線へあの熱烈な美しい銃後の力と愛情を注いでくれた同じ銃後の人であらうとはどうしても考へられなかつた」（「帰還して感じた銃後の世相と新しき実行」前掲『帰還兵の声』）。

『文藝春秋』が募集した「帰還兵の感想」(一九三九年一一月号掲載)には、およそ三〇〇編の原稿が集まった。最も多く集まった話題は「帰還途中の模様とか銃後風景及び都会人に対する批判、政治に対する指摘」などであった。「帰還兵」として何事かを書き記すとき、「銃後風景」「都会人」に対する批判が前面に出てくる。

銀座には「しるこや」が増えた。「喫茶店」は銃後には「不都合だ」などと批判されないためだという。出征兵士の歓送会では、集まった人びとから、歓送会は「おそくても夜の方がいいですね、朝はね、全くの話、辛いこともあります」とか、患者のある家には炭が余計に配給されると知って子どもを「病気だと申告しておきましてよ」とかいう声が聞こえる。歓送会にも「型」が出来、「それにはづれる者はやはり爪はじきにされる」。歓送の列は有楽町で解散となった(高見澤由良「街頭に佇みて」『文藝春秋』「現地報告」29、一九四〇年二月)。

高見澤由良は一九〇九年、東京日本橋区濱町に生まれた。府立第一商業学校を卒業、近衛野砲兵聯隊に幹部候補生として入隊した経験を持つ。日中戦争には陸軍砲兵少尉として華北戦線に従軍、帰還後は銀座で「貴金属・袋物商」を経営している。三〇歳を迎えたばかりの由良は、『文藝春秋』の「帰還兵の声」に手記を応募、「一巡査との交渉」が掲載された(『文藝春秋』一九四〇年一月号)。

由良も帰還後はじめて銀座を見た時、多くの帰還兵と同様に「何処に戦争があるかと言つた様な街の外貌に「欺された」と言ふ気がした」。先に帰った同じ帰還兵の友人はすでに「ダブルの背広姿で銀座を歩いてゐる」。友人は「いはゞ「時局の認識」の足りない……我々帰還兵を腹だたせ、淋しがらせる原因になつた人達の一人」となってしまった。しかしそのことに「東京と言ふ街の大きさをしみじみと感じ」、由良の「むっとした気持」「淋しさ」「欺された」という感情はすぐに消えていった。彼にとってむしろ「憂鬱」であったのは、「内地の生活が、妙にぎこちない、窮屈さを感じさせる事であつた」。それは、彼の眼には「意想外に整って」いた「銃後の後援の態勢」を、「形式だけ」で「内容がない」、「感情がぬけてゐた」と感じてしまう「憂鬱」であった。「銃後」を支えているのは、「自分達の感情を無理やり押しこまされてる事に馴れてしまひかけてさへゐる」人びとである。「生き生きとした感情を、表白する時には、死んだ様な言葉に翻訳しなければならない」。とすれば、威勢のいい「戦意高揚」の文句、銃後後援の美談も、本当に「生き生きとした感情」に裏打ちされているのだろうか。そして、民衆の戦争への感情はどのように表出されるのだろうか。

銃後の「内地」では、「人間が皆おどおどしてゐた。所謂、帰還兵の憤懣を買ふ、銀ブラの人達も、内心では、叱られはせぬか叱られはせぬかと思ってゐる人達許《ばか》りなのだ。そして、叱られはせぬかと思ってゐる人は、彼等ばかりではなかつた。日本中に、叱られはせぬかと、おどおどしてゐる人が充満してゐる感じだつた。そして、而《しか》も、その人達が、いつでも、簡単に叱る側に立つ事が出来た。「此の非常時に。」「此の時局に。」此の言葉が、通り文句であつた。合言葉であつた。彼方では、なま〳〵しい実感として、私達は「非常時」と言ふ事を感じて来たが、こっちに帰って来て行きあたる「非常時」は、殆んど、何の感情もなかつた。しかもいけない事は、此の言葉はこれが出れば、言はれた側からはもう何も言ひかへす事が出来ないと言ふ、便利な強制を持ってゐた(7)」。

「支那事変」から三年めの一九四〇年七月、「七・七禁令」が施行される。宝石や銀製品、オーダーメイドのスーツ、カメラ、はては苺・メロンなど〝ぜいたく品〟の販売と製造には制限がかけられた。

由良も参加する若い宝石商のサークル・青葉会は解散となった。解散総会の二次会で「笑ひ興じて」いる会員たちを見て、由良は、「禁令と言つたつて一時的なものなのだ、戦争さへすめばすぐ元通りになるのだと安易に解釈をつけてゐる」のだろう、と思う。「非常時非常時と言つても、それは魂の入つてゐない言葉……国策に順応するとか、滅私奉公とか言ふ重大な言葉を平気で口に出し、そのことの意味とははるかに遠い根なし草のやうにその言葉を殺してしまふのだ」という思いを禁じ得なかった。由良は酔いをさまそうと「大川」（隅田川）の川風にあたるため窓のふちに腰掛ける。一七、八の若い「芸者」が遅くまで明るい「向こう岸」を指して「殷賑産業よ」と言う。遅くまで「働いてゐる人たちはとてもお金になるのだとだけ解される」のみである。「銃後」の人びとは、工場の向こう側に「はてしもなくひろがつてゐる戦争」に対して、「まだ思ひ及ばうとしてゐないのか」と、由良は思うのである（以上、「七・七禁令と帰還兵」『文藝春秋』一九四〇年一〇月号）。

帰還兵として『文藝春秋』にいくつかのエッセイを記し、「銃後」社会をするどく批評した宝石商であった彼が、アジア太平洋戦争をどのように乗り切っていったのか、残念ながらわからない。

国策と生業《なりわい》のあいだ

日中戦争勃発による統制経済の開始（輸出入物資・資金の統制）や、国民精神総動員運動にともなう「消費節約」の運動は、中小商工業者に大きな打撃を与えた。いわゆる「殷賑産業」にあっても「活況」を呈する工場の割合は大規模工場に多く、軍需品受注の偏在、職工の大工場への移動にともなう人件費高騰などの不満が生じていた（東京市『時局下工業影響調査書』一九三八年五月、石塚裕道・成田龍一

『東京都の百年』山川出版社、一九八六年)。

東京府商店会聯盟副理事長の森濱三郎は、「事変後に於ける小売商の困って居る」ことは「購買力が非常に減退し反対に経費が膨張して経営難」に陥ること、「店員の希望者が殆ど無」いこと、また「主人が応召して内儀が経営して居る様なお店」(そうしたところでは「店員が主人が居る時の様に真面目に働いてくれない」)「店員の費消沙汰が非常に多くなった」)もあれば、「応召した後問屋から取引を中止される店が多い」と指摘している。さらに「諸官省とか、郵便局員、或は大会社、大商店に勤務して居られる人は其の後(応召後)月給を相当支給されるのが多いので、家をたゝむとか生活に困る様な事が比較的少い」、また「農業者等は青年団、在郷軍人或は親戚の方に御手数願ってどうにか業務を続けられて」いるが、小売商店は閉店が増えてくると指摘している。東京自転車工業組合理事長・古屋幹雄は「職工の移動が非常に頻繁になり、約半分位移動しました」と述べ、中小工業における職工移動が問題となっている(東京商工会議所『商工資料67　事変下の中小商工業の現状と対策』一九三八年三月)。

当初は「現状維持」の対応策をとるものが多かった商業者も(東京市役所『非常時商業影響調査書』一九三九年)、一九三八年「物資動員計画」策定後はより深刻な影響を受けるようになり、この年の夏から政府も対策を策定(商工省転業対策部設置など)、転廃業問題が「銃後」の社会に登場してくることになった。しかし、「国策」としての転業は実際には容易に進展せずに「行きづまり」(商工省)、中小商工業者の多くは、これまでのストックと闇取引によって経営維持を図っていった。「統制経済は此の中間層に多数の犯罪を惹起せしめ其の健全性を害する処大なるものあり」、地域社会の担い手であるこれらの層が闇取引を実践しはじめたことは、「中間層より健全性を奪ひ延いては之を崩壊するの危機に至らしむるの懸念」を深刻化させるものであった（東京区裁判所検事局「統制経済犯罪に関する若干の調査」一九四〇年一月『現代史資料43　国家総動員1』みすず書房、一九七〇年）。

転廃業が問題になると同時に、一九三九年頃から農村における好景気が一定の購買層を都市部の商店に引きつけた。商業組合中央会編『商業者現況調査　上篇』（一九四一年）で一九四〇年末の状況を見てみると、米雑穀商においては一九三九年比売上げ減少店数は五九％にも及んだが、「商業全体で見れば売上を増加させている部分も少なく」なく、売上げ五割以上増加七％、五割未満増加三七％、と記録されている。

百貨店のにぎわい

一九三〇年代は地方都市においても百貨店が盛況となっていく時代でもあった。新潟市では小林百貨店と万代百貨店がともに日中戦争勃発直後、一九三七年九月に開業した。一九三八年、小林百貨店では慰問品のセット販売をはじめ、周辺の村むらに「割当」てられる慰問袋調達に便宜をはかった。一セット五〇銭の「慰問品」は、ハッカ入りドロップス、チョコレート入り羊羹、チューインガム、勝豆、チリ紙、美人絵葉書、およびそれらを入れる「慰問専用箱」であったという（『新潟市史　通史編4　近代（下）』一九九七年）。また東京銀座松屋は、一九三九年から「戦線と銃後をむすぶ千人針」を商品名とした袋入り千人針セットの販売を開始している。「虎は千里を往《い》って千里を還る」、こうした故事にちなんで武運長久を象徴する〝虎〟の絵柄を印刷したさらし木綿（防虫処理済み――しらみがつかないように！）と赤い糸、針の三点で、一袋三八銭であった。千人針、慰問袋セットを大量に購入して銃後後援の実を挙げようとする軍関係や地域公共団体などの戦争需要を百貨店が支えている。

名古屋では、一九三八年八月―三九年一二月において「都心の歓楽街及び軍需工業地帯に現れた購買力の上昇には特に注目すべきものがあり、業種に就て見れば一般に奢侈品と見做される商品を取扱ふ業種に特に売上高が増加してゐる傾向があつたが、反対に平和産業地帯の商店街及び統制品種を取扱ふ業者には一般に不振の傾向があつた」という(向井鹿松〔名古屋商工会議所理事〕「名古屋市に於ける小売業売上高指数の作成」『東京市産業時報』六巻一号、一九四〇年一月)。大阪市においても「在阪有力百貨店」八店舗の売上げは「事変以来総体的に漸増」、一九三九年下半期には「各店共商況愈々《いよいよ》好況」、「売上の嵩高は他面物価騰貴に因る事もその一因と思料さるゝも一般的に軍需景気の反映として大衆的購買力増加に依るものと観察さる」という(司法省刑事局『極秘　時局下に於ける各種社会情勢の調査　昭和一四年一二月末現在』〔大阪地方裁判所検事局管内〕一九四〇年五月)。ただし七・七禁令以後は依然売上げ高は続くものの、その要因は物価高によるものが多いと見られている(物価高によるもの七割、購買力上昇三割、『同(一二)』一九四〇年一〇月)。戦争と消費熱、軍需景気によって購買力を増した「大衆」たち。百貨店に集う人びとについて、戦時下の「世相」に現れた言説とその実際は、ていねいに見ておくことが必要である。

一九四〇年秋までの東京市内における主要な百貨店の売上げ状況および顧客の様子については、「昨年度ハ上層階級顧客ノ一割強ヲ示シテ居タガ本年度ハ全ク殷賑産業界層」(三越)、「従来ノ有産階級ガ減退シ殷賑産業部門ノ増加ガ目立ツ」(高島屋)、「客層ハ事変直後迄ハ上流三割大衆七割ノ比デアツタガ現在ハ殆ンド大衆層」(白木屋)、「時局産業方面ノ新興顧客ノ著増ガ目立チ購買力モ旺盛」(伊勢丹)などと報告され、売上げ高も増加し、顧客の変動にともなって販売品種も大衆向けとしていたため「七・七禁止令ノ影響モ僅少」(三越)というところもあった。「現在ノ購買層ハ従来ノ持タザル階級中ノ軍需景気ニ浴シタル人々ニ依ツテ占メラレ」(銀座松屋)ており、百貨店の客層は確かに階層的に下降していったようだが、より詳細に見ると、「軍需景気ニ依ル生活向上ノ必然的要求デ強《あなが》チ奢侈的ノモノト云フ事ハ出来ナイ」(高島屋)、「客層ハ全ク大衆層品種ハ実用的ニ転移シテ居ル」(白木屋)、「購買層モ実需的傾向ヲ示」(上野松坂屋)す、「寧ロ生計費ノ昂騰ニ所得」が追いつかず、買い物は数においても減少傾向にある(伊勢丹)と観察されていることに注意をする必要がある。白木屋の総務部長は、「百貨店ガ実用化」することが「時局ニ適応セル役割」と指摘している(「百貨店ニ於ケル顧客ノ変遷ト売上状況ニ就テ」警視庁官房主事、一九四〇年一一月一二日『都史資料集成11　ぜいたくは敵だ・戦時経済統制下の東京』二〇一二年)。

百貨店は、一九三七年八月に百貨店法の制定によって営業方法・休日規定など法的整備が行われていたが、一九三八年二月の時点で八つの本・支店に、分店・店舗を合わせて一六八(八一企業)、従業員五万六八二三人という規模にまで成長しており(日本百貨店組合加盟)、アジア太平洋戦争勃発頃までは、代用品およびス・フ衣料品の販売や各種催事などで多くの顧客を集客し、中国大陸へも販路を拡大して売上げ高を順調に伸ばしていった(石井寛治編『近代日本流通史』東京堂出版、二〇〇五年)。百貨店は「今までは物見遊山、楽しみの殿堂」であったが、代用食・米なしのその食堂は「主婦の代用食に関する調理教育場に変つてゐる」のである(土屋好重の発言、「「新体制に処する小売商人」座談会」『文藝春秋』「現地報告」37、一九四〇年一〇月号)。しかし、百貨店員は「一般会社工場等の事務員、雇員に比し薄給」のため、「続々と軍需殷賑産業方面に転向する傾向」にあって、その「素質を著しく低下せしめ従来女子店員に於て約半数を占め居りたる女学校出身者は最近三、四十名に一名の割合に減少」していた(前掲『時局下に於ける各種社会情勢の調査』)。

労働者層を中心とする商店街はむしろ活況にあったという指摘もある(内務省警保局調査室編『事変下に於ける中小商工業実地調査報告』一九三八年二―三月調査)。しかし、「工場地帯の商店は好景気に均霑《きんてん》できるだらうと云ふかもしれないが、大工場内にはそれぞれ購買組合が発達してゐるから、進出の余地は乏しい」こともまた事実であった(島田普作「工場街と商店街」『文藝春秋』「現地報告」8、一九三八年五月号)。

「非国策的職業」

近代の地方中小都市は、軍需産業地帯の近在でもないかぎり、農村とのつきあいを通じて形成された商業と在来工業の街であった。宮城県志田郡古川町は近世以来〝市〟が立ち周辺の農村部とつながりをもつ商業町であった。森伊佐雄は、一九二二年、この古川町で膳・椀・盆などの漆器製作やタンス・ふすま塗りなど「手間賃仕事」を扱う「森塗師屋《ぬしや》」に生まれた。伊佐雄は父から「職人の倅《せがれ》に中等教育は必要ない」といわれ、進学の夢をあきらめて高等小学校に進んでいた。一九三五年三月からの高等科時代は、伊佐雄にとっては「出征兵士」も「軍歌」もない「うたかたの平和な二年」であった。一九三七年三月、高等科を卒業、「家業を継がねばならぬ級友は意外と少なく、大半は就職を望んで」おり、彼自身も家を継ぐのは嫌だったが、結局「塗師屋」を継ぐこととなった。級友たちは、綿反屋の問屋に見習（仙台市）、自転車店（東京）、浅野建具店見習（古川町）、給仕（学業成績優秀者）、地方銀行、バス会社（車掌）などにそれぞれ勤め始めていた。川崎の日本鋼管に勤める級友を見送る駅で、伊佐雄は「一人とり残されてしまったような索漠たる心境」となった。「職人が嫌い」で「逃避ばかり」を考えていたから、日本鋼管の工員が羨ましく見えた。

伊佐雄は小学校を卒業してから日記をつけ始めていた。また「家族に隠れてひそかに怪しげな小説」を書いていた。南京陥落の提灯行列に歓喜して参加し、職人なかまの応召、戦死も経験する。建具職人見習の友達も「金になるから」と北海道夕張炭坑へと向かって行った。従業員は多く出征し、伊佐雄「一人が孤軍奮闘している一家内工業」となっている「森塗師屋」の現実、伊佐雄はこれでは「職人には未来はないか」とつぶやいた。

一九四〇年、塗師の家業にも統制経済が次第に影響を及ぼし、「木材も金属類も軍需以外は認められず、資材不足で町の家具屋も閉店同様」となっていた。職人としてあげた〝うで〟もふるいようがなかった。製薬会社役員や司法書士、町会議員もしていた父の収入で一家の生活は賄われていた。職業紹介所の職員が伊佐雄を訪ねたのは、ちょうどそのような時、「非国策的な職業はきっぱりと諦めて、軍需産業に転職したらどうですか」と転廃業をすすめた。漆塗師を天職と考えたことはなかったが、「非国策的」とのことばに伊佐雄は感情的になって「非国策的職業とはなにですか。漆工芸は千数百年も続いた日本が誇る伝統工芸でがすぺ」と語気を荒らげた（森伊佐雄・前掲『漆職人の昭和史』）。田河水泡「のらくろ」に魅せられて、漫画家を夢みて少年雑誌に漫画を投稿していたり、家人に隠れて小説を書いていた伊佐雄は、自身の召集経験を後に『応召兵』（大新社、一九四四年）としてまとめることになる。

2　労働者の街

帰還兵でもある作家・里村欣三の尋常小学校五年生になる子どもは、「工場で働けば一日、十円にも二十円にもなるんだぞ。正夫くんなんか、自転車と空気銃を買って貰ったんだよ」と父をせき立てる。街の肉屋や長屋の人びとは次々に「軍需景気から、一躍職工成金になり」、子どもたちもその「おかげ」をこうむっていた。里村の子どもも「僕は中学へも、どこへも行きあしないよ。学校を卒業したら、直ぐそこの会社で使って貰ふんだ」と言う。上級学校への進学よりも工場への就職が希望されている。かつては「どんな成績の悪い子供でも「俺は将来職工になるんだ」と威張った話」は聞いたことがなかった。ましてや「職工になることを誇示して、親をへこますなんてことは数年前の世の中には、絶対に有り得なかった事実だ」と里村は記している(里村欣三・前掲「殷賑産業地帯」)。卑下することなく胸をはって「職工」になることが子どもの「夢」となっていた時代、街は戦争によってどのように変わっていったのだろうか。

町工場の戦争

東京府における軍需工業地帯は、王子・板橋、大森・蒲田、立川を三大中心地としていた(前掲『東京都の百年』、『東京百年史5』一九七二年)。

一九三二年、大東京市の成立にあわせて大森・蒲田区が誕生する。満洲事変下の軍需景気に対応して、大森・蒲田両区では工場数が増加、従業員も増えていった。一九三二年に、大森区では従業員五人未満の工場・従業員が五四〇・七九〇人、五人以上で一六〇・八一〇一人、蒲田区では同じく二五六・四六五人、一五六・六一九一人であった。一九三七年の統計では、大森区が七〇〇・一四六二人／三四八・二万二六〇五人、蒲田区が三二八・四九一人／九四〇・四万一三六四人となり、おおむね工場数で二倍、従業員数で四・二倍の伸びを示した。さらに日中戦争勃発以後もその膨張はつづき、一九四〇年には、一九三二年と比べて工場数で四・五九倍、従業員数で八・一一倍の数値となった。加えて、大森・蒲田地域の下請け中小工業はその技術力の高さから、川崎・鶴見の大工業地帯から多くの受注を受けていた。戦争も末期になった一九四四年二月二八日、大森区会は、大森・蒲田が「軍需生産工場ノ飛躍的増加拡張ニ伴ヒ今ヤ兵器廠的地域タルノ偉観ヲ呈スル」と述べている(『大田区史　下巻』一九九六年)。都内の四分の一の軍需工場が立地していたという「兵器廠的地域」で、人びとはどのような暮らしを経験していったのだろうか？

街の出征兵

大森区の沢田会(現在、大田区大森北五・六丁目から同西一・二丁目)には、「昭和十二年七月　支那事変応召者」という記録が残されている(『大田区史　下巻』)。この記録に収録されている二二人のうち年齢の明らかな一四九人の平均年齢は二七・一歳、三〇歳以上も四三人にのぼる。三八歳の男性も召集されるなど、応召者は「老兵」「一家ノ主人」がほとんどであった。そして応召者家族の暮らしは例えば次のようなものであった。

一九三七年九月に応召し上海戦線にある男性(三四歳)は、瓦斯電気株式会社自動車組立係であったが、応召後も会社から一カ月二〇円を支給されており、水道・電気・家賃なども値引きされている。さらに、家族親類もガス電の「工女トナリ家計ノ手助」をしている。一九三七年一〇月一三日、高崎歩兵第一五聯隊に応召の男性(二三歳)の家族は、妻・実母・妹の三人、半年は「本給ノ半額」を勤務先の特殊鋼会社より支給される予定、加えて、妻はラジオ工場に働いているが、特殊鋼会社より「女工ニ雇入レククレル交渉アリ」という。翌日、甲府歩兵第四九聯隊入隊の男性(二三歳)も勤務先から一二月までの本給は支給される予定であるが、就職一カ月のためこれ以上は無理という見込みである。一九三八年一月応召の男性(三六歳)は、新潟鉄工所に勤めているが、入社後五カ月なので「一定ノ給与」ももらえない見込みである。

比較的大工場に勤務する人びとは、入営者職業保障法(一九三一年六月、施行)があり、出征者本人への給与支給やその他の援護措置が企業・工場によって採用されているし、家族もまた工場で働くことによって家計を支えることが出来ていた。

一九三八年六月に応召となった三八歳の男性は、母(六二歳)・妻(二三歳)・長女(六歳)の家族をもっていた。「独立して小工場を準備中のところ応召」、家族はしかたがなく「設備を売却」して、現在は別家に間借同居している。大森・蒲田地域には軍需工場熱にともなって多くの中小工場が生まれていたが、そうした「小さな夢」は応召によって吹き飛んでしまった。同じく三八年八月に応召した理髪業を営む男性(二四歳)は、母(五一歳)・妹三人(二一歳・病気中、一七歳、一四歳)・弟(一二歳)の家族をもっていた。家業は「本人出征ノ後ハ……営業不可能ナルニヨリ他ノ収入ノ道ナシ、救護ノ要アリ」。九月応召の二二歳の男性は母一人を残し「自転車業ノ家業不可能ナルニヨリ救護ノ要アリ」という状況である。おおむね中小工場・自営業者では、「主人」の出征は直ちに収入の杜絶を意味した。(8)

沢田会では、一九三九年に入っても、入営・「午前六時出発早朝極寒ニモ拘ズ多数ノ歓送者アリ」「午后五時盛大ナル歓送ノモトニ出発」(一日二回の歓送行事！ 一月七日)、午前七時の「出征出発」に「歓送者町会十五名、婦人会三十名、其ノ他青年団楽隊出ル」(二月一日)といったように盛大な歓送行事が行われ、「兵士ニ贈呈スル祝旗注文ス」(一月三十一日)、「区役所ヨリ出征兵餞別」(一括で受け取り、本人・家族に渡す、二月二日)などの業務に忙しいさまがうかがえる。同時に「遺骨出迎通知ヲ配布」(一月二九日)、「遺骨出迎ヒニ付テノ一般通知及ポスター作製」(二月六日)といった記事も目立つようになっていた(「沢田町会日誌　抄」前掲『大田区史研究　史誌』二三号)。

地域社会の摩擦

前述したように、中小工場に働く人びとや自営業者家族は「救護ノ要アリ」とするものが多かった。しかし、区吏員の態度は冷たかった。一九三九年の区会で、八木沢鶴吉議員が紹介した話によると、ある軍事扶助法申請者に対して、区吏員が「娘ヲ親戚ニ女中ノ手伝ノヤウナコトヲヤラナイデ、工場へ行ケバイイ、収入ニナルカラサウ云フ所ニ働キニ出タラドウカ」と勧誘したり、「身体ガ弱クテ医者ニ通ツテ居リマスシ、七ツニナル子供ガアルノデ、子供ノ世話ヲシ乍《なが》ラ家ノ用事ヲヤツテ居リマス」という母親に対しても、「ソンナ間誤々々シナイデ、工場ニデモ行ツテ働イテハドウカ」と答えたという(『大田区史 下巻』)。「職工」不足という地域の実情、可能なかぎり労働者を工場へ送ることは「軍需産業優先」の国策にも沿う。行政末端の吏員の「まじめ」な態度が、ここでは「銃後」社会に無視できない重みを持っていた。なお、大森区では、軍事扶助を補完するための授産所の設置が検討されている(一九三九年九月一四日、区会)。授産所設置の「ねらい」は、区吏員のことばによると次のようであった。戦争が始まってから二年も経ち人びとは「相当疲労」している。特に夫を戦地に送り出している女性たちが、技術を学びながら家事・育児を忘れて授産所で「仕事ニ精出」すことは、「肉体ニ疲労ハアル」けれども、家で良く眠れるようになる。女性たちが「同一ノ場所」に集まって「御互」に話し合いながら「慰メ合フ」こともできる、そんな効果が期待できる、というのだ。出征兵の家族には確かに日常的なこまごまとした仕事が多い。こうした「悩み」を、労働することによる「疲れ」や「寝る」ことで「忘れ」、また翌日元気に仕事ができる、さらには技術の習得もできる、というのである。

続いて九月二五日、大森区は「大森区授産場急設陳情書」を東京市長宛に提出した。授産所設置の必要性について区側は次のように指摘している。大森区は「今次事変下ノ殷賑産業地」であり、「軍需工場ノ増設日ヲ逐ツテ著シク、健康ナル老若ノ男子挙ゲテ其ノ従業員ニ応募」しているので区内の失業者は「絶滅セシ傾向アリ」という状況である。しかし、その反面、病気の夫を抱えていたり、その看病を子どもにまかせて自ら内職を探したり裁縫を習おうとする女性も多く、日常生活用品の値上がりで「軍事扶助ヲ要スルモノハ、法律上ノ扶助又ハ各種団体ヨリ受クル擁護ノミニテハ到底生活シ能《あた》ハズ」という状態も無視できない。女性たちのなかには「世帯主出征後ノ子女ノ教育、家業ノ維持、家事ノ整理、世帯員ノ健康ニ関スル精神上ノ労苦ニ追ハル、モノ多ク」、「沈滞的傾向若《もし》クハ涸渇的色彩ヲ招キ、又前途ヲ悲感《ママ》シテ「不安」ヲ抱ク者」もある。(9)

また、一九三九年一一月二七日の区会では、地域の塵芥処分人夫の低賃金が問題となった（森春吉議員の質問）。ここでは、「軍需工場ニ働イテ居ル尋常小学校ヲ卒業シタ許《ばか》リノ十五カ十四位ノ小僧ガ六十円ナリ八十円ノ給料ヲ貰ッテ居ル」ことと比較して、「一体人ノ嫌フ所ノ仕事ヲシテ居ル者ニ、一箇月四十五円位ノ給料デ、果シテ満足ナ仕事ガ出来ルカドウカ」「少クトモ大ノ男ガ四十五円ノ給料デ立派ナ仕事ガ出来ルカ」といった指摘がなされている。

さらに小学校教員の移動も問題となり、「最近区内ノ某小学校ノ教員ガ……或ル会社カラ非常ニ良イ案ヲ以テ招聘セラレタノデ、突然校長ニモ話シマセヌデ「先生ハ本日皆サントハ御別レナノデゴザイマス」ト生徒ニ挨拶ヲシタサウデアリマス、生徒ハビックリシテ聞イタサウデアリマス、スルト「先生ハ明日カラ他ノ会社ニ勤メナケレバナラナクナッタ」ト言ッタ」との出来事があった。この教員は、「芝浦ノ製作所ニ転ジテ行ッタ」。

「三四流の雑誌、新聞記者と云ふ藻屑のやうな生活」をしていたという生田修は、一九三七年九月、「労働者にならうと決心」した（「労働者に自ら転落しようとした」とも述べる）。『中央公論』が募集した「戦時国民生活報告書」によせた生田の記録（「一旋盤工の生活より」『中央公論』一九三九年五月号）によれば、蒲田で「簡単に」採用され、初給日給一円一五銭、請取（請負）になれば二円はとれるという。生田は鋳造機の運転手として働くことになった。

工場では年下の「十八九の少年」にどなられたりして働いていたが、「軍需景気！生産的生活！

さうした言葉の持つ観念的な幻想は一ヶ月の労働者としての生活に依つて苦もなく打ち破られて」しまったという。一緒に入ったYという青年は「古い労働者と喧嘩をして止めて」しまった。職場は菓子屋の職人・呉服商の番頭・とび職・「遊び人、渡り者」といった多様な人びとが「半月ばかり働いては何処かに去」るというものだった(半月以内にやめた場合は契約給の半額支給のため)。「激しい労働と、毎日のやうに火傷や怪我人を出す危険に労働者は去つて行く」のである。たまらなくなった生田は「旋盤工養成所」に通い、念願の「大工場の旋盤工」となる。時給一八銭、見習期間に「先生」として面倒をみてくれた「Kと云ふおつさん」は、「古いもんでも十九銭から二十銭」、「請取でがつがつあふつても六十銭以上は取れねえんだ、それ以上になると単価を下げて来るからね」といい、「その位え取ってるもんはこの工場に十人と居ねえよ、一人前のもんで百四五拾円だな」と語る。「「旋盤工はいゝ」と云ふ世間の風評」は「夢想に過ぎないもの」だった。「名誉」の「産業戦士」も、「資本家」の前では「労働強化の具と化し」、「請取制度と長時間労働の下に、災害と病気にさらされ……少しでも良い待遇を求めて移動すれば不法なる行為だと」言われる。このことが生田には不満であった。

生田がみた蒲田の風景は、小工場が増加していくというものであった。「猫額大の空地と云ふ空地には小さな木造の工場が立ち並び、昨日迄の商店は工場と変り、塀に囲まれた住宅すら何時の間にかモーターの唸りを立てゝゐる」、それは「熟練職工が非常に零細な規模(旋盤一台、ボール盤一台と云ふやうな)で独立自営して行く」ためである。「事変後の厖大なる中小工場は、工場地帯と称する一定の許可地域の中に危険や非衛生や、一切の限界を無視して無制限に増加し、それに附随して、労働者住宅、種々雑多な寄生的商店等がその間に立錐の余地もなく立ち並んでゐる。この実情は、東京に於ては本所、深川、芝、大森、蒲田等の工場地帯には何所にも同様に見られる」。生田は、自らも働くこの密集した工場地帯における労働災害の懸念をも記している(「工場災害について」『中央公論』一九三九年七月号)。

労働者の街・上京青少年の街

一九三七年、東京府下の尋常小学校卒業生およそ一一万一〇〇〇人のうち一万四〇〇〇人あまりが日中戦争勃発後の一〇月までに就職している(うち工鉱業が四七九二人で最多)。東京市では一九三七年六―一二月までにその年の卒業生のうち一七%が進学しておらず、うち約七%(約五〇〇〇人)は就職している。尋常小学校を卒業してすぐに就職した少年たちは、足立区(九・七%)を最多として荒川区、深川区、板橋区の順に多く、それは、「市内の要保護世帯の分布」と等しい。世帯収入も月収四〇円以下二五%、五〇円以下二一%、などであった(桐原葆見『労働と青年』科学主義工業社、一九四〇年)。

他方、一九三八年二―六月、「地方から上京してきた少年・少女労働者」(勤続者七三一人〔男性七〇八人、女性二三人〕)の調査によると、彼・彼女たちの雇用主は「機械器具製造工業」五四工場(四一・八%)が最も多く、次いで「精巧工業」一八工場(一三・九%)で、「時局産業たる金属工業及機械器具製造工業が六割を占めて」いた。彼・彼女たちが働く地域は、品川区(一八工場)、蒲田区(一三工場)、大森区(五工場)が多く、「雇用主の規模を見るに五〇人以内の業主及び五〇人以上五〇〇人以下の業主の各五四にして各々四一・七%を占め、一〇〇〇人以上を使用する業主は極めて少ない」。年齢別では調査時点で一七歳が三九五人(五四%)、一六歳が二六四人(三六・一%)となっていて、学歴は高等小学校卒業者が九三・五％、「地方より上京せる少年少女は一五、六歳の者にして高等小学校卒業の者が多い」。続柄は次子が三一・八％で最多であるが、長子の二〇・七％も少なくない数であろう。出身地域別では関東地方が五三・六％、東北が三〇％で、「父兄の職業は農業及地方の中小商工者の子弟が多」く、出身県で最も多いのは千葉（一八六人）、次いで福島（一一七人）であった。地方から東京南部、品川区、大森区・蒲田区にやってきた少年・少女たちは、農家および中小自営業者の次子・長子で一六―一七歳、中小工業に働くものが多いことがうかがえる。労働時間は一日一〇―一一時間のものが最も多く（六三％）、夜業のあるものも二〇％ある（東京府学務部職業課編『地方より上京せる少年少女就職状況調査』職業問題参考資料第一三輯、一九三九年三月）。

そんな彼・彼女たちが暮らした場所は、どのようなものであったのだろうか。同じく東京府学務部職業課の調査によれば、「住宅払底状況」は蒲田方面が「深刻」であるという。大森の中央工業株式会社大森工場や東京瓦斯電気株式会社では「職工は大森附近に住居が得られず、蒲田、旧市内より通勤」し「間借りの者は六畳に二、三人居る状態」であり、国華工業株式会社羽田工場では「一軒の家から二、三人通勤する者も少くない」、電業社原動機製作所では「附近の住宅払底」のため「アパートに二、三人共同間借りしてゐる者」が多く、新設大工場（三菱重工業、北辰電機など）が多い下丸子地域では、「独身者は大抵二、三人共同で借り」（東洋精機株式会社）、大森方面から電車・自転車などで通勤（三菱重工業下丸子工場）という状況である。一九三八年の時点では「寄宿舎」「給食（栄養食）」などは整備されておらず、「適当な住居を欠くか又一途に多くの者が不自然に雑居する事は従業員をしばしば々々不純な慰安娯楽に走らせる原因」ともいわれ、なかでも「地方より上京せる見習工特に女子に於ける場合その状況は憂慮すべきもの」であった(『秘　支那事変下に於ける軍需労務状況に関する調査』一九三九年二月)。「「間借りの花嫁」といふのは蒲田あたりの工場地帯に多い」(「東京だより」『中央公論』一九四〇年七月号)。住宅難は結婚後の生活環境にも影響していた。

一九四〇年六月、「関西に在る標準型の一機械工場」で行われた調査によれば、「青少年労務者、殊に満二五歳未満迄の者の大半が下宿、二階借、アパート住ひをなす」ことが明らかとなった。「間借生活者中飯屋生活をなす者の割合」は、平均して二〇歳未満で五一%、二〇―二五歳で五六%に上った。「職工街の深刻なる住宅難の結果」、①「青少年労務者、事変以来時局産業に吸収され来つた新入工」の低賃金層において、「多数の間借生活者が存在」する、②「間借生活者の内、相当多数の者が一室に他人と雑居し、又専ら街頭の一ぜん飯屋に食事を求めてゐる」ことが指摘され、特に食事については「現在においては決して米穀消費規制のために労務者は飢餓に苦しんでゐる訳ではない」が、「代用食の入手困難があり、それが高値につくところに、彼等をして時局の重荷を意識せしめる怖れ」があると指摘されている。大阪商科大学教授・藤田敬三や東京商科大学教授・上原専禄とも知己であり「労務実務家にして青年学徒」であった増田富夫は、この調査を用いて、「多数の間借生活者が専ら街頭の一ぜん飯屋にて食事を求めてゐるのであつて、改正賃金統制令によれば食費三食の標準は金二十五銭となつてゐるが、かゝる飯屋においては三食一円二十銭乃至一円五十銭を要するといはれてゐる。そのためにこの種の福利施設の有無により、労務者の享くる利益に非常な工場差、事業場差を示現してゐるのであらうことは想像に難くない。従って産報〔産業報国会〕において労務者街に廉価食堂を経営し、栄養食を提供することが必要であらう」と提言している(『戦時労働政策の諸問題』聖紀書房、一九四三年）。ちなみにこの調査では、「三十歳前後に相当数の単身者、家計補助者の存在すること、全体として若干の家族と同居せざる世帯主の存在すること」にも注意を喚起している。

工場地帯そばの「商店街」は、戦争によって「面目一新」した。省線（現在のＪＲ）と京浜電車にはさまれた蒲田駅北口御園町市場ちかくの商店街は、旧市内の銀座などが「自粛」ムードで「商品の豊富さを誇示する店は全く見られない」のに対し、「明るく巨《おお》きく、呉服太物（綿・麻織物）洋品食糧品履物その他の商品も極めて豊富」で活気にあふれている。家具店・古道具屋が増え、古本屋も多くなった。この街では、家具・日用品の需要が多くなっているのだろう。古本屋には「機械工学に関する初歩的文献」が多くつまれていた（吉澤元「京浜工場街の触感」『改造』一九三八年一二月号）。古書店の増加は青年労働者たちの「学習熱」を示していたのである。

軍需産業「模範職工」の生活誌

川崎市（一九二四年に市制施行）は「他県人の寄合世帯」と言われていた（「川崎」『文藝春秋』一九三八年三月号[10]）。北九州や阪神地域などの従来の工業地帯に比較して、その戦時下での「急成長」が川崎の特徴であった。他市町村生まれの人びとは、一九三〇年の国勢調査で六五・三％（全国平均三七・九％、神奈川県四六・六％、東京府五三・三％）であったという。また、昭和恐慌の打撃はそれなりにあったとはいえ、満洲事変後には回復に向かい、大工場の新増設ともあいまって、「重工業の都市は、また労働者階級の都市」（『労働経済』五巻一号、一九三四年一月号、総同盟系の雑誌）ということばも現れた。川崎に働く労働者の年齢は全体の八五％を二〇―三九歳が占めた。

川崎を代表する大工場の日本鋼管などでは工員一人の平均月収が一三〇円あまりと、「軍需インフレ」が語られている[11]。しかし、街には人びとが憩う市立公園もなく、また近在に「善良なる娯楽機関」も少ない。したがって「結局職工さん達は柳暗花明の巷に足を踏み入れる事になる」。「川崎へ来て一番驚く事は全市に亙る私娼窟の汎濫」であり、「気のきいた喫茶店が無」く蒲田までコーヒーを飲みにゆく。花柳病の蔓延が問題になってもいる(『国民新聞』一九三九年四月三〇日『川崎市史 資料編4上 現代 行政・社会』、小野沢あかね・前掲『近代日本社会と公娼制度』)。

日中戦争以降は、世帯の増加を上まわって人口が増加していった(一九四二―四三年にピークを迎えた)。ただ、「新しく入り込んで来た勤人が一番困ることは、三度〳〵の飯(殊に朝飯)の心配だ。職工さんが勤めに出る頃は、一般の食堂はまだ白河夜舟、致し方なく工場地帯に点在してゐる定食屋に入る。これが又恐るべき代物で、食器の汚さ、めしのまずさ、部屋一パイ飽和状態になつて臭気は、屋外へまでも侵出してゐる」(前掲「川崎」)。

満洲事変期以降、川崎における多くの軍需工場では、臨時工・人夫を増加させることで労働力需要に対応していた。賃金支払い形態、雇用形態、購買部利用の有無など、生活上の「格差」をともないつつ「身分秩序」が形成され、軍需好景気も社員・本工以外の膨大な底辺労働者には及ばなかった。臨時工・人夫などの労働者が収入を増やそうとすれば、長時間労働や臨時収入の組み合わせに頼るほかはなかった(大石嘉一郎・金澤史男編・前掲『近代日本都市史研究』)。

重化学工業化が進むなかで一九三三年に設立され、日本鋼管・東京電気など大工場を会員として産業労働調査を実施していた「京浜産業労働調査会」(一九三八年「京浜産業調査会」に名称変更)によって、一九三八年九月から日中戦争下における労働者家族の生活調査が行われている(12)。「典型的模範工」と評価された「労働者A」は、東北出身、二八歳の製鋼工。二三歳の妻と三歳の娘がある。朝は四時に起きて自転車通勤、勤務時間は六時から一八時が定時だけれどもほぼ連日二〇時までの夜業、ときおり二二時までの残業によって一日の労働時間は平均で一五時間にも及ぶ。休みは一カ月に一、二日、二一時半から二三時半のあいだに就寝している。一カ月の収入はすべてAの稼ぎだが、そのうち定額収入は月収の四〇・七％に過ぎず、戦時生産力増強のための「割増賃金制度と奨励金制度により家計を支える」状態であった。勤続六年めの「稍中堅」工員で、職場の人とのつきあいもせず、「実直」で、酒・タバコもやっていない。家にはラジオがあり、新聞もとっているが（「都会人としては普通」という）、映画・演劇に行くことはほとんどない。

勤続一五年の熟練工「B」は「模範職工型」といわれる三七歳、三〇歳の妻と五人の子どもがいる。六時起床、七時には就業し、連日九時まで残業をしているので平均労働時間は一四時間にも及び、酒をたしなんで二二時半には休む。休日は月一日程度、休みの日は子どもと散歩などをしており、娯楽は「時間的にも物質的にも殆ど持ち得」ないという。彼の勤め先は「殷賑産業」ではないこともあって、日給月給の定額収入以外に残業歩合増収を加え、臨時手当は収入の七％、節約しても家計は維持できず、「郷里」から味噌・醤油などの食材を送ってもらっている。

一九三九年五月、就業時間制限令が公布される。前年九月に物価停止令が出ているが、この後の調査によるかぎり、小売り物価上昇は止まっていない。Aは、一二時間交代制の労働となり、収入は減少、しかし職場には購買組合があるので、食費や薪炭費支出にどうにか対応している。Bは、残業時間が減少しているけれども、生活に大きな変化はない。

日中戦争期(特に国家総動員法下)には臨時工・人夫は相対的に減少していった。そして、「軍需インフレ」による購買力上昇や、享楽の担い手と書きたてられた重工業大経営企業・工場の労働者は高収入を謳歌することになるのだが、その内実は、残業や請負など日給月給の定額収入をはるかに上まわる戦時臨時収入に支えられていた、と指摘される生活となっていたのである。

「銃後」の労働者にとって重要な経験は、「生活の発見」とでもいうべきものであった。後述するように、国民精神総動員運動においては「殷賑産業」に勤める労働者の「消費節約」が問題になり、「労働者の新生活運動」＝「銃後生活刷新運動」が展開された。しかし、現実の労働者の生活を、その収入のありかたから見てみれば、「殷賑産業」「軍需好景気」がはなばなしく語られた労働者層にあっても、①賃金の定額給部分は少なく、②その所得上昇は時間割増給や請負給(出来高)増加によってまかなわれており、③それにもかかわらず生活水準は貯蓄運動・国債消化などの拒否できない部分をのぞけば赤字ギリギリであり、必然的に長時間労働・過労がもたらされ、その反面で工場災害が増加していく、そのような構造であった。ましてや、物資不足のなかで仕事を失いつつあった中小工業者やいわゆる「平和産業」労働者はより低位な生活水準に落ちていった。割増給や請負給などの本給以外の臨時収入を求めて、あるいはより高額な賃金を求めて労働者は工場から工場へ転々と移動し、また、長時間労働による「疲労」「過労」は、酒・飲食などの刺激的娯楽への欲求となって噴出していた。このような構造連関が、労働者の重要な経験の基礎であった。

第四章 建設の戦争

与田準一案・鈴木としを画「新日本いろはがるた」
（『家の光』1941 年 1 月 1 日号）

一九三七年の開戦から数年、日中戦争は解決の見とおしを失っていた。政府は、「暴戻支那の膺懲」といった当初の戦争の目的に加え、「東亜新秩序」(一九三八年一一月三日第二次近衛声明)の「建設」を、やがて「大東亜共栄圏」の「建設」を掲げるようになった。日中戦争の長期化にともないさらなる動員が必要であるにもかかわらず国民精神総動員運動は「頗ル不活発」と認識され、さまざまにその再編が試みられていた(「国民精神総動員再組織ノ件」一九三八年七月)。あいかわらずの精神運動ではあったが、そこでは新しく「建設」ということばが強調され始めていた。一九三九年五月二〇日、栃木県実行委員会は、精動運動において強調すべき戦争目的を「東亜新秩序ノ建設」とし、そのため「長期建設ニ即応スル」生活の確立が求められるとする答申を行った。地域・職場などにおける「実践網」の整備確立が求められ、特に「男女青年」の「一層ノ奮起」が促され、さらに「主婦ノ一段ノ協力」が求められるとした。「建設の戦争」は、「男女青年」と「主婦」を基盤として行われなければならなかった(「昭和十四年国民精神総動員実施要目」『昭和十四年度　庶務関係綴』金田村役場『栃木県史　史料編　近現代3』一九七九年)。一九四〇年の大政翼賛会結成にたどりつく新体制運動も、「新体制」の「建設」を掲げていくことになる。人びとにとって翼賛体制とは何だったのだろうか？　翼賛体制期には、あらゆる社会運動が一元化されていったが、しかし表面的には「国策」遂行の「成績」、有効性を競うかたちで翼賛会内部にいくつかの社会集団が存在していた。また、日常生活上のさまざまな不平や不満は、「国策」遂行を名目に、翼賛会、特に地域においても開催された協力会議などの場を通して噴出していった。

1　うかびあがる「共同」

〝「共同」で働くこと〟への転換

警視庁は「銃後」の農村編成について次のような見解を持っていた。農村では、農山漁村経済更生運動の「更生計画」と「共同的組織」が「不完全ながら其儘《そのまま》適用」されている。そのため、地域では勤労奉仕部門を設けただけで、「戦時体制に対応する」社会への「編成替を必要としなかった」し、地域内の「変動摩擦」も少ない。しかし、一方でこうした地域社会内部の「対立相克を避けんとする事変対策」は「現状維持的」となり、「銃後」社会の編成は事実上「一切を挙げて勤労奉仕遂行のみ」という状況となっていた。警察当局は、勤労奉仕は基本的に「一時的対応」であり戦争の「本格的影響」によって農村は「相当困難な事態に直面する」だろうと指摘し、農村は「現状維持的対策」をこえ、「団体」を中心として「再編成」されるべきであると主張している(内務省警保局調査室『事変下に於ける農山漁村実地調査報告』一九三八年四月)。すでに見たように勤労奉仕は「銃後」の主要な活動の一つであったが、それ自体は戦時体制を支える社会編成とは認識されていなかったのである。

農林省農務局官僚であった山下粛郎も、日中戦争開始当初の農村対策は「長期抗戦」「長期建設」への展望もなく、勤労奉仕と勤労倍加運動(労働強化!)というかたちでしか対処しえなかったことを問題視している。勤労奉仕や勤労倍加運動は、土地所有そのものには手をつけず、人びとが持つ所与の土地の「生産力」を維持しながら、農業資材の不足など悪化していく農業の生産諸条件のもとで国家的な使命である農業生産力を維持・拡充していく(増産)というものである。生産条件の悪化と増産、この矛盾する二つの側面を、「農業生産機構の改善」ではなく経済更生運動以来の「伝家の宝刀たる精神運動」によって解消しようとするものでしかなかった。こうして精神運動が強調されるがゆえに、「苛酷な農繁期労働に日の丸弁当の強制」という〝ちぐはぐ〟さが生まれる。「事変当初唯一の対策」であった勤労奉仕も、その「現状維持的性格と一般社会機構に反して反経済運動なるが故に幾多の矛盾によつて漸次閉塞せしめられつゝある」、と山下は指摘していたのである(「戦時下農林・厚生指導の連繋に関する検討」『社会事業』二三巻八号、一九三九年)。実際、勤労奉仕はゆきづまりを迎えつつあった。一九三九年度には、「共同作業と結合する方法、或は部落の共同耕作による方法、或は労賃を幾分支払ふ方法等新しい形態に進んで」行わなければならない事態となっていた(山下粛郎・前掲『戦時下に於ける農業労働力対策』)。

一九三八年から、各道府県農会に農業共同作業主任がおかれ(三月)、「農業共同作業運動」が実施される。佐賀県ではじまった地域間の農作業行程の差を利用した「集団的農業移動労働」も次第に各地へ普及し、一九四〇年になると、こうした「共同作業」を統合し、部落農業団体を担い手として農村・部落内における「労力自給体制」の確立が目指されることとなる。一九三八年、部落農業団体数約一七万四〇〇〇のうち「共同作業指定実施団体」は六割をこえ、ある調査によれば「水稲植付作業の如きは作付面積の六二%……麦の刈入れに付ては作付面積の約一〇%」が「共同作業」によったという(北海道と沖縄をのぞく五九カ村一三四部落の調査、田邊勝正「時局下・農業労働問題」『社会政策時報』二三九号、一九四〇年八月)。一九四〇年度の数値でみれば、その労力節約歩合は共同田植えにおいて一八%、共同除草において一八%、共同稲刈り二〇%、共同脱穀調整二六%というように、「農業共同作業は労力の節約に一定の効果があり」と指摘されている。

しかし、一九四一年度において農林省が計画した農業労働力補給計画では、農村労働力補給必要量のうち「労働時間延長」での対応が三〇%、「共同作業」によるものが同じく三〇%、「共同炊事託児所」一一%、「集団的移動労働」四%、などとなっている。「労働時間延長」での対応が「共同作業」と同じ数値であること、これに、農作業自体にとっては効率の悪い、かえって負担となる「学徒の勤労動員」によるもの一七%を加えれば、農村における実際の労働は、やはり家族による「労働時間延長」が重要な位置を占めている。そのような相関のなかに「共同作業」は存在していたのである。

さらに、集団的移動労働や農外労力の動員といった直接的な労働力動員・調整に加え、共同託児所・共同炊事・共同入浴などによる「家事・育児」の共同化による女性労働力の活用、機械の共同利用などが実施された(大鎌邦雄・前掲「戦時統制政策と農村社会」)。勤労奉仕を「共同作業」「共同耕作」と結合させ、労賃の支払いなどの新しい形態が試みられていったが、アジア太平洋戦争なかばの一九四三年度には「労力不足が全面的になり出征家族の家が軒並になると単なる勤労奉仕は事実上出来なくなり共同作業等に織り込んで実施する傾向」となる。勤労奉仕は「量的にも質的にも低下」、崩壊していった。一九三七年七月から一九三八年三月までの九カ月で延べ人員一一四七万人を数えた勤労奉仕出動人員も、一九四三年度には七三六万人へと減少していた。農村「銃後」を象徴する「勤労奉仕」は、単独で実施することは不可能となり、すでに一九四一年度から「青少年学徒食糧飼料等増産運動」が開始されていたように、農村外からの労務動員に依存するしかなくなったのである(山下粛郎・前掲『戦時下に於ける農業労働力対策』)。

「わたくし」と「おおやけ」

日中戦争開戦後には、「結い」をふくむ旧来の労働慣行の再編成が問題になっていく。「共同作業」の実績報告を行った新潟県農家組合長協議懇談会では、長期戦への覚悟、「部落団体の責務」の大きさを確認したのち、「部落活動ノ全面ニ亘リ之ガ革新的強化」をはかるため、「家族労力ノ強化活用」「作業能率ノ増進」を目的として「適切ナル共同作業ノ励行」が、さらに「生活改善並ニ社会施設ニヨル労力ノ生産化」として「旧慣ノ改廃」「託児所共同炊事ニヨル労働ノ生産化」が決められた(一九三九年三月一二日、前掲『時局下に於ける農家組合の活動』)。地主小作関係や本・分家関係など「私」的慣行は、「共同作業」の実施にあたって「障害」となる。その場合には、部落総会など「公」的な場所での決議によってその「改廃」が必要となる。「共同作業の実施体制の形成には、部落の内部における「公」的権限を拡大して私的利害を「調整」することが重要になっていった(大鎌邦雄・前掲「戦時統制政策と農村社会」)。

帝国農会は新潟県農会を通じて、地域の「共同作業」についてより立ち入った調査を行っている。そこで議論されていたのは、「上からのかけ声による奨励だけで、共同作業が直ちに普及する」と考えるのは間違いであり、「共同作業」が取り入れられる条件、農村に適合した形態を見極める必要がある、ということであった。北蒲原郡木崎村濱浦部落では、「田植稲刈等の作業は「いえ」の慣行」

（結いのこと）による。これは「共同作業の一つの自然発生的な形態」ではあるが、「共同作業」が近隣諸関係を基礎とするのに対し、縁戚関係を単位とする点で異なっている。そして「「いえ」の慣行」が残るほど新しい共同作業の様式に移行することはより大きな困難であると指摘されている。

一方、佐渡郡三川村小泊部落の「共同作業」で注目すべきは、①「田植、除草、稲刈」については「男女同一ノ賃銀トス」と定められていたこと、②「各戸からの出役人員は各戸の都合によつて、自由とした」こと、の二点である。「共同作業」・共同労働における賃金協定において、「男女同一」の賃金がこの部落のほかにどの程度広がっていたのかはよく分からない。調査各村部落はどこでも、農作業従事者は女性と少年（一五歳以下）および高齢者（六一歳以上）が「増大」している。こうしたなかで、女性の「賃銀」が、男性と同一となっていたことは、女性の労働意識にとって重要な意味をもったと思われる。これに加え、「出役が個人の自由に任され」るなど、「適度に自由をとり入れ」ていたことは「共同作業の試みが一般農家に好感を以て迎えられた」重要な要因となっていた。

同時にこの調査報告は、部落内の細かな労力の斡旋には、班長の「献身的な苦心」が不可欠であり、このような指導者に人を得られるかが課題であると指摘している（帝国農会編『共同作業・農繁託児所・共同炊事　実施に伴ふ農村労働事情調査成績』〈農村労働事情資料一〉、一九四〇年三月）。「共同作業」が地域社会に受容されるにあっては、①「苦心」しながらも集落内の「労力調整」などを行う指導者の存在と、②労働にあたって「適度の自由」が各農家に保障されていること、が重要であった。

ただし、「共同作業」による賃金は、部落協定によっておおむね一般工業労賃の六〇％前後に抑えられていたという。そして、こうした賃金の問題が、「共同作業」の限界点＝「零細経営農家の共同作業への参加を困難にした理由」として指摘されている。「共同作業」は、血縁・親族関係を基礎とするものではなく、所得も経営規模も異なる近隣をひとまとめにしたものである。したがって零細な小作農などの下層農家にとっては、結果的に極端な低賃金での出役が強制されるかたちとなり、「共同作業」に出るよりはより高い賃金を求めて工業などへ就労する傾向が強まる。「共同作業」は、農村における労力不足の原因ともなっていた下層農家の工業など他産業への流出の〝はどめ〟とはならなかったのである(暉峻衆三・前掲『日本農業問題の展開 下』)。

もちろん、「資産状態の違った家などには手伝いに行き難いといふ厭な感がありましたが共同作業を始めましてから全然斯《か》かることがなくなった」との感想もある。この場合、田植え賃はすべて部落に納められるようになっており(事実上の勤労奉仕)、各家庭の「更生計画」を集会所に貼り出して成績を競わせるような団体であることに注意が必要である(山口県・納所農事実行組合)。また、部落内でも、「日傭労賃稼ぎ」の者は共同作業に「無理な事情もある」という状況も存在していた(貞延農事実行組合、帝国農会編『農家組合長は共同作業に就て斯く語る　山口県の事例』〈農業生産計画叢書六〉、一九三九年三月)。適切な労賃支出と「出役」における「自由」は、確かに「共同作業」を円滑に行う上で重要な施策ではあったが、とりわけ零細・下層の農民にとっては、部落内「共同作業」と、近隣工場への就業という選択肢をも内在させるものであった。そして、部落内で「共同作業」に携わることと軍需工場への就労は、ともに「国策」に沿う、と主張できるものでもあったのである。

農山漁村経済更生運動は「隣保共助の精神」を強調し、農業の「共同」を勧奨するものであったが、その一方、「経済的且《かつ》技術的発展に対しては殆んど無関心であつた許《ばか》りでなく反つて反動的でさへあった」。山下粛郎は、そうした事例として「共同田植の労賃計算等は隣保共助の精神には反するものとさへ考へられた」と述べている(山下粛郎・前掲『戦時下に於ける農業労働力対策』)。しかし、こうした「精神」は戦争のなかで受け容れられなくなっていったのである。

「夜が長くなつた」

秋田県農村を対象に共同炊事と労働能率の関係を調査していた東北農業研究所員は、調査にともなって実施している多くの部落座談会で女性たちが「素朴な表現」で「夜が長くなつた」と語るのを耳にしている。共同炊事の実施にともなって「家事労働の合理化」が行われ、その結果として生まれた農村女性の「節約時間」は、農作業などの「戸外労働」としては使われず「休養として向けられる」。田植え後の疲労に原因する「病気」も減ったとも指摘されている。

「休養」時間の増加、「疲労の減退」が実際に見られるのかどうか、調査員たちは平鹿郡旭村塚堀部落を訪れた(一九四〇年に「労力調整」の「優良事例部落」ともなった)。塚堀は、旭村西端の三〇戸の集落で、純農家二二戸、大工・日雇・理髪・魚商などの兼業農家七戸、教員一戸、日中戦争前に比較して労働人口は一三人減少(男三七、女五七)と記録されている(以上、帝国農会『労力調整より観たる部落農業団体の分析』同、一九四一年、鈴木清「銃後農村に於ける生活の協同化」『社会事業』二五巻一〇号、一九四一年一〇月)。「共同作業」が居住地別に班組織として実施された地域において、「生活の共同化」である「共同炊事・農繁期託児所」はどのような「成果」を残したのだろうか?

一九四〇年度、この集落では共同炊事参加戸数一五戸、家庭炊事戸数一五戸、ちょうど「折半された状態」である。「共同炊事は共同作業場に開設して部落婦人会に委嘱し主人一名を置」いて実施された。献立は県衛生課の指導によって栄養献立を定め、「薪炭並に会費は右加入者の負担とせるも出来得る限り各自の現金支出を少くする為現品(薪炭、米、野菜、味噌、大豆等)支出し魚類は買入した」という(「昭和十五年度塚堀農事実行組合収支予算 事業概要」一九四一年一月現在〔前掲『労力調整より観たる部落農業団体の分析』〕)。共同炊事が行われている期間については、共同炊事班の方が厳しい農作業による体重減少は少ない。調査員は「疲労度」も考慮に入れれば、「体重の変化が少なかつただけ、労働能率も下向しなかつたのだ」と結論づけている。

秋田県における「共同炊事」実施地域(集落)は、一九三八年には二カ所に過ぎなかったが、一九三九年・六カ所、四〇年・三二カ所、一九四一年・一三五カ所と著しく増加していった。「実施の期間は春期に多く、大体田植を中心として一週間から二週間、普通十日間位」、参加人員は一炊事施設当たり平均一三一人であるという。そして、共同炊事にともなって、共同蔬菜園の設置が次第に増加し、「馬の入浴」をも目的とした共同風呂が行われたところもあった(角館町小倉前の事例)。

一方、旭村では「全村共同作業」が実施されたが、ここでは部落をこえた「移動労働」の「賄い」が問題になった。遠方に行く人は、朝、昼両飯とも弁当で、夕飯をとるのも八―九時となってしまう。その結果、「粗食と過労のために乳が出なくなるといふ事態」となった。全村共同作業実施にあたって、「共同作業」請入家庭での「賄い」を廃止したのだが、そのことがかえって「過労」――特に女性の身体への無理として現れてきたのである(鈴木清「増産と戦ふ東北農民」『改造』一九四一年九月号)。塚堀における「共同炊事」の実践も、旭村全体の立場からみれば、「全村共同作業」の展開のなかで新たな役割と実践が求められるようになっている⑴。

農民文学者である和田傳は、日中戦争以後の時代を、「協同主義精神」によって「あらゆる部面の再編成」が行われ、「個人主義思想がかくまで清算され揚棄された時代」と述べている。これまでの農民文学は、農民を「個人主義思想」、「利己的」「独善的」「孤立的」「排他的」性格の持ち主として描いてきた。一九三八年、農民文学懇話会が結成され、「新しい農民文学」に注目が集まると、和田の描く農民像は大きく転換していった。それはすなわち、元来の農民は「協同主義精神」の持ち主であるというものであった。現実の「銃後社会」においては、労力不足に対して農作業の共同化、共同炊事・託児所など生活の共同化が試みられ、「新経済体制に即応すると言ふよりはそれをリードしつゝある」とされたのである。それは、「農業の経営をして地域協同体としての部落的共同化の方向に向」かうものであった(和田傳「新体制と農本文化」『改造』一九四〇年九月号)。そして農民文学懇話会に集う作家が描こうとしたものは、地域社会の「旧勢力」に対抗することも辞さない農民たちの「建設的な意欲や人間性の健康面」であったのである(和田『草の蔭に』小学館、一九四二年)。

大政翼賛会が「国民皆働」「国民皆労」運動を展開したとき、それに呼応して活動を展開した山梨県東八代郡玉宮村銃後奉公会は、「農村で自発的に労力統制に乗り出したこと」で注目された。銃後奉公会支会長は管轄地域の会員に「就労指示書」を発行するのだが、「支会長は部内における労力を調整し共同作業、共同炊事、託児所、機械力を応用するもなお労力不足を生ずる場合」は「就労指示書」の発行を奉公会に要求、労賃の精算を行う「白紙」と、無報酬奉仕の「赤紙」の指示書を会員に提示した。奉公会「規約」には「就労指示に関する就労者作業その他については個人的批判を厳禁す」とあった（『日本産業報国新聞』一九四一年九月一六日）。アジア太平洋戦争直前期、「共同作業」、生活の共同化などの施策を経てなお「不足する労働力」への対処の実態がうかがえる事例である。ここではすでに「個人的批判」が厳禁されているのであった。

2　地域のなかの翼賛運動

翼賛村のすがた

日露戦後の地方改良運動、また農山漁村経済更生運動において、人びとの前にはつねに「模範村」のすがたが提示され、「模範村」を支える個々の要因が「調査」「報告」「顕彰」されて、そうした実践へと人びとを追いやっていった[2]。一九四〇年に結成された大政翼賛会が評価した翼賛の「模範村」はどのようなすがたをしていたのだろうか、そこで人びとはどのような経験をしていたのだろうか。

翼賛会文化部では、「農民文学」を創作してきた文学者を「翼賛運動が徹底し、特に生活の新体制が模範的にいとなまれてゐる優良町村」に派遣し（一九四一年一〇月—一一月、アジア太平洋戦争直前）、「村の調査報告」と題した小冊子シリーズを刊行している（一五二—一五三頁表）。ここで描かれた地域では、①優れたサブリーダーの存在、②「部落」「集落」単位での「共同化」など模範的な活動、③産業組合など共同組合活動の成功、④負債整理組合、頼母子講《たのもしこう》など地域社会の「借金整理」事業の成果、⑤青年団の奉仕活動、婦人会の生活改善運動の活発な展開、などが共通の要素として指摘されている。

和田傳『名町長の町　静岡県新居町』(翼賛図書刊行会、一九四二年)は、「模範町村」の問題点を指摘したものである。新居町は、一九三三年には経済更生指定村となり、主婦会によって台所改善運動・新生活運動がはじまり、町立幼稚園(託児所)・隣保館・共同浴場・共同精米所、町場の下層民のための授産所が設置されていった。一九三七年の「事変の発生」は「授産事業を必要とする細民」をなくしてしまい、出征将兵遺家族の授産授業に転換している。新居町は「いまさら新体制が叫ばれなくとも……それが実践せられてゐる」町であるとされていた(3)。

和田は、農民の「協同主義」的な精神と、その「建設的」なすがたを描こうとしていた。しかし、「新体制の町」新居町の実際はどのように和田の目に映じたのか。和田は自らの各地域での調査経験をふまえながら、翼賛体制において「模範村」とされる地域はおおむね「一人の指導者によってもつてゐる」地域であり、「下から盛りあがつた」ものではなく「上からの声」に「絶対的な信頼」を寄せたものであったと述べている。新居町のそれも、「ただ一人の傑出した指導者によって町村が面目をあらためた典型的なかたち」であり、町長は「いはば新居町のヒトラーでありムッソリーニであった」のである。和田は期待に反して、地域の「推進力となるべき中堅壮年層から私は力強い印象を受けることができなかつた」という。優れた指導者がいる地域では、地域住民は「つねに受身であり、しぜん無気力になり勝ちなものであるらしい。このことは中核体をなす青壮年層にあつてとくにはつきりと見られるやう」だ。和田の見分によれば、「壮年運動、つまり壮年層の自覚による下からの愛郷運動」が活発な地域は、こうした「模範村」とは逆に「いづれも判を捺したやうに、一口にいへば乱れた村である」。「乱村的な事態」の村でこそ壮年層の運動はさかんになっている。新体制の「模範

翼賛図書刊行会，1942年．シリーズ）

概　要
町村間の協議にもとづいて地主は自発的に小作地を売り払い自作農創出，純小作人がなくなった集落も出現．生活改善の実施(入退営・応召旗寄贈・帰還兵招宴禁止，芝居映画等興行統制―古賀町自治会則)，しかし協同化運動は課題(託児所・共同炊事も一部実施のみ)，国保・産業組合代行，保健婦設置も課題(小野村のみ)．「勤労の喜び」は戸主・長男のみが感じ，反発した次三男は「工場へ出る」といった意見も．映画を見ることを希望し，また，村で「自主的娯楽」をしたいが許してくれない，といった声が20歳以下の青少年層にあり，「経済更生」の成果に満足する壮年層以上と，勤労・娯楽・文化施設のとらえ方にズレ．一方，青年を中心に文化運動を含めて「勤労の協同化」運動が実践され，壮年層・女性層にも理解が広まる村も．ここでは出征兵士に「銃後」の概況と写真を送付(大野村瓦田)．
津軽平野の水田単作農村．農村恐慌のなか沖部落は「更生運動」を実践し，1915年から副業奨励・貯蓄積立，1934年には共同作業所・共同浴場・託児所・健康相談所を設置．負債整理も実現．指導者は，村の助役も務めた51歳．計画的な「生活法」の改革を10年にわたって行い，妻は副業野菜を町場へ販売．家計・経営収支を記した農民たちの「日記」を見て指導することが出来る．「更生」実践には一人の指導者とおよそ70戸程度の集落が適切．日中戦争以後は隣保班を設置，さらに代用食運動などを実践，不在地主が小作地の売却をしぶるのが課題．昭和初期には政争をおわらせ，教員の村長が就任して農会・産業組合長などを兼任，指導機関の「一元化」を達成．さらに翼賛村常会を開催し，村議会との二本立てとする．課題は村指導の後継者をどうするか．娯楽は映画が中心だが「商売人」に委せず，青年が選定．
三陸海岸，農・山・漁を一村で兼ね備え，住民の経営も農・山・漁が組み合わされている．無医村(筆者は保健婦設置を求めている)．ながく村内は紛争が続き，1940年，新村長就任でようやく沈静，村長・農会長など村の指導機関の「一元化」は未達成．銃後活動は「世間一般」の事業を実施しているに過ぎず，実績は疑問，青年団の男女合同による輪読会も不活発．村を支えているのは漁業協同組合，その経営成績は東北一位の水準．一部落(200戸以上)を単位とし一人の指導者をえている．海苔・牡蠣養殖，加工業(女性労働力が担う)，共同販売事業を実施し，戦時下に利益を拡大．1938年，漁業青年聯盟結成(組合長を隊長とする盟友58人)．しかし，文化向上の運動に課題，映画・演劇も「商売人委せ」で「俗悪下品」．
村長は中学卒，長い官吏経験のうちに立命館大学にも通う知識人，「報徳思想」にもとづき経済更生運動にとりくむ．1929年，村長就任後，不活発な招魂祭を村民の娯楽演芸会，品評会・表彰会とする．農家組合を組織化(20戸内外)，戦時下には出産費を村負担とした．「高陽村更生一七ヶ条」をもとにした紙芝居「高陽村」が作られている．村の教員は，こうした高陽村でも耕地狭隘のために「行きづまる」とし満洲分村を構想している．

【本文参照】

半農半商工の町．婦人会が町の推進役，1925年結成，1928年から台所改善運動を開始．指導者は町の小学校長の妻．台所改善は地区の有力者から開始して下部に拡げる．その他，電灯設置，貯蓄運動，結婚式改善運動(芝居を使って啓蒙)，1930年には農繁期託児所の設置(農・商工間の労力調整を目的に)を推進．日中戦争がはじまるとさらに栄養改善，衛生知識の普及活動を実践，1940年からは共同炊事を行う．戦時の労力不足には早期に共同作業で対応した集落も．婦人会は国防婦人会・愛国婦人会・連合婦人会の3つを統合したもの，現在は町村当局者に婦人会の支援者を得られるかどうかが課題．

村」に現出していた地域指導層の「独裁」的政治指導と「中堅層」の「無気力」。新体制下で進んでいた地域の状況の一面であった(4)。

日中戦争期において形成されはじめた「銃後」の社会は、現実に展開する戦争にともなう社会変化への新たな対応を迫られる。新体制運動をきっかけとし大政翼賛会結成へと帰結する一九四〇年代の翼賛体制は、「銃後」のまた異なる段階を画したのである。「銃後」としての「翼賛体制」とはどのような特徴を持っていたのだろうか。そしてそこで人びとは何を経験していくのだろうか?

表　「村の調査報告」

著　者	書　名	対象地域
打木村治	『農村の姿と構想』	福岡県糟屋郡青柳村・小野村・古賀町・筑紫郡大野村瓦田(福岡市の近郊農村)
下村千秋	『梅澤村と沖部落の更生記』	青森県北津軽郡梅澤村沖
下村千秋	『松岩村とその漁業組合の再出発』	宮城県本吉郡松岩村(三陸沿岸，気仙沼近く)
丸山義二	『高陽村』	岡山県赤磐郡高陽村
和田傳	『名町長の町』	静岡県小笠郡新居町
和田傳	『婦人が推進する町』	静岡県磐田郡袋井町

壮年団運動

すでに見た通り、地域社会の変動のなかで「農村の担い手」問題が喧しく議論されていた。それは、単に農村労働力としての「優秀さ」、「経営主」として求められる農村社会での「中堅」さにとどまるものではなかった。一見「私的」な行為であるけれども、それ自体は「国策」協力の行為であるためにむげには批判できない「軍需産業」への移動・離村にともなう人材の払底、「農民」と「職工農家」と工場労働者が混在することによって生じる地域秩序のゆらぎ、地域のさまざまな事情を勘案しつつ「共同作業」を実践していくための事務的能力、多忙のなかで地域の軍事援護や「銃後」活動を担う強い意志と意欲、こうしたさまざまな側面から「農村の担い手」が問題になっていた。

群馬県を調査していた高須虎六（宇都宮高等農林学校教授）は、地域の変貌を次のように指摘する。地域における職工農家の増加は職工農家と専業農家の対立を、また離村農家の経営地を有力農家が兼併することにともなう所有規模の拡大は「農村内部に新たな階級分化」を引き起こす。その一方で「消防団や青年団員が少くなつてその運用に困つて来る」（「農村革新の動向」『農業と経済』六巻一号、一九三九年一月）。経営能力の欠如、「低能者か年少者となつて仕舞つた」農村労働者、各種団体の中心人物の欠如、が深刻となっていた。

過酷な小作争議を経た新潟県のある村では、戦時下においては地域社会での争いごとを避けるため部落が「非常に静かに」なっていた。しかし、その逆に、地域内では「お互ひに研究して、議論をして行つたならば、もつと良いことが考へ出せるかも知れないのに拘らず、議論をするのが即ち相剋摩擦に思ふ為か、殆んど何れの会合にも原案がどうも、そつくり実行される」状況が現れている（佐藤賢太・新潟県農会)。別の村でも、それまで多くのなり手があった青年会長や役職のなり手がなく村民に「依頼心が出て来た」ことが問題視され、「どれ程戦争が続くか見透しが分らんが、斯《こ》んな風に静かに行つては先が案せられる」と、危惧と懸念の声があがっている(中蒲原新津町七日町農区、前掲『時局下に於ける農家組合の活動』)。「村の担い手」問題はいよいよ深刻となっていったのである。

教育科学研究会の柴田和夫は、日中戦争下の農村青年運動について興味深い分析を行っている(5)。柴田は、まず第一に、地域社会では、「中堅青年層」、「しかも最も優秀な部分」が戦時動員の状態にあることを指摘。ついで第二に、帰還兵士と地域の青年たちとの「交流」が「日本の農村と大陸の天地」を結合し、「銃後農村殊に青年層の政治的覚醒」に大きな影響を与えていること、第三に、特に工業地帯「近郊農村」における青年・女性の「通勤労働者」化は、農村青年に「近代的生産様式と賃銀計算の方式」を教え、「遅れた」農業経営に対する改善要求を高めつつあることを指摘している。

戦時青年団運動の現実は、柴田によって「銃後農村青年運動の一つの典型」と評された「集団的勤労奉仕」、勤労奉仕班の運動を中心とするものであった(6)。しかし柴田は、こうした運動は「戦時下の悪条件を精神的、肉体的緊張に依って克服せしめんとする勤労主義の域を出てゐない」ものであり、「必然的に残存労働力の過労と肉体消耗が深刻化する」ものと考えていた。またこうした「勤労主義」に基づく「未婚の婦人労働」(それは地域にあっては女子青年団員とも重なった)は、「過労を克服し、労働力の再生産に必要なる諸条件を欠くために、結核の増加、産児の減少、乳幼児死亡率の増加等の憂ふべき現象の増加」をもたらしたと述べている。「銃後の青年問題はまた婦人問題とも密接不可分」であったのである(『教育』八巻一二号、一九三八年一二月)。

一方、柴田は青年運動には二類型があると述べている。それは、「集団的勤労奉仕」に典型的なように「青年団運動の特徴がその精神的な勤労主義」であるのに対し、もう一つの類型として「産業組合青年聯盟」（産青聯）の運動をあげ、そこでは生産的な経済活動に重点があり、「単なる勤労主義の限界性を農家の自発的協同活動に依つて補ひ克服しようとする試み」と評価している。

産青聯の運動は農民運動解体後の農村「改良」運動としてこれまでも注目されてきた。自作中農を中心に農業経営者の利害をそれなりに体現し、地域社会に産業組合を拡充していく運動にとどまらず、医療問題や農村文化の改善、新生活運動にも大きな役割を果たしていたことが指摘されている。そして、日中戦争期には、産青聯運動のサブリーダーのなかから壮年団運動へと動いていく流れが生じてくる。神奈川県でも「産青聯の指導的な盟友」のあいだで積極的な運動がはじまり、「地域協同体」の研究、「産青聯運動に対する厳正な自己批判と、壮年団運動への積極的参加の問題」が討議された。そして産業組合運動の「中堅のリーダー達が、産業《ママ》〔青〕聯といふもとの殻から脱けでゝ、本当に町村を事変下の町村らしく綜合的に立派につくり上げて行く為には、どうしても壮年団運動でなければならない」とし、産青聯と壮年団リーダーの「一体化」が行われた（「地方ニュース」『壮年団』一九四〇年一月号、「壮年団ところどころ」『壮年団』一九四〇年三月号）。

こうした前史をもつ壮年団運動は、近衛新体制運動の「先駆」けとされ、やがて翼賛体制のなかでは翼賛壮年団運動の有力な基盤の一つとなった（『翼賛国民運動史』翼賛運動史刊行会、一九五四年）。そもそも壮年団は、一九二九年一二月、田澤義鋪・前田多門ら青年団関係者により、壮年団期成同盟会が設立されるところから始まる。ただし、壮年団運動の目的や理念などを宣伝するほかは目立った活動はないまま、一九三〇年代前半を迎える。一方、地域においても、多様な名称をもちながら多くの壮年団ないし壮年層の組織が結成されてくる。その多くは経済更生運動の過程で結成されており、経済更生委員会への政策提言、村内諸団体の統一、地域内の諸問題を全村的課題としてとりあげるなどの活動を展開していった。その活動実践のかたちから「村政改革」型と「生活改善」型の運動があったという(高橋済「壮年団運動小史」『資料日本現代史6　国家主義運動』大月書店、一九八一年)。

一般的に壮年団は青年団「退団者」の組織とみなされていた。同時に、それは単なる「退団者」ではなく、団員たちは「同志精鋭」であることが望まれており、実際の年齢は二五—三〇歳以上のものが多い。ただし、地域の状況によって多様な形態が存在している。

各地域に自然発生的に誕生した壮年団は一九三四・三五年の選挙粛正運動への参加を通じて政治的地位と実力を高め、一九三六年には中央組織として「壮年団中央協会」を結成、日中戦争以後は積極的な「銃後後援活動」、国策協力運動を展開していった(『銃後風土記』壮年団中央協会、一九三七年)。その活動はおおむね慰問品・献金募集、出征兵士の歓送迎など、一般的なものであるが、地域によってはさまざまな銃後後援組織と既存の社会諸集団(婦人会や青年団など)のあいだを「連絡調整」する役割を担い、村の政治社会の「中枢」に位置づいていったのである。

一九三八年頃の壮年団には、「近衛新党」運動にも呼応して政治運動化を志向するグループも存在したが、壮年団中央協会の理事には「郷土の生活を離れた政治運動」に反対するグループが推す下村虎六郎(湖人)・小野武夫らが就任していた(下村「新生翼賛壮年団に寄す」『壮年団』一九四一年一一月号)。下村たちは、政治運動化する流れとは一線を画しつつ、戦時期に独特の「人間関係」論=「協同体」

の社会構想の具体例として壮年団運動を実践していったのである。そのイメージは「煙仲間」として表現されたものであった。

「煙仲間」の民衆論

下村虎六郎(湖人、一八八四―一九五五年)は、佐賀県に生まれ、佐賀中学校在学中より詩壇に知られる文学者であった。第五高等学校(青年団運動の田澤義鋪と知り合う)、東京帝国大学を卒業後、佐賀中学校の英語教師を皮切りにいくつかの中学校長を歴任、やがて台湾にわたり台北一中、一九二八年には台北高等学校長を務めた。校長在職時に生徒のストライキ処遇をめぐって台湾総督府と対立、一九三一年に台北高等学校長を辞任、以後、大日本聯合青年団講習所長として青年教育に携わった。雑誌『青年』にその実践記録として『次郎物語』を連載、多くの人びとは下村湖人の名を『次郎物語』(全五部、一九四一―五四年)作者として記憶しているだろう。日中戦争開戦後に、下村は青年団講習所長の職を辞任、在野の教育運動に携わっていた。(7)

「煙仲間」。その由来は、『葉隠』のなかの「恋死なん後の煙にそれと知れ　つひにもらさぬ中の思ひを　これこそ丈高き恋なれ、と申され候へば、感心の衆四五人ありて、煙仲間と申され候」からとられ、「自分の功績が、生きてゐるうちに認められようと、認められまいと、そんなことには超越して、ただ一途に忠義に魂を打ち込んで行かうと誓ひあつた」人びとを意味する(下村湖人・前掲『煙仲間』)。下村は国家の構成を「地域社会」と「職域社会」の複合ととらえ、「煙仲間としては、特に地域社会の強化に主眼を置き、理想郷土の建設といふことをその使命として活動して来」たと述べている(同)。彼には、政党政治の浸透にともなう「政争」の頻発、団体の乱立、青年団退団者の「退行」など、国家の「正統的な社会細胞」である「地域社会の弱化」という危機意識があり、そうした現実に対して壮年団(「煙仲間」)の結成が提唱されていた。

下村のいう壮年団＝「煙仲間」は、地域社会におけるある種の非公式サークルであり、その「地域社会」は、ひとまず国家と家族の中間にあって「老幼、男女、職能、貧富、社会階級の如何をとはず、それらの一切を抱擁」した「全一的な協同体」と考えられている。そのような〝理想社会〟「全体の利益」のため「成員の一部を排除したり、無視したりすること」は避けるべきと考えられていた。こうした地域社会を支える「煙仲間」とは、組織論においては地域社会における「各種団体の中堅」である「良心的分子を以て構成」するものとされ、一方その存在意義は「常に村全体の立場に立つて、村の調和を考へ、村の計画を立」てることにあるとされている。こうした議論は、下村の盟友であった田澤義鋪が初期の壮年団論で提唱した、行政・教育・産業の統制をはかって町村振興計画をたてる「町村輿論の最高調節所」(村の「参謀本部」)と、個別利害と関係なくそれらの計画を実行する「少壮者の一団」としての壮年団、という構想からとられている。そして下村が、現実の経済更生運動の展開をうけて地域社会諸団体の「総合的統制機能」をはたす存在へとこれを深化させたものであったともいえる。さらに、「煙仲間」組織は、網羅的な組織であることを避け、「心の友」「固い盟約」を交わした「意志的」「同志的」な運動であること(一方、青年団運動は「自然発生的」「網羅的」と把握される)、そして、指導者を外部にもたない「純粋に自主的」な「修養団体」であると同時に「実行団体」であることが指摘されている。さらに、その存在は、明確化された「公的機関」ではなく「外面には見えない」「地下水的」「縁の下の力持ち」的存在であることが理想とされた。「煙仲間」は、地域社会においては非政治的な「村のブレーントラスト」であり、各種団体や地域社会の集団を連結させる「郷土社会の人材網」(ネットワーク組織)であることが主張されたのであった(下村湖人・前掲『煙仲間』)。

しかし、一九三九年から一九四〇年にかけて、こうした下村の理念と各地域壮年団運動指導者との思想のズレが目立ちはじめる。特に一九四〇年は「壮年団運動にとって飛躍時代」とされ、壮年団運動の政治運動化を求める議論が相次いでいた。七月には新体制運動に呼応して中央協会事務局によるパンフレット「新政治体制と壮年団」が作成され、壮年団は「有力な国民運動として発展すべき」との主張が現れる。壮年団は「協同主義」思想を持つとされたが、ここでいう「協同主義」とは「最近、急激に「作られた」ものでなく、あくまで壮年団運動の実践のなかから「汲み取った」乃至「闘ひ取つた」協同主義」であると考えられている。そして、地域における「国民の責務」として「国防国家完成」「東亜新秩序建設」を目指し、その基礎工作として「国民生活体制の整備統一」「地域的・職域的国民協同体の建設」を行うべきものと主張されたのである(高橋済「壮年団発展への覚え書」『壮年団』一九四〇年七月号、角田藤三郎「新体制下に於ける壮年団の任務」『壮年団』一九四〇年九月号)。

これらの議論は総じて下村をはじめとするこれまでの壮年団運動の理念に「物足りなさ」を表明しており、「縁の下の力持は日常茶飯事であつて団員としても国民としても何等自慢にもなるまい」(鈴木俊隆〔静岡県志太郡東益津村(現・焼津市)壮年団〕「新体制下壮年団の使命」『壮年団』一九四〇年一一月号)、「地下水的であり……壮年団員であると自覚する機会が少いし、亦《また》社会が認めることが薄い」(高城村壮年団〔鳥取県東伯郡〕「回顧と展望」『壮年団』一九四〇年一二月号)といった声があがっている。

さらに「翼賛運動の挺身隊」として「社会機構の部面に於て「リードオブマン《ママ》」〔Lead of man〕として立つ」こと、そのためには、町内会・警防団・隣保組などに二五歳以上の「壮年者総てを含む」組織を結成する必要があるといった声があがり（神戸市松上壮年団「新しき時代の息吹の下に」同）、また団の実践力や社会的地位を向上させるためにも、「軍需工業方面への転向者が多い」なか網羅的組織に移行するなど「同志」的という組織理念を放棄することを考える団も現れている（「壮年団は事変下に於て何をなすべきか」『壮年団』一九四〇年二月号）。翼賛体制への動きが本格化する一九四〇年には、壮年団の担い手は「中堅国民としての任務」（壮年団中央協会全国代表者会議における後藤隆之助理事の発言）として地域社会を強力に統合することが求められるようになっていった。『壮年団』一九四〇年八月号「巻頭言」は、壮年団運動は当初の「青年団の単なる延長団体たるの性格を徐々に超克しむしろ国民の中核組織として、極めて濃厚なる進歩的指導者組織たるの性格を取得し来つた」とし、自らを「若々しき実践力に富む、革新的指導者集団」と宣言するにいたったのである。

日中戦争と戦時統制経済の進展にともなう労働力不足、船舶・燃料不足により大きな打撃を受けていた漁業（特に遠洋漁業）の街・焼津の壮年団は、漁業者および関連自営業者の転廃業や失業問題をどのように解決するか、「生活協同保障」体制の構築を議論している。焼津町壮年団は「犠牲は新体制に依て出来るのではない。今戦争してゐる、其の戦時体制が必然的に平和時代の職業に向って犠牲を生ぜしめる」と述べ、こうした地域社会における「犠牲」を「新体制に依て均霑緩和」することをねらいに活動を行っている（「新体制に対する吾等の念願」『壮年団』一九四〇年一一月号）。また、軍需工業地帯をひかえた福岡県宗像郡河東村壮年団は、青年団幹部クラスで結成された産業組合青年聯盟（一九三一年結成、経済更生運動の過程で運動が活発化)が活動を停滞させるなかから生まれてきた。創立当初より「団体整理を一つの主要目標」として活動を展開し、組織は「各部落を網羅」して地域性を、さらに各種産業団体(産業組合、農会、農事実行組合など)を「網羅して職能性」を持つ集団へと成長し、さらに学校・役場をも包含して壮年団自体が文字通りの「全村委員会」となった(団員約六〇人、大部分が三〇—四〇歳代)。河東村では農事実行組合長二五人のうち一六人が壮年団員であり、農事実行組合は壮年団と「表裏一体」であるとされている。壮年団例会は月一回開催され、そこで決定した方針は各部落常会におろされて実践され、こうした活動によって「村内一致、村民融和」が実現した。地域での「闇取引」などには壮年団が監視を行っている。強い実力をもって村政組織化の全面に出てくる全村委員会型の壮年団が、「新体制の農村に於ける具現者」と評価されたのであった(宮崎新一「農村新体制の推進力」『壮年団』一九四〇年九月号)。

下村は壮年団組織が翼賛壮年団に合流していくにあたって、「翼賛運動が開始せられて以来、いくぶんその情操がみだされた」と壮年団運動の変質を懸念していた。下村の懸念は、翼賛運動への転換は「煙仲間」にとって「純粋な民間団体としての立場を守ることが困難」となること、さらに、上から「選まれて組織化される傾向」が強くなり「郷土性」が稀薄になること、であった(「新生翼賛壮年団に寄す」『壮年団』一九四一年一一月号)。しかし、壮年団のあるべきすがたは、「公的機関」とは違い「地下水的」に存在する「村のブレーントラスト」ではなく、「国民の責務」として地域社会をまとめあげ、各種の「協同社会」体制を建設していく指導者へと変転していったのである。

翼賛壮年団――銃後社会の実践部隊

それら地域で自然発生的に形成されてきた「翼賛壮年団」は「翼賛運動の義勇軍」(情報局『皇国内外の情勢』七号、一九四一年一〇月二五日)などとも言われていた。一九四二年、大日本翼賛壮年団(翼壮)は、弱体化しつつあった大政翼賛会の実践部隊(基本的には二一歳以上の「同志」を糾合した組織・運動)として組織された。一九四三年には、道府県団四七、郡市団八二〇、町村団一万五五九四、団員数約一三〇万人の巨大組織となっていた。さらに、翼賛運動を実践するため地域に置かれた翼賛会推進員(町内会世話役などが多い)約三〇万人、加えて商業報国会推進隊、農業増産報国隊約二五万人をも吸収することとなった。しかし、労働者の組織であった産業報国会の実践組織である青年産業報国隊は吸収できずに終わる。(8)

地域における翼壮の活動はさまざまだが、おおむね①「議会進出主張型」、②「職務活動推進型」、③「行政機構従属型」が指摘され(遠藤哲夫「日本ファシズムと翼賛壮年運動の展開」『遠藤哲夫遺稿集』同刊行会、一九七六年)、①の部分は次第に規制の対象となる一方、②のタイプが地域社会で活発な活動を行うことになる。

しかし、運動のなかで語られた「同志」の意味は複雑であった。現実の翼壮は、その集団形成において、団自体が一方で既存の壮年団運動に依拠しつつも、他方で一九四二年実施の翼賛選挙において翼壮自身の議会進出をはかるため強力に組織化されたという事情から「遺憾乍ら十分に同志精鋭組織たるの実を具へず」という状況の団が多かった(「第一回全国団長会議における翼賛壮年団長訓示」『資料日本現代史6　国家主義運動』)。静岡県駿東郡富岡村御宿区では、翼壮団員を区内の各組に割り当てて組織を作ったが、割当責任者である区長に「勿論本人ニハ何モ話サナイデ置テ下サイ」と注意をしているように、形式的に組織されたに過ぎない場合もあった(『裾野市史5 資料編 近現代Ⅱ』一九九九年)。翼賛選挙がおわると、団が分裂状態に陥る場合もあって、「翼壮自体の主体性の確立」のため市町村各級団員の「純正化」運動が提起されるのである(『翼賛壮年運動』五号、一九四二年七月四日)。

翼壮の本来の「同志」論を地域社会とのかかわりで考えてみると、「単に気性が合ふとか、或は人間的につながりがある」ということを基礎に組み立てられたり、「同志の為の同志」であってはならず(前掲『資料日本現代史6』)、「地域職域国民組織の中核分子を選抜結集せる同志組織」(『翼賛壮年運動』五号)と意味づけられていた。「同志精鋭組織の意味内容」は繰り返し再検討の対象となり、地域の人びとや諸団体関係者に「大きく網をかけ」、「一応同志だと云ふことにし、その中から更に中核を創り出し、組織全体をその中核が引張って行く行き方」ともいわれるようになる(『翼賛壮年運動』七号、一九四二年七月一八日)。とすれば、ここで「同志」とは文字通りのものではなく、地域内各種団体・運動組織から「中堅分子」を「選抜」した、いわば各種団体代表者会議的な意味で組織者側から「同志とみなされた人びと」の集合であるに過ぎなくなる。

もちろん、地域内各種団体・運動の統合は容易ではなかったが、翼壮は地域の農業報国聯盟・商業報国会・産業報国会などの幹部層を統合し、部落会・町内会に勢力を拡大していく様が『翼賛壮年運動』紙上にはうかがえる(『翼賛壮年運動』一三、一七、四六号)。特に配給機構に関して翼壮の立場は重要であり、福井県(特に都市部)では「配給消費ノ翼賛態勢化」として翼壮の役割が重視されているが、それは単に地域社会諸団体の利害調整のみならず、「組織ト代弁者ヲ持タス〔ヌ〕消費者ノ公正ナ立場ヲ主張スル者」としての「壮年団ノ発言ノ必要ガ増大」したからであるとされている（『福井県史 資料編12 上 近現代3』一九八八年）。翼壮は地域社会の「公正」を担い、体現するものとされたのである。

翼壮は、配給適正化、増産運動・軍需物資や木材の供出運動・健民運動などの民衆動員運動を広範囲に展開していく。供木や木炭増産などは単純な労働奉仕行動であるが、食糧供出については戦時期の部落の調整機能（頻繁に開かれる会合や集落内の事情を勘案して供出・配給割当を調整する、最末端の意志統一機能）、配給は町内会の機能に依拠する場合が多い。翼壮は町内会・部落会に団員が進出することを運動の一つの目標としていたのだが、同時にこうした地域社会の諸関係からは翼壮自身相対的に「自立」した集団であることが求められた。「翼壮式広幡薄蒔」式麦増産運動で注目をあびた東京都北多摩郡東村山村の翼壮は、団員の部落会への進出を主張しているが、その際、おのおのの団員は既存の社会関係のなかで地域社会各構成員個別の利害を代弁する者にならないよう「団員たるの自覚」が求められた。地域社会の利害関係のなかで、「ミイラ採りがミイラに化する惧れ」が警戒されている（『東村山市史10 資料編 近代2』二〇〇〇年）。

このように、地域社会においては、いわば上から組織的に「一応同志」とされた人びとに繰り返し翼壮団員としての「錬成」の必要性が説かれた。そして、こうした集団が国家的公共性を背負って国策協力に邁進していくべきとされたのである。一方、ひとりひとりの翼壮団員にとってみれば、国策協力の諸活動に対して自らの属する地域社会、部落会・町内会やその他の集団の了解、支持がえられなければ、団員自らが「率先垂範」、「犠牲的」に運動をせざるを得ない。地域の「指導者」たるべき翼壮が国策協力の運動にあたってなかなかうまく機能しないのは、団員の意識の問題＝「個人の思想・努力の欠如」と幹部層には理解されることとなる。したがって、常に翼壮団員には「錬成」が求められるのであるが、「錬成」によって構築された「選民意識」は、「旧体制の排撃」などといったかたちで翼壮自らの行動を政治化させ、さらには国策非協力者に向けて攻撃的な姿勢を取らせることとなった。それは、地域内諸領域の人びとにとっては、翼壮団員が強権的に国策協力を迫る存在として現れたことを意味していた。

3　産業報国

先に述べた大森区沢田会に暮らす労働者たちの事例で見てきたように、彼らが勤める企業・工場は応召兵にそれなりの待遇を行っていた。また、「応召」中の「休職扱い」、相応の「給与支給」など企業の「銃後後援」のありかたは大きな関心を呼んでいた（労務管理研究会編『支那事変応召者の待遇其他の取扱問題』協調会、一九三七年一一月）。一方企業活動とは独立した慰問金拠出や銃後支援活動は、主として企業内に存在した共済組合、在郷軍人会工場分会、修養団などの各種団体や、それらによって作られた銃後奉公会など銃後支援活動団体によって担われていた。そして国民精神総動員運動も「労資協調」という観点から、工場・会社などの職場を単位に行われた。これらは、既存の企業内組織を利用するもので、企業内・職場内の関係自体の変化を伴うものではなかった。

精動運動でも強調された「消費節約」のための実践活動においては、日中戦争の進展に伴ない、次第に職場内・企業内をはみだす形での組織化、集団形成が進展していくこととなった。それはまず

「家庭」の組織化という方向をとった。さらに、「国民再組織」が問題にされはじめる一九三八年七月になると、協調会が主唱した「労資一体」の組織、産業報国聯盟の結成が促進され、各企業・職場で単位産業報国会の組織が始まるのである。

膨大な人びとを吸収しつつあった戦時下の工業現場である「職場」において、翼賛体制に相当する組織は産業報国運動をきっかけに形成されてくる産業報国会であった。「職場」で戦争目的に動員・組織化されつつあった労働者はどのように生きていたのか、その経験を見ていきたい。

銃後生活刷新運動

「家庭」を軸とする労働者の組織化は「銃後生活刷新運動」として始り、「消費生活改善」の要求として労働者たちに迫ってきた。一九三八年一〇月一四日、厚生省は警視総監・各地方長官などにあてて「殷賑産業労務者ノ銃後生活刷新ニ関スル件」を通牒、各企業・鉱山に「銃後生活刷新班」の設置を指令、「銃後生活刷新運動」を開始する。通牒によれば、「殷賑ヲ示シツ、アル産業就中《なかんずく》軍需産業労務者ノ賃銀収入ノ著シク増加セルニ伴ヒ動《やや》モスレバ其ノ生活ニ好マシカラザル傾向ヲ招来」しており、そのことは国策遂行のみならず、戦争にともなう統制や販売不振などの犠牲を出しつつある「平和産業」との格差を広げるなど「一般思想上ニ及ボス影響ノ尠カラザルモノ有之《これあり》」と懸念されていた。一九三八年九月、運動開始に先立って行われた実情調査(東京府・神奈川県下主要警察署長・宿泊所長・小学校長などへの意見聴取)では、①三業地(料理屋・芸者置屋・待合が営業許可されている地域、花街)の遊客は、事変前には職工三：一般七であったものが逆転、職工七：一般三となった、②少年工・独身工では「カフェー、玉突、喫茶店等に通ふ者」が多く「工場附近のカフェーは繁昌」、お客の八割は職工、③残業をするものが多い、④熟練工でも「毎晩遊興に耽るため、生活費もろくろく家庭に出」さないものが多い、⑤デパートで高価な買物をする職工が多い、といったことが語られている(田中令三「労務者銃後生活刷新運動に就いて」『社会事業』二三巻三号、一九三九年六月)。

「銃後生活刷新運動」では、労働者は「銃後の職場」への「応召者」と考えられた。したがってその「働き」は「公的な性質を帯びてゐる」との理念が掲げられている。同時に、「銃後生活刷新運動」は同じ頃さかんとなる「産業報国運動」の精神を具体的に「生活化」し実践する「方法論的存在」と位置づけられた。当初は、「労務者の不健全生活を抑制すること」を目的としていたが、消極的な消費「抑制」策よりも、次第に労働者が積極的に「健全生活の建設」をすべきものと変化し(「殷賑」の文字も削除される)、会社・工場の各事業主に対しては「福利施設ニ付キ一層ノ拡充整備」をはかることが求められていった。

実際の運動はどのように行われたのだろうか。まず工場・職場内における「組別、職場別等数十人程度の具合よく纏まれるグループを単位」として「生活刷新班」を組織する。班長に加え、各班を束ねる工場長・労務課長・青年学校長などの「銃後生活指導者」をおく。次いで「生活刷新班」単位で就業時間厳守、禁煙、徒歩通勤、家計簿記入、貯蓄奨励などの「申合事項」を決める。「銃後生活刷新運動」は「銃後生活指導者を中心とする団体的運動」「労務者の自発性を尊重する運動」「物心両面に亘る生活全面の運動」であることが強調されていた(厚生省労働局「銃後生活刷新班の作り方と導き方」東京大学社会科学研究所所蔵・産業報国運動マイクロフィルム［産報ＭＦ］)。「団体的」「生活全面」「自発性」

がここでは重要なキイワードとなるだろう。

さらに「銃後生活刷新運動」は家庭をも組織化の対象として、後に述べる産業報国運動に引きつがれていった。『神奈川県下各事業場に於ける産業報国運動概況』(『横浜市史Ⅱ　資料編5　戦時・戦後の労働と企業』一九九五年)を見ると、多くの企業・工場で職場、さらには「家庭」をも巻き込んだ生活刷新班がつくられている。重要なのは、運動が、企業・職場内のグループ育成と、家庭の組織化、という二つの柱を持っていたことであろう。例えば、東京芝浦電気マツダ支社では「新生活運動」と称して活動が行われているが、工場と家庭を「有機的に連関」させることが不可欠であり、家庭においても「工場の作業組織の線に沿って労働生活から滲み出る新しい」生活形態をつくることが必要とされ、職場内の「工場生活刷新班」のみならず、「主婦」の再教育を主眼とした講習会・講演会活動を行う「家庭生活刷新班」を設置している(『工場神奈川』七三号、一九四〇年九月一日)。日本鋼管産業報国会鶴見製鉄造船支部でも、「家庭生活と職場の生活は一元的に統一されねばならぬ」との立場から「家庭向上班運動」が開始され、一九四〇年六月からは「工員の居住地を基礎」として三〇の「家庭向上班」(三〇―五〇世帯)を組織している。当初は産業報国会関係者が指導していたが、やがて「家庭婦人が熱心に色々の催しを計画」するようになり、班長・役員・世話役も家庭の「主婦」から選ばれるようになって、事業計画・会計までも「切り盛り」しているという(『産報神奈川』七八号、一九四一年二月一五日)。東京製線川崎工場産業報国会でも、「工員の家庭を地区別に隣組的に集合せしめ」、さらに男女別・年齢別の組もつくって各常会単位で「新生活運動」が行われ、「職員工員とも全く融和統合」したと言われている(前掲『神奈川県下各事業場に於ける産業報国運動概況』)。(9)

もちろん問題がなかったわけではない。特に職員層と工員層のさまざまな「差異」は常に問題となっていたようである。昭和写真工業株式会社小田原富水工場産業報国会では、「生活刷新班ヲ職員班、工員班及ビ寄宿舎班ニ分チ」ているし（『小田原市史　史料編近代Ⅱ』一九九三年）、労務管理係員（職員）は若年層が多く「家庭生活ノ実際ヲ極メテ居ナイ関係上労務者ノ人格ヲ無視セル傾向」も存在した（「産業報国運動に関する各方面の意見」『資料日本現代史7　産業報国運動』大月書店、一九八一年）。「銃後生活刷新運動」の一環を構成した厚生運動に職員層が消極的な場合もあった。

こうした「銃後生活刷新運動」における各課・寄宿舎の班長などのリーダーのなかには女性もいて、必ずしも職場の職制機構とは一致していなかったことが指摘されている。労働者の工場・家庭での活動においては、新しいリーダーが生まれつつあったのである（三宅明正「戦後改革期の日本資本主義における労資関係」『土地制度史学』一三一号、一九九一年四月）。

産業報国運動

工場・事業場・職場において労働者を「銃後」社会に統合していった組織が産業報国会である。一九三八年、民間団体である協調会を中心に、日中戦争勃発後に戦後も見通した戦時労務対策としてはじまった産業報国運動は、当初、労働組合運動をも包摂しつつ産業報国聯盟として運動を展開した。職場に産業報国会を作り、労働者を統合していく産業報国運動の基本は、「労資一体」を具現するため各工場・事業場の産業報国会に「労資懇談会」をおき、これを中軸にして労働者の統合を行うものであった。産業報国運動・産業報国会の研究は、「労資懇談会」の実態とその機能および産業報国会の性格変化(労務動員や単なる配給機関化)についての検討からはじまった。最近では、①労働組合とも併存した当初の産業報国運動は、その「不活発さ」が問題となっていたこと、②一九三九年四月、産業報国運動が政府主導に転換することによって産業報国会の設置が進み、労働者統合の体制が強化されたこと、③一九四〇年の「勤労新体制確立要綱」および大日本産業報国会の結成により「勤労」概念とその「組織」が問題となり、労働組合を解体させると同時に、労務管理機構としての性格が強められていったこと、④さらに大日本産業報国会は福利厚生・文化運動など広範な事業を行う団体となったこと、が次第に明らかになっている。

一九三九年、政府が産業報国運動の指導権を掌握してからは、急速に各事業場で、また地域では警察の指導下に、産業報国会や産業報国会の地域連合組織が結成されるようになる。一九四〇年九月には労働組合の解体を実現、一一月には都道府県産業報国会、単位産業報国会をひとまとめに大日本産業報国会が結成される。産業報国会の中軸と位置づけられた「労資懇談会」の位置づけも、当初の懇談会委員公選制をとり待遇問題をふくんだ懇談会(工場委員会制度)から、「生活刷新」運動をふくめた国策協力全般の単なる申し合わせ機関となっていった。

一九四〇年末には、産業報国会数六万四九五、結成事業場数一〇万二七九九、会員数四八一万五四七八人にのぼった。そして「産報運動こそが、国民組織確立運動としての新体制建設運動を触発した」(『産報年鑑』一九四二年版)といわれるまでになったのである。

産業報国会の活動、特に懇談会における待遇問題などの討論とその解決に関する低調さはつとに指摘されている。また、職員と工員の待遇格差(賃金、休暇制度、割増手当、応召の際の措置など)は、「勤労理念」の存在にもかかわらず現実的にはほとんど改善されなかったし、工員に対する差別意識も解消されてはいない。「企業一家」「労資一体」は「名目的」「公式的」なものに止まったことも事実である。ただ、近年の研究では、にもかかわらず「理念」が労働者の主体性をそれなりに引き出したこと(職工間の待遇改善をめぐる争議が戦時下にも発生していること)、職工が混在した組織・活動という「経験」が戦後の労働社会において意味を持ったことが論点として提起されている。「銃後の民衆経験」を考える本書においても重視するのは、こうした「経験」の多様な実相である。

北九州にある日本製鉄八幡製鉄所は、産業報国会五人組制度・「部隊組織」をはやくから導入し、全国的な産報運動を「リード」したといわれる。現役終了後の補充兵役にあたる二〇歳代後半の男性を基幹労働力として編成していた鉄鋼業において、日中戦争開始により役付工・基幹工が多く召集されたことは、新たな職場秩序の確立をねらって産業報国運動が展開されてくる背景となっていた。八幡製鉄所の産業報国運動は、「職分」論に基づいて労働者の仕事と生活の単位とされた工場内の各職場単位の懇談会を重視していた。その分、工場・職場単位の懇談会にかぎって労働者の参加機会が拡大し、それは職員や傭人(非正規労働者)にも及ぶものとなった。一九三九年四月に発足した産業報国会は、当初、慰安会・運動会などを事業として行うのみで、労働者は「何の興味をも有たぬ」と言われていたが、大日本産業報国会の結成を契機に組織改革が行われ、生活刷新部が強化されるとともに、役付工を中心に、五人組組織が形成されていった。さらに、一九四一年三月の産業報国会規約改正では、懇談会委員の互選制度が廃止され任命制となるなど事業所全体レベルの意思疎通機関は形骸化したが、その一方末端においては評議員・委員定数が大幅に拡大され、さらに職場関係を命令服従関係とする指導者原理が導入されて、末端のリーダーが大量につくられていった。八幡製鉄所の産業報国会は、待遇改善をふくむ全事業所レベルでの懇談機関の機能を縮小して、その活動の単位を「指導者」層を大幅に拡大させた職場単位に即したものへと転換していったのである(荒川章二「戦時下の労働者統合」日本現代史研究会編『日本ファシズム2 国民統合と大衆動員』大月書店、一九八二年)。

戦時下に「職場」を変える理念的基礎となったのは、一九四〇年に閣議決定された「勤労新体制確立要綱」であった。そこでは「銃後」の労働は「勤労」ということばで意義づけられた。「勤労」とは、国家に対する奉仕であり、労働する人自らがその「人格」を表現するものであり、高い生産性を維持・発展すべきもの、そしてそれらが「一体」となっているすがたを表現することばと、位置づけられている。「勤労」は単なる労働ではなく、「責任」(国家への奉仕)であると同時に「栄誉」(人格承認)であった。こうした理念は日常的な職場秩序に反映されねばならない。「勤労新体制確立要綱」に記された「勤労」を職場に具体化する組織が、一九四一年に導入された「勤労組織」――産業報国会の「部隊組織」・五人組制度であった。大日本産業報国会による「臨戦体制下の新目標」によれば、勤労秩序確立運動のなかで、工場事業場の単位産業報国会の基本組織を部隊組織とすること、「職制ノ区別ニ即シテ段階的ニ之ヲ編成シ各職場別ニ最下部単位トシテ五人組制ヲ置ク」ことが進められた。かつての「労資懇談会」にかわって部隊組織が産業報国会の基本組織とされている。懇談会には職工選出制度はなくなり、指揮者は職制に該当する仕組みがとられた。

「銃後」における工場・職場の「責務」としての生産増強を果たすため、「勤労秩序」の確立が期待されていた。「職場には多数の人々が集つて働いてゐるが、一人一人は決して遊離してゐない……同じ職場で同じ時間を働き通ほす所に「人的結合」が生れて来る」、この「人的結合」として最も適正な単位として「五人組制度」(五―一〇人が標準)が作られていく(「五人組設置要領」)。五人組の常会は「昼食後の休憩時間中でもいゝ、又職場の片隅、芝生の上でも良い。思ひついた時話し合ふ必要のある時、何時でも、開く」ものである(佐々木正制『工場鉱山産業報国会の組織と運営』東洋書館、一九四一年)。そして、「〝五人組〟といふと、五人が組にならなければいけないような気がするが、実際は五人でなくてもいゝので、都合によって七人でも十人であっても構わない」とされ、それは「小さな集団であって、お互いに個性も分り、親しみ合へる最小限度の集団」と述べられている(「五人組運用　鉄の規律を鍛え上る」『職場の光』創刊号、一九四二年一月)。五人組には、自発的な作業方法の改善や、形骸化しつつあった「労資懇談会」にかわって日常的な不平不満や苦情の処理など、職場における意思疎通を果たすことが期待されており、世話役は職制上の地位とは「原則的に無関係」である、インフォーマルな小集団が想定されていた(佐口和郎『日本における産業民主主義の前提』東京大学出版会、一九九一年、前掲『資料日本現代史7　産業報国運動』)。

五人組は同時に、戦争の激化にともなって大量に職場に入ってきた「新入工員」に対し、「役付工員等の指導の下に之等工員の錬成訓練」をなす場としても位置づけられていた。また、それは生活改善の単位でもあり、「欠勤防止」「移動防止」「生産率倍加工夫」「不良品撲滅」「無事故」「健康増進」など各種「競争」の単位とされていた。「生産率倍加工夫」競争では「一勤労者の一寸した思いつきを現場の技術家が採り上げ……この着想に協力し其の工夫考案を助長して勤労者に花を持たせる」ことが奨励され、技術者(職員)と勤労者(工員)の「美しい愛情の交流」、工員の立場からは職員にも認められる「全人格の発露」である「勤労」を具体化するものとして経験されたのであった（佐々木正制・前掲『工場鉱山産業報国会の組織と運営』）。

近代日本の職場では、賃金体系・社宅や食堂など福利厚生の待遇から、「呼称」にいたるまで、中等教育程度の学歴・学校歴を持つ「職員」層と、基本的に高等小学校程度の「工員」層とのあいだでは、明確な「身分差」が存在していた。しかし戦争を通して「職工」はその社会的地位を高めつつあった。また、産業報国運動のなかで「職員」「工員」を「社員」として一括呼称し（待遇差は残る場合が多かった）、実際の運動のなかで両者がともに活動する事例が増えていった。もちろん産業報国運動のリーダーには労務管理や職制上、工場・企業の労務係など「職員」層が期待されていた。

しかし、生活刷新運動のみならず、産業報国運動のなかでは職員層――特に青年層の運動に対する消極的態度が問題となっていた。国策協力の運動にも「職工は純朴で国防献金等でも心から喜んで出して呉《くれ》るし、額も多い」が、「職員はその点比較的冷淡」といわれ、彼らの高学歴が「欧米流の自由主義的教育」として批判の対象となった（「産報運動の下からの実践化」『京浜工業時報』六巻四号、一九三九年三月五日）。交通道徳や在郷軍人分会行事での服装などといった日常的な事柄においても「工員より職員、女より男の方が悪い……先づ職員より模範を示して貰ひたい」などと議論されている（『日本産業報国新聞』一九四一年九月六日）。同時に「職員と工員の差別的観念が相当強い」と言われてはいるが、「若い社員（ここでは職員）のうちには随分華美な風（服装）をして居る方があつてそれが工員にも伝染する……一般に若い者が贅沢で収入と釣合はぬ立派な背広まで着て居る」と職員の文化が工員にまで「伝染」する様子も指摘されている（同）。

こうしたなかで、職員「中堅幹部の労働問題への無理解」がかえって職場に問題を引き起こす場合があった。例えば、東京市電では東京交通労組の力が強かったが、労働運動が弱体化して産業報国会が組織されると、逆に次第に吏員(官公吏、ここでは職員)が「従業員に対して、個人的に圧迫的な態度に出て、職員と従業員の間が東交時代より却つて悪化」したというし、工員からは「技術とか発明とかの問題を工場主に進言しても取上げられない」との声が聞かれるなど、産業報国運動の問題点は「大工場では職場に於ける、感情的対立」と指摘されている(『京浜工業時報』六巻四号、一九三九年三月五日)。しかし、同時に、職員層が中心となった個性的な文化運動が実践される産業報国会もあったことはのちに見ることになる。

勤労青少年の苦悩

工場などへの「就職者」について、「事変を契機としての著しい動向」は、「高小(高等小学校)卒就職者が激増した事」(宮田秀雄「事変下の青少年労力の動向と農業労働」『社会政策時報』二三五号、一九四〇年四月)、つまり青少年労働者が増加したことと指摘されている。農村社会のなかで自己形成し、人的結合も不十分なまま都市の工場に送り出された青少年たちには、その「教育」「就職後補導」「不良化防止」の施策が問題になっている(桐原葆見・前掲『労働と青年』、藤井英男『勤労青少年の不良化とその対策』立命館出版部、一九四三年、赤澤史朗「太平洋戦争期の青少年不良化問題」『立命館法学』二〇一・二〇二号、一九八八年三月)。

こうしたなか、労働科学研究所は一九四一年七―九月、「京浜重工業機械工場」(東京・神奈川)、「地方重工業機械工場」(北陸・関東)、「伝来的中小工業地帯」(東京)、「地方化学工業」(神奈川・東海・北陸)に勤める「勤労青少年」を対象として、彼らが「自らの社会・文化的地位について、何を、いかに考へてゐるか」、またその「主体的・実践的志向」に関する調査を行っている(『青少年の勤労生活観』労働科学研究所報告「第四部　勤労文化」第一冊、一九四二年七月、暉峻義等編『青少年の勤労生活観』大阪屋号書店、一九四三年)。一六工場の青年学校本科在籍生徒約一五〇〇人、うち三年生(おおむね一七―一九歳)五三九人が調査対象となった。彼らは「将来の基幹技能工」、つまり職場の〝小リーダー〟として望まれ、養成されている若者たちであった。調査対象の青少年のうち「農村出身者」が約六〇%、学歴は高等小学校卒業が九二%を占め、農村出身で「卒業して直ちに就職した者」が大部分であった。

彼らはどのような事柄に「不満」を抱いていたのだろうか。「君は一生涯はこの仕事で暮しが安定すると思ふか」、この質問に対してはいずれの工場においても「否定的立場」を表明したものが「極めて多い」結果となった。「生活の安定」に大きくかかわっていたのが賃金である。「青少年労務者」のうち賃金に関して「不満なり」と答えたものは二六三人(四九・四%)、満足と答えたものは一八七人(三五・一%)、約半数が賃金に不満を持っている。その最も多い理由は物価高に比較しての低賃金に基づく「生活不安定」ということであった(京浜工業地帯の工場は賃金が「最悪の状態」〔六八・九%〕にあった。暉峻義等編・前掲『青少年の勤労生活観』)。

京浜工業地帯は、「全国一の住宅不足」地帯であり、寄宿舎に収容されず高額な交通費での通勤を余儀なくされている下宿生活者が多かった。物価騰貴は「生活不安」を感じさせ、賃金には満足というものは下宿生活者には「殆んど絶無」であった。ただ、「小遣ひが足りない」「貯金をすると小遣ひが残らない」などの心配ごと、不満も多く、それは「都市生活により貨幣欲を刺戟される」生活であるからと指摘されている。また、多くの下宿・寄宿舎住まいの青少年労働者は実家へ送金をしているが、その額が少ないことも彼らの不満のもとであった(10)。第二章でみたように、銃後農村にとっては家族の現金収入は重要な意味をもっていたからである。また間借りなどをする青少年工には不満が多いことが指摘されている。特に「多くのものが食事の不足を訴へ、その不足を補ふために買ひ喰ひをせざるを得ぬ」との指摘が多い(暉峻義等編・前掲『青少年の勤労生活観』)。

一方、青少年労働者は「職場」をどのように見ていたのだろうか。「職場改善意見」の大部分は「作業環境」、「作業組織」に集中していたという。「作業環境」については、中小工業地帯を中心に「健康に悪し」とするものが多い。京浜工業地帯の重工業ではその作業環境・設備について「良し」とするものが三八%にのぼっているが、なお「悪し」とするもの四六%という状況であった。

さらに、重化学工業の職場のほとんどにおいて青少年労働者が要望していることがらは「良き指導者を」ということであり、「職場改善意見の圧倒的多数」を占めていた。調査は、これは青少年労働者の「技術習得への意欲」の「旺盛」さを示している、と指摘している。青年学校設備が充実している工場においても、「小遣い」が少ないことの不満のなかに、「雑誌、週報、参考書を買ふと三日でなくなる」「本が買へぬ」「独学したいが学資が足りぬ」というものがある。工場の文庫ないし青年学校図書室の蔵書は「娯楽修養的なもの」に過ぎないためであり、こうしたところにも青少年の「技術習得」への意欲がうかがえる(大森・蒲田では古書店が増えた)。また、職場の現状は、おおむね工長―組長―伍長(＝指導員)の階層制が確立されているが、伍長が監督する一作業班の構成員は一〇人位が好ましいにもかかわらず、各工場を通じて機械工・二〇―二五人、旋盤工・二五―三〇人、研磨工・二〇―二五人、鋳物工と仕上組立工・一〇―一五人であり、「作業実施指導」や「生活実体にまで入り込みその陶冶の完全を期するため」には「指導者」が少ない点が問題となっていた。

　青少年労働者の要望である「作業指導の革新」は、「個々の指導者」(多くの場合伍長＝指導員)の「質」にかかわるものであった。「職工気分を一掃せよ」「雑談を防止せよ」など作業場内の秩序と規律に対する要求が強い。また「青少年労務者が職場において職長・上役から、「誉められた」場合、また譴責された場合、いずれも、出勤態度＝作業態度に対するものが圧倒的に多く、技術修練に関するものが比較的少ない事実は特徴的」と指摘されるように、作業組織の改善はさまざまな「態度」を問題にするのではなく「技能向上」を目的に行うことが、青少年労働者の「最も切実なる訴へ」であった。青少年労働者の指導者である「成人工」の「職人気質」・親方徒弟的「訓育」への不満が強いことが見て取れるのである。

　こうした職場にあっては「仕事の上で工夫したこと」「発明」などありますか、との質問にほとんどの青少年労働者は答えず、素材節約・廃品再生などの「消極的「工夫」「発明」」をのぞけば、彼らの技術修錬への意欲が「熾烈」であっても、「積極的な作業への創意を把持しえない」のであった。また、「O電鉄株式会社、H製作所、N重工業会社」(それぞれ郡部・小都市・大都市の代表的会社および工場であるという)に勤務する二〇歳未満の少年工・七九〇人の調査によると、①通勤時間が長く家や寄宿舎に帰っても「何も出来ず寝る許り」であること、②下宿料が高く「運動、娯楽の設備が無い」「食事が不味い」「家庭的でない」などに不満があること、③「上の者が教育的でない」「職工扱ひをする」「こき使ふ」「やたらに叱る」といった指導者に対する不満が多いこと、などが指摘されている。こうした職場のありかたを背景に、青少年労働者たちから、「下意上達、各自の意見を持ち出し合ひ職場方針を樹立すること」、「工員同志の親睦」「技能向上のため」各職場の代表者による会合、などの要求も少数ながら語られることになる（暉峻義等編・前掲『青少年の勤労生活観』）。

アジア太平洋戦争が激しくなると、新規入職労働者、学生・転廃業者など徴用工の増加といった事態に加え、応召による役付工の低年齢化が進み、職場の末端では青少年自身が徴用工などの「指導」を行わざるをえない事態も出てくるようになった。「懇談会」機能、職場の話し合い、創意工夫をこらしたさまざまな「増産運動」を通して職場秩序を確立しようと試みた五人組制度は次第に機能を喪失、基本的には職制と一体化して軍隊的規律が求められるにすぎないものとなっていく。

一九四一年三月、大日本産業報国会は産報運動の担い手集団形成のため産業報国青年隊の結成を試みる。産報青年隊は、二〇歳以下と二一―二五歳層の二部編成をとり、指導者は各工場などにある私立青年学校教職員・労務担当など「工場事業場ニ於ケル職員中概ネ三十歳前後」のものとされ、「職員たると労務者たるとを問はず、総て青年隊員になる」という方針で結成が進められた（大日本産業報国会『産報青年隊組織の諸問題』一九四二年、安田浩「官僚と労働者問題」東京大学社会科学研究所編『現代日本社会４　歴史的前提』東京大学出版会、一九九一年）。産報精神体得訓練、職場活動・技術訓練、体育・保健・娯楽訓練、生活訓練など、その活動は生活・労働諸領域における「訓練」が中心となっている（「産報青年隊事業細目」〔前掲『資料日本現代史７　産業報国運動』〕）。

アジア太平洋戦争開戦後の「決戦段階」には、青年隊を中心に各種の生産力増強運動のための「挺身隊」が組織されていく。そこには産報青年隊を基本としつつも、それに収まらない多様な集団のすがたを垣間見ることができる。住友金属工業製鋼所増産献身会は、不活発な産報・産報青年隊に対して旧労働組合（総同盟）関係者が中心となって組織されている。産報との「表裏一体」を標榜している以上「増産献身会」は「全員組織」であるが、職員四人・「労務者」六〇人からなる役員会が運営にあたっている。浦賀船渠横浜工場産報青年挺身隊は、青年工員に「信望」をもつ帰還兵士（陸軍騎兵軍曹）の役付工員が中心となって、「同志精鋭組織」として結成されている。集団の全員が二〇歳代後半であり、職員六人・工員二四人（うち役付工員五人）で隊長は労務係員（職員）、幹部には役付工員が就任している。この集団は機関誌『挺身』も刊行している。横山工業大島第二工場産報青年隊推進班も、既存の産報青年隊から「同志」集団を抽出して結成されている。班員は「積極的参加の自発的意志を有する」ものよりなり、規約には「制裁除名」の規定もあるが「離班は班員の自由」となっている。班員は三五人で事務関係者一五人・現場工員二〇人となっている。

もちろん「上から（の）命令によって組織したもの」「期待せる効果を発揮してない」といったものも多い。しかし、青年隊やその他の推進組織には、①帰還兵士の役割が大きいこと、②単なる全員包摂型の組織にとどまらずより実践的な活動を行う――それは運営業務やこまごまとした連絡・会議、機関誌紙の発行など日常的な時間を共有することとなる――青年の「同志精鋭組織」とされたもののなかに、工員・職員の混合組織が存在することは、注目すべきであろう（大日本産業報国会中央本部『決戦下職場に於ける推進組織の動向 上・下』〔産報ＭＦ〕）。

どこでも、だれでも「指導者」になれた

翼賛運動がさかんに唱えられていた頃、煙草栽培と織物業で著名な神奈川県秦野町(現・秦野市)では、役場吏員が職場の厚生運動の一環として「産報踊り」を習い始めていた。「私達は工場の従業員ではありませんが明朗なる職域奉公」を目指して練習を始めたという。事務的仕事に携わる役場の吏員も、「産業報国」の文化運動を行っていた。役場吏員を「指導」するため、コーチを依頼されたのは町の織物工場の織布工女性であった。織物女工が役場吏員を「指導」＝教える経験を持ったのである(『神奈川新聞』一九四一年三月一日)。

また同じ頃、国債の購入や貯蓄など「銃後」における「国策協力」の最末端にあった郵便局でのできごと。ある町の郵便局で金銭出納窓口を預かる「一八歳ぐらい」の「少女事務員」は次のように語ったという。「かういふ田舎町では、三時をすぎても、お金の出し入れにくるひとがございます……できるだけの御便宜を計つてあげるやうにこゝろがけてゐるのでございます。しかし、このやうな時代になりまして考へてみますと、私の親切は却って仇になるのではなからうかといふ疑ひが、こゝろに湧いて仕方がない。……少しぐらゐ時間外れでも便宜をはかるために、却って町のひとたちは、いつまでも時間の観念がもてないのではないでせうか」。そして「私はいろいろな方の個人的な事情に眼をつぶつて、正確に時間規則を守れば、四(、)五年の間には、町のひとたちも、すつかり時間の観念の訓練ができて、ほんとに新体制らしい生活ができるのではないでせうか。私の小さな職場にも、考へてみればさういふ指導の立場が見出せるやうな気がするのです」(「翼賛風俗　職場に生かす指導者」『日本産業報国新聞』一九四一年一月一八日)。

「銃後」の社会に想定されている「指導者」は、国防婦人会などの女性団体、翼賛壮年団・産業報国運動などの役職者であった(これまでのサブリーダー研究は、そうした人びとの社会的地位、経済的基礎を問題にしていた)。しかし、この郵便局の年若い女性が自覚したことは、どんな小さな場所(「職域」)においても、自らの職務に忠実であることによって、社会に対する「指導」性を発揮できる、その意味で自らも「指導者」になることが出来る経験だったのではなかろうか。

さまざまな職場でも「指導者」はしだいに遍在化していった。「はえぬきで仕事に関する限り何でも知つて居る」「小母さん」が、真夏の職場、「脳髄迄うだりさう」になっている女学校出身の女性労働者に向かって、「違つてゐますよ」と遠くから仕事の誤りを指摘する。「小母さん」は「今後暑いと言ふたびにしつぺい一つ――」と提案する。はじめは作業中だけだったが、「支那事変が拡大」し「産報精神の昂揚されるに及び」、もともとは就業時間のみの「しっぺい」の〝約束〟が休憩時間にまで据え置きされ、働く人びとの立ち居ふるまいを「監視」するようになる。同時に「小母さん」の「権威も増大した」(矢倉房枝「生命ある一日」中村巳寄編『職場の綴方』報道出版社、一九四三年)。

翼賛体制という名前で呼ばれた一九四〇年代の「銃後」社会で議論されていたものは、「東亜新秩序」「大東亜共栄圏」といった広地域レベルから、身近な「農村協同体」「勤労新体制」「新生活体制」にまでおよぶ広がりをもった「建設」ということばであった。それは、「働き方」をふくんだ「人間関係」そのものにもおよぶ。こうしてさまざまな〝建設〟が権力によって進められ、同時に地域社会の変化のなかで人びと自らがそうした「共同性」を作り上げていった。この「銃後」でつくられる人間関係と、現実の生活史から浮上してくる人間関係の共振と相克のなかに、「銃後」社会史をより深く把握する論点がある。戦争は人びとのつながりをかえ、またかえるよう迫ってくるのである。

農村では複雑な共同作業、共同の生活様式を矛盾なく運営していく地域の調整役が求められる。それはおおむね社会集団の役職者や役場吏員・技術者（農業など）であったけれども、役職それ自体が意味をもったわけではなかった。職場においても、全工場レベルでの協議会が形骸化するなかで、職場単位の集団とリーダー層が生み出されていった。流動する戦時社会のなかで工場に働きにきた青少年には「良き指導者」を待望する意識が見られた。こうした動きは新しい集団を作ると同時に、社会のあらゆる領域に「指導者」を登場させた。「建設の戦争」に対応して形づくられた翼賛体制は、視野を広げれば「大東亜共栄圏」の「指導民族」としての資質やふるまいが常に求められる社会を、同時に、小さな地域や職場においては、民衆が誰でも「指導者」になりうる社会を出現させたのである。

作家で明治生命の重役でもあった水上滝太郎（一八八七―一九四〇年）は、一九三八年一二月、『文藝春秋』のエッセイ「貝殻追放」に「指導者氾濫」というタイトルで執筆した（『水上滝太郎全集11』岩波書店、一九八四年、「貝殻追放」三。ただし内閣の結果掲載不可）。皇居（「宮城」）前を通過する市電、車掌（女性）は「只今宮城前通過で御座います」と呼びかける。すると、ほとんど同時に「恰幅のいゝ洋服紳士」が「脱帽敬礼せんか」と怒鳴った。「洋服紳士」は「怒罵を浴びせ」、「非国民」と叱声する。「権威者の威をかりて指導者面をし、黙々として国民の義務を果してゐる一般良民に対し、何処迄も優越感を以てのぞみ、圧迫的態度に出る」。高見澤由良のいうように人びとは「叱られはせぬかと、おどおどしてゐる」、それは「指導者氾濫」の時代相のもうひとつの姿であった。そして「指導者氾濫」の時代は、「文化のはんらん」の時代でもあった。

第五章

地方翼賛文化運動——戦下の民衆論

上泉秀信『地方と文化』(高山書院，1942 年)，
近藤孝太郎『働く者の詩』(東洋書館，1943 年)

島木健作は地域における〝新体制〟のすがたを見極めようとさかんに各地を旅していた。東北、秋田県庁を訪ねた島木は部内の機関誌紙やビラ、パンフレットなどの文章が「ひどく乱れ」ていることに気づく。「紋切型」の文章が消え、「変つたもの」「何のことか意味のわからぬもの」が増えた。島木によれば、「官」が「民衆相手」に何事かを言わねばならなくなってから、この「乱れ」は始まっている。文体に現れた権力と民衆の接近。地域の官公吏たちは「つねに眼の前に民衆を見てをり、その生活を見てゐる」、こうした彼らも「民衆のなかから出て来た」存在であった（島木健作『地方生活』創元社、一九四一年、もともとは『中央公論』掲載の紀行文）。

島木は『再建の生活』『生活の探求』と立て続けに話題作を発表し、自らの「転向」経験を抱きながら、民衆に接近しようとする姿勢を強く押し出した作品を書きつづっていた。農民文学懇話会や翼賛文化運動（神奈川県翼賛文化聯盟）の活動に参加し、新体制下の「民衆」のすがた、民衆に接する「指導者」のすがたを何とか形象化しようとしていた。

島木への中野重治の批判は、戦時下民衆論にとって重要な問題を提起していた。中野の批評は、「地方生活」「民衆の生活」を描くことにこだわった島木文学の根本的欠陥は、「作者の観察の不足」に尽きている、というものであった。ここで「観察の不足」とは、作家が農村を語ろうとしているにもかかわらず、「すべてが傍観的立場に立つて書かれてゐる」ということに根ざしている。個々の素材も、「農村の実地又は組あはされたものとして生きてゐる点はどこにも捕へられてゐない」。「生産の組あはされた複雑さ、そのなかにからみこんだ農民生活のやり切れない複雑さ、土地と季節とに制約されてこのやり切れなさが一層やり切れなくなる気持ちはどこにも捕へられてゐない」のである。だから、「そこには労役者の主観による取捨選択といふものがない」、民衆の「主観」のなかの「生活」と労働が描けていないのである（中野重治「探求の不徹底」『帝国大学新聞』一九三七年一一月八日）。「誠実に庶民」のすがたを描こうという意識が戦時期の文化運動を支えた一つの精神だろう。中野の批評は、知識人・文化人と民衆との「接近」が、運動実践の面でも、また作品表現・形象の面でも問題となったこの時期にあって、すぐれた民衆論の問題提起でもあった(1)。

一九四〇年という年は、「そこはかとない「明るさ」」があった。新党運動から新体制運動、大政翼賛会へ、「なにがしかの希望と期待が全体にあった」（安田武「大政翼賛会文化部長のイス」前掲『定本 戦争文学論』）。そして、「「文化」のはんらん（氾濫）時代」（田村隆治『日本農村の文化運動』大同印書館、一九四二年）といわれるように、「銃後」社会においても地域で文化運動が広範に展開し、また紀元二六〇〇年祝典に代表されるような「祝祭」の時間でもあった。

一九四〇年をさかいとする時代は、戦時下において「文化運動」が昂揚した時代である。各地域に自然発生的に生まれた文化運動に加え、こうした動きを奨励しつつ統制し、「国策」への動員をはかっていったのが大政翼賛会文化部（のちに文化厚生部）であり、そこに集まった「文化人」たちによって提唱された「翼賛文化運動」であった。

こうした現象のなかに、「銃後」社会のありかたのどのような側面が見てとれるのだろうか。また、「銃後」社会のなかで、なぜ、「文化」が注目を集めるようになったのだろうか？　各地域の文化運動に参加した地方の文化人・知識人たち、また大政翼賛会文化部に集まった知識人たちの民衆経験という視角から、大政翼賛会文化部・翼賛文化運動の形成の論理を再構成してみよう。戦時の社会思想はおおむね「協同性」を強調する傾向があったが、そのことと銃後の現実社会がどのようにかかわっているのか。文化運動指導者の民衆経験に基礎を置いた社会認識を検討することで問題を深めていきたい。

1　大政翼賛会文化部

大政翼賛会は、日中戦争を「武力のみ」では「解決」できないとしていた。「文化総ての部門に皇国の優秀性を反映せしめ」て世界に臨まないかぎり、東亜新秩序建設という「聖戦の目的」は達せられない。

翼賛会の「文化新体制基本方針」では、「国防国家体制に即応」した「新国民文化」の創造、「伝統」を「高揚」しつつ他民族文化をも摂取した「東亜広域新文化」の樹立を掲げている。また、「国民の精神的統制」と、「民衆心裡の動向を慮《おもんぱか》り、適切有効なる指導と錬成を加へ」、食糧増産など生産力拡充の「原動力たらしむる」ことが重視されていた。「民衆心裡」は「指導・錬成」の対象として「慮る」ものでしかなかったのである(「文化部所管事務概要」)。しかし、「民衆心裡」に依拠することで新たな文化意識・政治意識を昂揚させようというのであるから、「民衆心裡」(とその内容理解)は重要なキイワードとなるものであったのである。

しかし、政治家や官僚など翼賛会最高幹部たちに「定見」はなく、翼賛文化運動の理念や方針は、文化部長に就任する岸田國士や副部長・上泉秀信らが最初から築き上げなければならなかった(2)(上泉秀信「国民文化の基調」『文化の様相』大日本出版、一九四二年)。これまで大政翼賛会文化部の形成についての理解は、主として文化部長・岸田國士の「文化」論に即しつつ、その「政治の文化性」という思想に焦点をあてて考えられてきた。ここでは、地域の文化運動に携わった知識人が、民衆の社会的ありように対しどのような課題意識を持っていたのか、総じて彼らの「民衆経験」を問題としていきたい。

岸田國士と民衆の「共同の娯楽」

岸田國士はすでに著名な劇作家であった(3)。多くの創作・評論活動から見えてくる岸田のすがたは、一方で、芸術至上主義的な戯曲作家としてのそれであり、他方で「国家とは何か?」「日本人とは何か?」を問い、生活のなかの「文化性」の欠落を指摘するなど日本社会に対する批判者としてのすがたでもある。

岸田國士は一九二三年七月にヨーロッパから帰国、関東大震災にあう。岸田は、翼賛文化運動のなかで震災時の経験を次のように記している。「平生は落ちついた、親切な、節度ある国民」が、「一旦周囲が騒然とし、安全が脅かされる」震災のような「非常」事態下になると「粗暴」になってしまう。「自警団」は「日常的なつきあい」に基づくものと思うが、問題は市民が「粗暴」にならないための「日常的なつきあい」の内容である。こうした立場からは、「日常的なつきあい」には「市民としての健全な社交生活」が備わっていることが必要となる。「健全な社交生活」こそ「非常の時に役立つ」、そして「銃後」もまた民衆生活にとっては一つの「非常の時」である、と岸田は指摘していた。しかし、現代の日本においてはそうした「社交生活」は育っていない。岸田は、「銃後」の人びとはただ「機械的に結合」されているだけであって、人びとのあいだにおける「現代の社交形式」は、人びとの自発性によるものではなく「何ものか」を媒介しないでは「保ち得られぬ」という弱点を持っていると指摘している。岸田には、人びとを「機械的に結合」している「何ものか」にそのまま身をあずけるよりは、人びとの「社交生活」を「健全」にしていく努力が文化運動の課題として見えていたのだろう。岸田なりの民衆の「自警団」性克服の試みであった。

岸田によれば、都市の住民たちは「時局への積極的関心が足りない」とされる存在であった。岸田の都市文化論は、同時代に大政翼賛会文化部において主張されていたような、「都市文化」を「消費文化」「中央集権的」「享楽的」とのみおさえて「排撃」するものではなかった。岸田の発想では、近代都市は「文化的危機」にあるが、その危機は、技術の高度な発達にもかかわらず、確固として都市生活様式が存在しないことに根ざしていた。こうした都市において「市民としての健全な社交生活」は存在しうるのだろうか（「都市文化の危機」『文藝春秋』一九四〇年一月号『全集25』）。

一九四〇年一〇月の「紀元二六〇〇年 祝典」を意識してか、岸田は「市民」がすべて参加できる祝典的催しなどの「民衆の共同の娯楽」を「改善」することを主張する。同時に、「待合」「遊郭」通いを「封建的なもの」として、その「排除」が提案されるのである（同）。

岸田にとって、「民衆の娯楽」は「民衆自身の手になつたもの」が理想であり、そうした立場から

「共同の娯楽」が求められる。しかし岸田の目のまえに広がっている「銃後社会」はどのような「現実」となっていたのだろうか。岸田にとって、「共同の娯楽」を支えるべき民衆のすがたは、職場が多忙であまり家(ないし地域)に居らず、しかも「同一町内に居住する異種階級層」が「いかなる契機によつて、結ばれ得るか」という課題を持つ。岸田には、こうした民衆自身における「雑居的性格」が問題となっていたのである(4)(同)。

都市でも多くの出征兵士が出て、その歓送の儀式はにぎやかなものであった。町内会ではそれぞれ集まって「趣向を凝らす」。しかし、それが「厳粛で荘重なもの」かどうか、地域の祝典的行事、その音楽・行進・余興について、美術家や音楽家、演劇関係者が「町民の資格をもつてその企画に口を出したこと」がほとんどないことが岸田には歯がゆかった。「面識のあるものには大変丁寧であるが、見ず知らずの他人に対しては、無礼を案外平気で働く」という「国民的性格」を「改善」すること、その「つきあい」の改革をふくむ「新生活運動」の提唱は、「家庭に於ける主婦の仕事を合理化し、女性の社会生活者としての教育をやり直」すというところにまでたどり着く(前掲「都市文化の危機」)。

かくて、岸田の文化運動は、「市民としての健全な社交生活」の構築にかけられていったのである。岸田は隣組長に就任し、地域の文化運動を実践していくことになる(「隣組長として」『婦人之友』三七巻五号、一九四三年五月一日『全集26』)。

上泉秀信の憂鬱

翼賛文化運動においてさかんに議論されたのが「従来は余り省みられなかつた地方文化」であった

(上泉秀信「国民娯楽の理想」『地方と文化』高山書院、一九四二年)。上泉秀信は、文化部副部長として「地方文化」に関連する活動に携わっていた。各地域を講演してまわり、多くの地域における「文化人」と「対話」をした上泉の「民衆経験」はどのようなものであったのだろうか。(5)

上泉秀信は一八九七年、山形県米沢市に生まれた。早稲田大学中退の後、『都《みやこ》新聞』記者として文芸時評などを担当(のちに編集局次長)、関東大震災の頃から戯曲を作り、『村道』(一九三五年)や「ふるさと」紀行」(『新潮』一九三八年八月号)などの作品がある。上泉自身は大政翼賛会文化部副部長の活動には必ずしも「積極的」ではなかったという回想もある。

上泉は、国民精神総動員運動と連携した日本文化中央聯盟や農山漁村文化協会の運動を「中央から地方に働きかける形で現れて来た」ものと評価する。しかし本来は地域の側からおこるべき地方文化運動が「あまりに中央的」であり、「地方では実質的な動きを開始して」いないことが問題であった(「地方文化運動の志向」『地方と文化』)。したがって、これらの文化運動(特に文化の普及事業)は「地方民の要求が主体とはなつてゐない」と判断されることになる。

問題は、では上泉が「地方民の要求」をどのようなものとして理解していたか、ということだろう。上泉は、翼賛運動が開始されると「俄然地方文化振興の声が地方から高まつて」きたと述べている(「地方文化運動の概況」前掲『文化の様相』)。これは、一九二〇年代以来の地域における文化運動を基礎においた認識であろうが、同時に「地方人のなかには、何か大きな力がぐいと引っ張ってくれることを求める心が動いてをるのではないか」との懸念も表明されている。上泉は、地域の文化運動に携わる人びとのあいだにある「命令」を待つ「機運」をも感じとっていた(「この頃の旅」『文化の様相』)。

上泉は、日中戦争がはじまると、農民文学懇話会に参加し、山形県を中心とする東北地方への農村調査報告も行っている(『日本評論』一九三九年二月号別冊付録「土の声に聴く」、また有馬頼寧編・前掲『農村現地報告』も参照)。こうしたなかで、上泉の作品は、従来の農村をどこか「牧歌的」に描き出す作品から、農村が抱える諸課題を積極的にとりあげるものになっていった(中山雅弘・前掲『農民作家 上泉秀信の生涯』)。上泉が論じた注目すべきテーマの第一は、急速に進む農村の「変貌」、それも工業化による変貌であった。上泉は、山形県西置郡小国地域を舞台として、①農民の職工・土工への離農、②職工就職のための学歴獲得を目指した「進学熱」、③軍需景気をあてこんだ地域小都市住民の「工場誘致熱」、④朝鮮半島からの労働者の流入、という事態を見てとっている(上泉「桃源の夢は破る 農村の工場地帯化の一例」『わが山河』羽田書店、一九四〇年)。国策として「喧伝」された満洲移民熱も急速にしぼんでいた。(6)

第二に、戦時教育熱と農村青年、特に「教師」の思想と意識についてである。「青年のうちに下から盛りあがる力」を期待していた上泉は、農村の現実に落胆していくこととなった。山形や福島の農村、「どんな僻村」でも子どもを義務教育後すぐに「家業に従事させる」ものは少なくなり、高等小学校までは卒業させるようになっていた。が、しかし、問題はその先にある。農村の「好学熱」にもかかわらず、農村の文化は「低調」で、「殆ど農村独自の文化といふものを所有してゐない」。上泉は、福島県会津の広瀬村で聴いた話を紹介している。広瀬村の農民たちは、娘たちを「村の中堅婦人として働ける者に仕立てたい」と町の女学校に通わせたが、彼女たちは卒業後村に戻ると「野良に出て働くことを嫌ふやう」になる、農村の青年と結婚させようにも彼女たちは官吏か「勤め人」を求め、やがては離村してしまう。上泉は、「上級学校へ進んだもの」は農村に戻らない、現在の教育は「一種の離村教育」であることを確認するのである。そしてそうした事態の背景には、農民たちがもつ「個人的な立身出世主義」がある(上泉「隣組と学校」『文化の様相』)。

上泉は「青年と比較的近い関係にある」小学校教師など「村の指導的立場にある青年」と対話を重ねるのだが、そこに彼がみたものは、「形式主義化」している農村の小学校教育であった。「せめて、私は教育者としての誇りを感じたいと思ひます。しかしそれが許されないのです」と青年教師は語る。上泉は、「彼は教育をしてゐるのではなく、唯教へてゐる」のだ、と思う。「上から下まで、何らの障碍もなしに、命令一下通過してしまふ。誠によく徹底したものである。しかも若い教師が教育者としての誇りを失ってゐるとすれば、これは一体何を意味するだらうか」。そしてそのような村こそ、「時局の認識」は「上から下まで実によく徹底してをります」と小学校長が語るような村であった。「銃後」の「模範村」は、確かに「上から下まで」統制がとれているようにみえた。しかし、上泉には、こうした村を支えるべき青年たちの「無気力」、「誇り」を失った教師たちの存在こそが問題であったのである(上泉「農村と文化　銃後農村ルポルタージュ」『革新』二巻二号、一九三九年一月)。

ある「ルネサンス」

こうした経験をふまえ上泉はその「地方文化」論を展開していった。まず上泉は、「日本民族の正しい伝統」は文化の「地方性」のなかに保持されているという。ここで、「地方性」とは、地理的・社会的な概念(「中央」―「地方」、「都市」―「農村」)を含みつつも、「都市集注《ママ》主義」「退廃的・享楽的」

「消費性」といった「中央文化」のありかたに対立するものであり、「生産面」を軸とした文化のありかたである。人びとは「文化」を「国民生活」とは離れた「特別の教養」、ぜいたく品・装飾品・手の届かない「芸術」などと理解している。文化人や芸術家は何か「特殊な階級」ででもあるかのように考え、「教養」の「低い者はその恩典にあづかれ」ず、したがって「地方」に暮らす人びとは「本来の意味の郷土的生活に魅力を失ひ、精神的にも、物質的にも中央へ依存する傾向を増長してゐる」(「国民文化と地方文化」『地方と文化』)。だから、文化運動とは人びとのあいだに「地方文化」への再評価を求めていくことなのだが、それは単に「郷土文化」「土着文化」をそれ自体として認識し、評価することにとどまるものではいけない。「地方文化」の再評価は、地方の人びとの「独善的な営みにまかしておいてはいけない」のであって、むしろ「新国民文化建設」の運動として把握されるべきものである。こうした観点から、上泉は「生活の科学化」を重視する一方、「伝統づら」した、「非科学」的生活習慣を放置したままの、暮らしのなかの「迷信打破運動」は行わないような文化運動には批判的であった(上泉「地方文化運動の諸相」『文化の様相』)。上泉の文章にはよく〝鎮守の森〟の〝村祭り〟などが理想として表象されるが、それを単なる「ノスタルジアにをはらしめてはならぬ」のであった。

上泉によれば、文化運動は「国民の教養を高める運動」であるが、「教養」の意味については学校主義的教養への反発が見られる。従来「上級の学校で専門の知識を修めた人、学問のある人」が「教養の高い人」と考えられていた。しかし、彼らは「農村にはゐつかない」。むしろ、地域には上級学校を出たわけではないが「実際の経験が学問になつて、村や部落で有用な仕事をして来てゐる人がある」。こうした人びとに依拠し、彼らを通して文化の向上を図ることが上泉の構想でもあったのである（上泉「農村青年の文化指導について」『文化のこゝろ』翼賛出版協会、一九四二年）。文化を、生活と遊離した「教養」「芸術」として理解する思考をあらため、「地方民をして伝統に目醒めしめる」（啓蒙主義！）と同時に、文化の「質」、文化の担い手とともに「地方」＝「われわれの周囲」を改めて見直すところから、「新国民文化の建設運動は出発しなければならない」のであった（同）。

一九四一年七月一日は、大政翼賛会改組後初の「興亜奉公日」である。「興亜奉公日」は一九三九年九月一日を第一回とし、その日は一汁一菜、禁酒・禁煙、食堂・喫茶店などは休業、前線の兵士のため「ぜいたく」廃止の日とされている。そして、全国一斉に隣組常会を開き、政府指導者たちのラジオ講演を聴き、各自の「生活新設計」を相談しあう機会として設定されていた。上泉はこの日、「初めて」住んでいる場所の隣組常会に出席した。集まったのは「辛うじて隣組の半数」、男性の世帯主は来ず、女性・主婦たちが「世間話をして帰る程度」の常会であった。ラジオ講演もそこそこ、「相当の家の主婦」や「高等女学校の教育を受けた方々」が「ひそひそと」おしゃべりをしている。上泉はこうした女性たちの態度に隣組における文化運動の困難を感じとり、「国民文化運動といふものは、一般の人人に、まづ公共生活、集団生活の本義を理解して貰って……生活の嗜みを養うこと」と考える。上泉にとって「銃後」の民衆生活は、「嗜みを失った」生活であり、「公共性を失った民衆生活の混乱は、殆ど絶頂に達したのではないか」と見えていたのである（上泉「隣組と学校」『文化の様相』）。

都市における「公共性」の喪失は、具体的には闇行為が止まらないこと、交通機関の混雑や〝割り込み〟多発などと表現されたが、むしろ上泉が注目するのは、そもそも「郷土」の基本には「社実的・協同的機能」がはらまれ、地域の「社会的集団関係」がその基礎となっているということであった。したがって、「協同生活の精神」を表現していると理解された文化が注目され、例えば大政翼賛会が主導する素人演劇運動も「協同化の精神」を養うことにおいて、高く評価される。[7]また、地方史・誌の編纂、「新風土記」作成、民俗行事・民謡の蒐集記録などの活動も「科学的立場」から「協同的集団的な形」で行うことが理想とされている。現実に「銃後」の地域で展開している「共同作業・農繁期託児所」などにおける労働編成のありかたや、部落会・隣保班(農家小組合)の編成などについては、「隣保精神を基調とする社会協同体的伝統が連綿として流れてゐる」と、その「自然」のありかたを高く評価する。しかし、その一方で、農村の協同運動を阻害するものとして、「欧米流の個人主義、自由主義」「都市文化」などよりも、「もっと頑固な」、農村それ自体が持つ「封建的な個人主義」を問題にしていたことも注意すべきであろう(上泉・前掲「農村青年の文化指導について」)。上泉とも親交があった山形県文化聯盟の結城哀草果も「都会文化に失望した都会人の多くは、地方文化を一概に健全なるもののやうに思つて、褒めはやす傾向がある」が、こうした都市在住知識人の「地方文化」への高い評価は、農村それ自体が持つ「近代文化」への志向や、新しい産業体制を築くという「積極的な健康性」を「去勢する……観念的運動」になると批判している。その一方、彼にあっても「村の紛争から家庭争議まで」の原因となっている「封建的個人主義」への強烈な批判意識が存在していた[8](結城「郷土の遺産について」『文藝春秋』一九四一年八月号、同『農民道場』中央公論社、一九四三年)。

大政翼賛会文化部の運動方針・理念は一九四一年一月、「地方文化新建設の根本理念と当面の方策」（酒井三郎執筆、『資料集 総力戦と文化1』資料4）で明示されている。その「新体制における文化の建設」は、「国民生活と遊離し……消費的、享楽的……個人的、非公共的性質を帯びてゐた」従来の文化をしりぞけ、「全国民的な基礎の上にたつ、生産面にふれた新しき文化を創造」する、というものであった。そのためには「日本文化の正しき伝統」を「自覚」することが重要であり、「伝統」や「生産面にふれた文化」は「地方文化」の中にあるとして地方文化振興が目指される。その場合も、「中央文化」の地方への「持込」「再分布」であってはならない。実際の文化運動実践に即してみれば、「地方農村の特徴たる社会的集団関係の緊密性」を維持・増進し、「集団主義文化」を発揚して「地域的生活協同体」を確立することを目標とするものであった（『青少年指導』七巻一号、一九四一年四月掲載の座談会における酒井三郎の発言）。ここで注目すべきは、「地方文化」という場合における、「生産面」への高い評価と、何らかの「協同性」への強い関心である。「集団主義文化」は地域に存在するもの（したがって「発見」「自覚」されることが重要！）であると同時に、そこに依拠してさらなる「協同体」を建設することが構想されている。こうした観点は、上泉の文化論とも共通するものであった。酒井にとっても「地方文化運動のルネサンス的意義」というべきものであった（酒井「地方文化運動の目標」『文藝春秋』一九四一年八月号）。

現在ほど「地方文化職能人と一般民衆との一体化」の必要が「痛感されてゐる時機はない」。「地方文化運動は単に文化職能人だけの運動ではない」。「指導者層を糾合」して、「地方民の生活」に働きかける「国民生活運動」と言える（上泉「地方文化運動の現段階」『文化の様相』）。このため地域には、種々の文化運動団体とは別に翼賛会文化委員会が設けられた。文化運動それ自体は各地域に「自然発生的」に生まれた「地方知識人或ひは指導者の自発的な運動」(上泉)と称されたが、その性格は放置しておけば「跛行的に傾きやすい」。翼賛会文化委員会は、それらに企画と指導を与えるものとして構想されていた。文化委員会は、文化団体同士の「連絡機関」となり、また「文化職能人」のみならず産業組合・産業報国会・青少年団などの指導者を組織し、文化運動を「地方の生活組織のなかに滲透せしむる」方策が求められたのである。上泉は「地方文化再建の運動は「個」の力を組合はせることによつて集団化し」、「全国民の文化的教養を高め、漸次これを生活化する方向へ導かうとするもの」と評価したのであった(「国民文化と地方文化」『地方と文化』)。

地方翼賛文化運動の思想

大政翼賛会文化部のよびかけに応じて、各地域に地方文化団体が続々と結成されていった。酒井三郎は、こうした動きに文化運動の「新しさ」を見出していた。これまでの文化運動は、「互に孤立的な立場」をとる「研究団体」や「趣味愛好者の団体」、各自文化の「利益擁護団体」が担い手であり、それらは「地方から全く遊離し……堅実なる地方民から相手にされなかった」。しかし現在は「専門的な各文化部門の「職能人」」が、研究や趣味にとどまらず「地方の生活の充実、文化の向上をはからうと」している。酒井は、こうした点を文化運動の「新しさ」として挙げている。芸術・娯楽といった従来の「文化」団体に加え、科学者・技術者・医師・新聞人・教育者たちも「職能人」として文化運動に参加しつつある、というのである。本来は「私的ことがら」に属する文化創造の営みが、

「公的人格」としての「職能」と位置づけられ、かつ地域の文化に「責任」を負う「国民的性格」をもつものと見なされたのである（酒井「地方文化運動展望」『資料集　総力戦と文化１』資料10）。

地方翼賛文化運動については、これまで次の諸点が確認されている。第一に、戦時期における文化運動のなかでは比較的自主性を保った存在であったこと。第二に、全国で一〇〇をこえる地方文化団体は、地域的には東北・九州地方や北陸において活発であり、さらに地方中小都市とその周辺農村が拠点であったこと（会津若松市ほか周辺郡部の会津文化協会、弘前市ほか津軽地域の弘前文化協会などの事例）。第三に、地域在住の著名な文化人のみならず、教員や医師、ジャーナリストなどの在地知識人・文化人層の活躍が目立ったこと。これらは「各部門における優秀な中堅人物」とされ、これらを「中核」として団体が結成される場合が多かった（酒井・前掲「地方文化運動展望」）。

また、翼賛会文化部が自ら指摘するように、地方翼賛文化運動には「当初二つの方向」があった。それは、「主として芸術部門の人々」によるもの（Ａ）と、「文化職能人といふより農村において自らも生産生活を営みつゝある青壮年層の指導者たちによるもの」（Ｂ）の二方向であった。それらを運動の内容および方法から見れば（Ａ）は「地方都市在住の文化職能人が文化財を生活の外部から与へて行くことにより国民の生活能力を高めて行かうとする方向」をとり、（Ｂ）は「生活の内部にあつて生活の実践を通じて生活能力を強化、向上」させる方向をとった、とされている（大政翼賛会実践局文化部「文化部事業報告（昭和十七年七月現在）」『資料集　総力戦と文化１』）。

「翼賛文化運動に最適の条件を具へてゐる」のは、県庁所在地ではないが郡の中心である人口三―五万人（具体的には会津若松、郡山、高岡、新津、旭川、海南、高山、浜松、倉敷、萩、小倉など）の「小都市」

であると言われていた。こうした「小都市」の文化運動の特徴は、①「綜合文化運動」に対応する適切な数の「文化職能人」がいること、②「生活的或いは政治的傾向」に職能を中心に結びついた地域の文化運動は「芸能に偏しやすい」といった問題点を抱えているが、「小都市」にあっては地域性と職能性の適度な配合ができること、③他団体との連絡が容易であること、であったという(森忠巳「地方翼賛文化団体の使命」『文化日本』八巻二・三号、一九四四年一月)。

地方都市の文化運動では、こうした〝強み〟を生かし、音楽会・展覧会・講演会、また百貨店などを会場とした「生活改善」・「栄養食」の展覧会などが企画・実施されていた。こうした運動は次第に、郷土の風俗・習慣、祭礼行事、民謡・民踊の再発見、やがて地域における「勤労烈士」の顕彰行為など「復古的運動」の色彩を濃くしていくが、そこでは「芸能方面の人々」が「先駆的役割を担当」していた(上泉・前掲「地方文化運動の概況」)。

しかし、地方中小都市における文化運動自身からもそのありかたについての批判的な意見が表明されていた。北九州地域における広範な文化運動団体を組織した北九州文化聯盟(一九四一年一二月結成)は、火野葦平らが中心となっていることもあって、これまでも地方文化運動研究において注目されてきた(9)。北九州文化聯盟は、重化学工業地帯を控えた都市で展開し、展覧会・講演会・音楽会などをその活動の中心にしていた。聯盟に参加した黒田静男は、運動のなかで「地方の青年層に文化理念と文化建設を理解して貰ふこと」を意図していた。彼にとっては、現実の農村に普及した「文化生活」は西洋と日本の区別を無視して導入された「奇怪な生活の様相」であり、「生活の混乱」＝「思想の混乱」をもたらすものであった(黒田『文化翼賛』錦城出版社、一九四三年、同『地方記者の回顧』黒田静男記念文集刊行会、一九六三年)。だから黒田は、「文化」は「消費性の贅沢もの」ではなく「創造し建設する間に生成し育養されるもの」とする。発足からしばらく後、北九州文化聯盟はその活動をふりかえって、これまでの文化運動は「「催し物」に傾き過ぎ」であり「華やいだ気分が結果として残つてゐることは残ねん」と述べ、以後、「国民生活」をはっきりと文化運動の対象に据えることを主張している(「手紙風な報告書──北九州文化聯盟のこと」『地方翼賛文化団体活動報告書』一輯、大政翼賛会実践局文化部、一九四三年)。

また、岐阜県高山市の知識人が中心であった飛驒文化聯盟は、当初の活動が「郷土研究」や文芸中心であり「ひろく生活文化の領域に活動する」ことが出来なかったとし(江馬修「飛驒文化聯盟が二年間に歩いて来た道」『郷土演劇運動の理論と実際』白林書房、一九四四年、永平和雄『江馬修論』おうふう、二〇〇〇年)、高岡文化協会(富山県)では、むしろ文化が「生活全面」にわたることを啓蒙するため「芸能方面への偏重を避け」る方針をとっている。高岡文化協会では、「華道」展覧会も「戦時生活」に即したものとするため、「有り合わせ器物応用華道」展、「野生雑草華道」展といった催しが試みられ、「従来の華道観に相当大きな衝撃を与へた」という(橘直治「高岡文化協会の運動概況」『地方翼賛文化団体活動報告書』一輯)。

一方、熊本の荒木精之のように、文化運動を「思想運動」「国体明徴」運動と考える立場からは、翼賛文化運動を「単なる生活文化的であつたり、芸能的であつたりして、何か根底のない上つ辷《すべ》りの感じ」の「一見バカバカしい時間の浪費」と考えるものも存在した(熊本県文化協会に対する評価、荒木「私は熊本で如何に運動してゐるか」『地方翼賛文化団体活動報告書』一輯)。日中戦争の「勃発」が自分の

「自由主義的なものの見方といふもの」を根底から「くつがへした」と語る荒木(補充兵籍にあった)は、一九三八年から熊本市で『日本精談』という雑誌を発行している。荒木は、「普通の庶民たち」と語りあうなかで、その「おどろくべき利己主義の醜悪さ」に「慄然」とし、地方文化運動が担う意義は「所詮は思想運動だと思った」という(荒木「「みたみわれ」意識の高揚」『文藝春秋』一九四一年一一月号)。こうした立場から荒木は、翼賛文化運動団体である熊本県文化協会を脱退し、県警察・特高課や新聞社の協力のもと熊本市文化報国会を結成、「勤皇烈士顕彰」運動を展開していくこととなる。[10] 実際の「庶民たち」を「利己主義」にそまった存在とみなし、その「思想」を改善しようとする志向性は、翼賛文化運動が多くとりあげた「生活文化」や「芸能文化」そのものをも批判するまでに先鋭化していったのである。

地方都市における翼賛文化運動は、映画・演劇・音楽会、芸能祭などのイベント、講演会の開催、百貨店などを会場とした展覧会などを通じた「生活スタイル」の提示、といった運動を展開していった。それは不特定多数の観衆を集めるものであると同時に、一九二〇年代以降それなりに蓄積されてきた地方都市のモダニズムを前提としたものでもあった。

アジア太平洋戦争末期、北九州文化聯盟の活動拠点の近く、日本製鉄を擁する北九州の工業地帯が空襲されるような状況のさなか、大政翼賛会文化厚生部副部長(一九四三年に文化部は文化厚生部と改編)の福田清人は地方中小都市の翼賛文化運動を次のように総括している。それは、①「組織活動から地域内の啓蒙運動」がとりあげられ「運動も行事的なものが多かった」こと、②講演会・展覧会といった「人を寄せる形式」のものが「文化団体自己のものとして」行われたこと、であったが、空襲の危機が迫る状況においては「啓蒙運動性、行事性、文化団体の孤立性、中小都市性」と意味づけられた文化運動にもその「変化」が求められるようになっているという(福田清人「地方文化運動について」大政翼賛会文化厚生部『文化健民運動資料』七輯、一九四四年頃)。福田はイベント企画を少なくし、空襲に備えはじめた中小都市の文化運動を「文化団体も今日においては武装してゐる」と述べている。中小都市の文化運動はこうして追い込まれていったのである。

「生活」の文化運動

「芸能」と「生活」、先に述べた地方翼賛文化運動の「二つの方向」は現象的には並立的であり、また九州地方では(A)、東北地域では(B)のタイプが多いなど地域的な差異はあっても、理念的には「生活文化」に結びつく(B)の方向性を持つ文化運動が高く評価されていた。

農村文化運動に携わった田村隆治は、宮崎県の地方文化運動指導者から「村に映画を持ちこむとか知識を与へるとか……単に外から、村や部落に、何かをつけ加へる」ような仕事ではいけないと指摘されたという。文化運動の「根本のよりどころ」は、「村や部落の人達が、自分達自身の手で、よろこび、よき智慧を創り出すといふことになければならぬ」、こうしたことが地方の文化運動指導者の立場であった(田村『日本農村の文化運動』大同印書館、一九四二年。しかし、田村自身は続けて「外から」文化を「流し込む」必要も強調している)。こうしたなかで酒井三郎は、大政翼賛会の文化運動が「新しい段階に到達した」と誇らしげに語っている。それは、「外から文化財を与へる文化運動」に加え、「生活自体に着眼し、これを直接に引上げてゆく運動」が次第に中心になっているとの認識に基づいていた（酒井・前掲「地方文化運動展望」）。

翼賛会文化部の仕事で地方を多く回っていた中島健蔵も、福島翼賛文化協会発会式での出来事として、「地方文化協会が、地方都市を中心とする文化人の集合にとどまり、真の生産地である農村や、産業報国会などと無関係に動き、更に進んで文化の享受的な面だけを中継的に農村へ流し込むやうでは、大変な失敗となる」との発言を記録している（中島健蔵「地方文化運動管見」『中央公論』一九四一年一一月号）。福島県は、会津・郡山・磐城・白河・須賀川などの中小都市を中心にして、四市一七郡のうち文化協会の設立していない郡は一つのみ、という地方翼賛文化運動がさかんな地域であった[11]。福島県翼賛文化協会では、「新文化運動における第一の任務は旧来の文化観との闘争」をスローガンに掲げ、運動を展開してきたという。「新文化運動のテーゼ」は「消費的なものゝ代りに生産的な、装飾的なものゝ代りに実生活的なもの」をというものであり、文化運動は「現実の仕事の上にそれを示さなければならなかつた」。したがって文化協会では、映画・演劇・文芸講演会の要求には「意識的に応へないやうにして」、厚生運動・生活改善運動に主力を注いでいた。会津・磐城の保健衛生運動、郡山・石川の生活改善運動などがその具体例であり、一方、芸能運動は「戦時生活の糧として、生活文化向上への補助運動」と位置づけられていた（『福島県における文化活動報告書』福島県翼賛文化協会、一九四二年九月）。

ところで、大政翼賛会文化部では地方翼賛文化運動の「担い手」をどのように構想していたのだろうか。ここで特徴的なことは、必ずしも地域の文化指導者たるべき「教員」を無条件で文化運動の担い手としていないことである。一九四〇年一二月四日、「文化指導者」の問題が議論されているが、文化部の認識によれば、「文化指導者」は基本的に「農村生活に地がついた半知識階級的な篤農家」が最適であると考えていたようである。しかし、日中戦争の長期化という事態のもとでは「斯様《かよう》な人は極少数」であるから、「かゝる指導者が組織的に錬成される迄は小学校の訓導等に積極的役割を荷つてもらふ」こととされている（「地方文化に関する準備会」での議論、「手工芸の問題」『大政翼賛会会報』二号、一九四〇年一二月一五日）。もちろん、翼賛会からは青年教師への期待が語られている。文化部でも、青年教師錬成大会や、「地方文化運動の下部組織たる地区文化協会へ教師を積極的に参加せしめ」るよう要望もしていた。しかし、それも「地方農村の有力な推進力たる青年」が多く戦場ないし軍需工業へと移動していくなかで、相対的に教師の役割が高く評価されているものであった（「教育者は農村文化の中心　青年教師団と懇談」『大政翼賛』三二号、一九四一年八月一三日）。

地方翼賛文化運動においては「指導者の育成が先決問題」であり、「殊に農村は、かかる指導者を得るのに困つてゐる」と認識されていた（上泉秀信「青年運動の目標」『地方と文化』）。その一方、翼賛会文化部では「知識階級文学青年は指導者として不適当」と考えられていた（前掲「手工芸の問題」）。高学歴な都市経験者は「都会の優位性」を経験しており、「地方独自の文化的発展に寄与する能力を失つてゐる」とされ、こうした人びとは「都会を地方へ持ち込む以外には……地方独自の文化を築くといふ役割」には不適当、かえって「地方を都市化」するに過ぎないと把握されていた（上泉・前掲「青年運動の目標」）。文化運動にはある程度の「啓蒙家」が必要であるが、地域の教師は「肩書き」にこだわり、地域文化にはあまり関心がない、といった批評も現れていた（座談会における中島健蔵の発言、『青少年指導』七巻一号、一九四一年四月号）。「教師」は、一定の「期待」をかけられつつ、同時に批判の対象でもあったのである。

秋田県仙北郡角館町(現・仙北市)を中心に展開していた北方文化聯盟(一九四一年一月発足)の富木友治《とみきともじ》は、「地方文化は第一に学校の先生、それから篤農家、さういふ人から努力して貰はねばならぬ」としつつ、「今迄地方文化の中心は学校の先生であつたが、文化を生活から遊離させてしまつたのも先生だ」と痛烈に批判していた(『秋田魁新報』一九四一年二月二七日)。北方文化聯盟は、「角館町地方ノ農村生活ォヨビソレニ関連セル地方生活者一般ノ男女十八才以上ノ者」を対象として組織されている。宣言文は大政翼賛会の地方文化に関する精神をそのまま引き写したに過ぎないともいえるが、実践にあたっては「私タチハソノ位置ヲ地方ニ置キ、ソノ環境ヲ農業トソレニ関連セル生活諸相ニォキ」、中央集権を脱して「地方」を自らの生活基盤として、そこに生き続けている文化を発掘・保護していくことを重視した。彼らは、「生活ヲハナレ立身出世ヲヒタスラ観念シタ教育ハ、イタズラニ活字ノ秀才ノミヲ多ク世ニ送リ」と「学校教育」「英才教育」を批判し、生活をしっかり見つめて「工夫」をこらす必要を訴え、角館地方の伝統産業「樺細工」の振興をはじめ「民具手工芸ノ研究」「演劇、映画、民謡等ノ娯楽機関ノ健全ナル普及」を目的として活動を展開していた。聯盟員はそれぞれを「盟友」と呼び、「ばつちヲ襟マタハ胸ニツケルコト」など、同志的な色彩を濃厚にもっていると言われている(12)。

長野県南安曇郡穂高町は地方都市松本を近くにひかえるが、延喜式内社・穂高神社があり、近世以来、千国街道の宿場町として栄えた町場であった。山がちの信州のなかでは比較的広い平野が広がり、水の便もよく米作地帯であった。ここに結成された穂高文化協会の参加者は、「精米業あり、魚屋あり、画家・彫刻家・塗装・呉服・金物屋・教員・銀行員・産組書記・骨董屋・謄写・僧侶・百姓・ラヂオ屋・新聞配達・肥料製造業等、その生業において凡《あら》ゆる職域の寄集り」であったという(須坂国美「文化運動の一形態　穂高文化協会のこと」『地方翼賛文化団体活動報告書』二輯、大政翼賛会文化厚生部、一九四四年)。穂高文化協会は、自らの運動を「実践体といふのであるよりは……寧ろそのよき指導者の養成機関である」とし、「文化運動の縁の下の力持ち的存在」と位置づけている。その意識は、さまざまな文化活動を行うにあたって、その文化活動が「大衆に対する魅力は勿論大切ですが、飽くまでも私達は指導的な立場に立たねばならない」というものであった。「大衆とは非常に正しい叡智を内蔵するものでありながら、常にその逆な傾向を辿りたがる場合が多い」。文化運動の「指導者」は、「此の叡智を掘出し磨いてやるのでなくてはならぬ」のであって、「大衆の御機嫌をとることに汲々としてゐたのでは、真の文化運動の成果は期待薄」というものであった。

地方翼賛文化運動は、相対的に「自主性」を持っていたが、その基盤としては地方中小都市に存在する在地知識人層の役割が大きかった。内容的には農村医療や生活条件の改善などと娯楽・芸能文化、地域文化の再認識といった性格が指摘されているが(地域的には東北・北信が前者、北九州・近畿が後者)、そのことも、在地知識人の思想と大きくかかわっていた。多くは国策の線にそった文化運動を実践したに過ぎないともいえるが、こうした在地知識人の諸類型を、民衆経験・民衆認識の深みから再検討し、戦時・戦後を通じた「民衆知識人」の存在様式として考察していく必要があるだろう。

文化運動と翼賛壮年団

こうした地域の実情のなか文化運動を展開していくとき、その有力な担い手となったものが翼賛壮年団であった。

そもそも、翼賛壮年団は、地域における翼賛文化運動の担い手としても重要な役割をわりあてられていた。例えば「翼賛文化団体組織要綱」(案)では、「翼賛文化団体」を「国民の生活力を綜合的に高めんとする国民運動の実践体」とし、そのうえで大政翼賛会の指導のもと「特に大日本翼賛壮年団並に推進員と緊密なる連絡提携」をしつつ運動を行うことが構想されている(日付ナシ『資料集 総力戦と文化1』)。上泉秀信も、「生活を刷新して、これに高度の文化性を与へる」ような運動を理想としているが、その具体例に挙げたのは長野県の翼賛壮年団であった(前掲「地方文化運動の概況」)。一九四三年段階になると、翼賛文化団体理事には道府県翼賛壮年団本部長が指名をうけて就任することになっている(「地方翼賛文化団体結成要領」一九四三年四月二二日『資料集 総力戦と文化1』資料9)。栃木県文化聯盟をはじめ文化運動に携わった渡辺源六は、「翼賛運動それ自体が文化運動だともいひ得る」との立場から、翼賛会・翼壮のほかに文化運動団体をつくることについて違和感を表明し、「文化運動は郷土を理想化する運動」であり「翼壮の持つ一つの大きな使命」と主張している。翼壮や大日本婦人会などの組織を文化運動の「実践組織」として、「文化職能人」と結びつけることが重要であった(渡辺「地方文化運動の組織」『地方翼賛文化団体活動報告書』一輯。『下野新聞』一九四三年三月[日付ナシ]に掲載という)。

しかし、地域で文化運動を活発に展開した翼賛壮年団は、戦時期に組織化が進んだものではなく、むしろ以前からの小グループを基盤とした地域単位の翼壮であった。こうした集団は、単なる芸能文化運動というよりは、生活改善・社会改良運動といった性格が強い。そして、その実践のなかで、何らかの全村的組織の形成を指向するという特徴がある。

東京近郊、織物業がさかんな都市・八王子の周辺部農村は、松井翠次郎の文化運動や、教育科学研究会の活動(恩方村)をはじめさまざまな文化運動が展開していた地域である。東京府南多摩郡元八王子村では、一九四〇年、教師・公吏・帰還兵士などが「水曜会」というグループを結成、農村劇の研究や子どもむけの文化運動を展開していた。やがて「男女青年団から部落の母親たちまでが運動の対象にとり入れられ」、文化運動が全村的なひろがりをもつようになったことから、「水曜会」は壮年団を結成して組織を全村的にすることとし、地域の課題となっていた「無医村解消運動」を始めることとなった。運動の成果として保健婦二人の常設を実現、村に保健協会を設立した後、一九四二年、これまでの組織を翼賛壮年団として再発足した(『翼賛壮年運動』一七号、一九四二年九月二六日)。元八王子村翼壮は、①村立診療所の開設と国民健康保険普及の運動、②従来の農村劇や子どもを対象とした文化教育運動、の二つを「表裏一体」として進めており、「団員によつて創造された郷村の文化は大衆的な表現形式をもつて、保育園の幼児から青少年団、男女青年団、母の会、部落常会を通して一般成人へ計画的に流されてゐる」という。この村の活動はかつて「全村保健運動」(『壮年団』一九四一年七月号)ともいわれていたが、村の翼壮が「推進力となつて、村内の各種団体が見事な協力体制」を作りあげた事例である(大日本翼賛壮年団本部編『団運営の実際(二)』大日本翼賛壮年団、一九四二年)。

香川県小豆島。現在でも、農村歌舞伎がさかんな地域の一つである。島の南方にある安田村とこの村の翼賛壮年団、その指導者(翼壮副団長・文化部長)の空井健二は、戦時下の文化運動において注目を集めていた。安田村は醬油醸造業がさかんであり、住民の六割が農業、三割が漁業、一割が主として醬油醸造に携わる商工業である。純農・純漁はほとんどなく、全村が醬油醸造の季節労働に従事している。労働者が醬油株をもっているため、全村の「生活は安定」しているという。こうした安田村翼賛壮年団の起源は、村内小グループのうちの一つ「まるめる会」である(以下、「まるめる会」については下村湖人「小豆島の煙仲間」前掲『煙仲間』、同「小豆島の文化的壮年団」『壮年団』一九三八年一二月、『壮年団』一九四〇年一一月記事)。昭和のはじめの頃につくられた三五、三六歳(一九四〇年頃)の「中堅」の会で「円《まる》める会」、政争もあった村を円滑にしようという「同志の集り」であった。その「まるめる会」から一九三六年、「煙仲間」が結成され、農村で「一番見捨てられている」文化の問題をとりあげ、幼稚園設置運動や保健運動、結核予防運動(戦時期・小豆島から阪神地方への労働力移動の影響)を行ってきた。一九三八年より村に健康相談所が常設され、保健婦がおかれている(大日本翼賛壮年団本部編『団運営の実際(三)』大日本翼賛壮年団、一九四三年)。村には「医学博士」「歯科医師」がいるが、二人とも「煙仲間」である。「まるめる会」を中心に壮年団組織(「煙仲間」)ができあがり、「村生活の単位として十人組・五人組」の組織がつくられ、壮年団の運動も「全村運動」へ展開していった。壮年団結成後も「まるめる会」は続けられている。

こうしたなか「同好の者」が中心となって一九四一年一月、「御日待」講の余興として寸劇を行った。あまり練習もせずにやった芝居だったが、「非常に好評」だった。寸劇が好評を博したのも村民たちに娯楽抑制に対する不満の「気分」があったからであった。この活動のなかから空井健二を中心として「安田村文化演劇隊」が結成される。演劇運動により、村民たちのあいだには「今まで圧し附けられて居た様なものから解放された何か寛《くつろ》いだ様な空気が流れ始めた」。そして、村の生活全体を対象として「あらゆる部面に演劇的な文化手段を取り入れ」、「国体明徴」に役立てる運動を実践しはじめる。「生活行事祝祭典の演劇的構成化」と評価された安田村の文化運動は、地域の年中行事（盆、秋の祭り、正月、春の節句、夏祭り）を演劇的な「工夫」をして行うもので、例えば「盆踊り」は、祭壇を設けて「オリンピックの聖火」と同じように墓地から「霊火」を迎えるという演出をしたり、戦没者の忠魂「御祭」として位置づけるものであった。これらの企画を村常会に持ち出して「全村運動」として展開し、村内各種団体がそれぞれの担当を受け持つ全村的な演劇祭とでもいうべきものであった。夏の夜（午後七時三〇分）、「出場者」は部落毎の責任者に引率されて会場へ行く。八時開会、国民儀礼の後、「田圃の彼方から霊火がちら〳〵と見え」、その「霊火」は「村長に捧持されて僧侶を先導に在郷軍人会員に護られ」て祭壇に進む。安田村産業報国会の「産業戦士の歌」、国民学校生・男子青年団、最後は村民全体で「安田踊り」（これは宝塚少女歌劇でも採り上げられたという）を踊って散会。二日目も同様のプログラムに加えて「御霊送りの儀式」を行い、それまでの電気照明を消して「送火の明かりのみによつて」踊りが行われる。村の年中行事には「自然と巧まれた演劇性と群集心理によつて自らなる気分の昂揚」がある。村の行事のこうした性格を効果的に文化運動につなげていくことが安田村文化運動の特徴であった。それは、「農村には笑ひと同時に涙が必要」であり「時には感情の激発が必要」であるという、「大衆的なもの」を重視する認識を空井たちが持っていたことによっていた（空井健二「小豆島安田村の演劇運動」『文化運動資料』一輯、大政翼賛会文化部、一九四三年）。安田村の人びとは、翼賛壮年団を中心とした文化運動によって、地域において「演劇的」に演出された祝祭典行事を経験していったのである。

〝江差追分〟で著名な北海道檜山郡江差町は、日本海に面した漁業を中心とする町場である。一九四二年一月に「少数の同志」によりスタートした江差町翼賛壮年団は、戦時生活体制建設のための文化運動を展開していた。周辺地域の諸団体をも集めて漁村文化懇談会が開催され、教育に力点をおいて中学校建設運動・奨学金資金拡充の運動を展開していった。合唱団・詩吟会の結成も行われている。注目すべきは、漁村という性格もあるのだろうか、「翼壮主婦会」が団員家族の女性全員を会員として結成されていることである。「翼壮主婦会」は、地域の大日本婦人会の「中核体」として位置づけられている。一方、翼賛壮年団定年(四六歳)以上の男性は「協和会」を結成、「町内会長その他、各地域職域における有力者を殆んど全部包含」していたという。

江差町の翼賛壮年団では「家族と教育」が中心的な課題となっていた。戦時体制のもとで漁村の「後継者育成」が課題となっていたからである。一九四三年六月、大政翼賛会北海道支部文化班によって企画・開催された「檜山漁村文化協議会」では、漁民「それ自身」の実践家が欠如していること、鉱山地帯への「青壮年離村」の問題、女性の再教育の問題(漁期に男性がいないため)がとりあげられ、さらには「漁村の知識分子(学校出)は帰村」しないこと、しかもそれを「父兄が息子の立身として悦びとする」という態度が問題視され、「漁村再建」のため「教育者を漁村自身のうちに養成してゆかう」という提案がなされている(小田邦雄「漁村の文化建設」前掲『地方翼賛文化団体活動報告書』一輯)。江差町翼賛壮年団では、後継者育成策として団員より「世話人」を選び、一五歳の「元服者」をそのもとに「所属」させ、読書方法・勤労奉仕などの活動を保護者・保証人として「指導」した。このことは「家庭全部が翼壮とつながる」ことと評価されている(前掲『団運営の実際(二)』、『翼賛壮年運動』三三号、一九四三年三月)。転廃業者子弟の学資および医療費を共同拠出する試みも注目に値しよう(13)。

2　職場と工場の文化運動

千葉県の醬油会社(銚子のヤマサ)「公正会」の堀秀彦は「今は国をあげて全体主義の時代」、「団体訓練としての社会教育にはもってこいの時代」である。団体を動かしておけば「精神総動員運動」としての「成績」は上がるだろう。しかし、実際に人びとのすがたを見ると、現代の「責任を意識した個人がない」ものである。「非常時には日本の国民は最善の意味の団体主義者になることが出来る。そしてその反対に常時に於ては日本人は常に悪い意味での団体主義なのだ」。「非常時の民衆の団体を社会教育の対象とする限り」それなりの成果はあがるだろうが、むしろ堀が向かい合おうとしたのは「責任を意識した個人がない」、「日常生活のなかの民衆」であった(堀秀彦「田舎の文化問題」『日本評論』一九三八年一〇月号)。企業の社会教育(教化)担当者が向かい合おうとした「団体」と「個人」の関係は、戦時下、どのような問題として存在したのだろうか?

工場文化運動

工場文化運動は、比較的大きな工場・企業において、経営者や労務管理担当の知識人の指導のもとに発展した場合が多く、日中戦争以後新体制運動期にかけて、厚生運動や産業報国会の文化運動、また企業・行政による奨励もあって、産業報国会あるいは工場・企業内に演劇、絵画、文学、詩吟などの文化運動集団が形成されていった。これまでの研究で、戦時下工場文化運動は、主として厚生運動との関連でとりあげられ、その政策的対応と運動の概要はかなりの程度明らかになってきている[14]。戦時期の職場における文化運動については、①スポーツ・ハイキングなど主としてからだを動かす活動を中心とする厚生運動の展開という視点から、②また、演劇運動・音楽運動・巡回(移動)映画など個別の文化運動や、③さらに大日本産業報国会の事業とその実践という視角からも研究が進められているが、その全貌は非常に複雑で容易にはつかめていない。それは、これらの運動の最末端を構成する戦時期の職場や、町工場をはじめとした職場と地域との関係などがよくわかっていないことにもかかわっている(高岡裕之・前掲「大日本産業報国会と「勤労文化」」)。

一方、文学史研究では、主として「詩作」や「詩の朗読」運動が、戦時下民衆の「感情の動員」という視点から注目されている[15]。銃後の社会において、「自分達の感情を無理やり押しこまされてる」人びと、「生き生きとした感情を、表白する時には、死んだ様な言葉に翻訳しなければならない」社会に生きた人びとが都市社会に遍在していたとすれば(第三章)、工場の文化運動は、人びとに「感情」表出の回路を提供したものであったといえる。一見、単なる「公的イデオロギー」「紋切り型の戦意昂揚」にすぎない表現のなかに、人びとの感情の昂ぶりを読み解いていく必要がある。「感情」の表出は、公定の(つまり誰もが批判できない)〝ことば〟を得ることによって、人びとに「解放感」を感じさせるものでもあったからである。

文学史研究のなかから注目をされている文化運動は、翼賛運動のなかでその広がりが主張された

「詩の朗読」運動であった。それは、「日本精神の詩的昂揚」と「国語の純化」を目的とし、朗読用の小冊子(『詩歌翼賛』一九四一、四二年)が刊行され、ラジオ放送、レコードなどによって普及していった。そして、多くの職場・地域に、朗読講習会、「同好人士」「単なる趣味の会」ではないかたちでの研究団体の誕生をみた。作詩に参加した詩人たちは、これまで浴びせかけられていた批判である「現実遊離」、「大衆からの孤立感」といった問題から一挙に脱却する道を見出した(坪井秀人『声の祝祭』名古屋大学出版会、一九九七年)。そして、詩の書き手と受け手の差は小さく、あいまいになり、詩を表現する人びと(書き手)は家庭・隣組・職場・戦場へと拡大し、「ほとんどあらゆる場所に詩の表現の場が提供されたという点で、全く稀有な時代」と評されるようになる。「極言すれば、この時代には条件を備えれば誰もが〈表現者〉になることが出来た」のである(同)。そして、それは一九四一年一二月のアジア太平洋戦争の開戦、そして翌年二月のシンガポール占領によって、エスカレートしていった。詩作や詩の朗読運動には女性詩人も参加し、彼女たちも「発表の場の獲得と引き換えに体制の要求する文学的〈スピーカー〉」、つまり一人の「指導者」となっていった。しかし、アジア太平洋戦争が激化していくにつれて、翼賛運動や産業報国会の文化運動のなかでは「詩作」の主体、「朗読」の主体でもあった労働者たちは、専門詩人の作る詩によって戦意と増産意欲の昂揚を「よびかけられる」「客体」となっていき(作者は「指導者」となる)、次第に運動としては衰退していく。それは、ラジオによって放送される、「声」(朗読詩)と「音楽」のみが集会や職場で氾濫する状況を生み出すのであった(同)。

工場文化運動は、まず職場などに存在する既存の文化集団を解体・統合するところから始められていった。「勤労者」の文化運動のなかでも素人演劇の奨励は重要な課題であったが、演劇運動で著名な大同毛織稲沢工場(愛知県)では、産報組織を離れて「独自の文化活動体或いは同好グループ」をもつことは「甚だ危険」であり、それらを「絶対に認めない」との方針がたてられている(栗原勝一「指導者と「心」」『工場と文化』大政翼賛会文化厚生部、一九四四年二月『資料集 総力戦と文化2 厚生運動・健民運動・読書運動』大月書店、二〇〇一年)。「集団生活を地盤」とした「生活の協同化」のために素人演劇運動を指導・奨励していた大政翼賛会文化部も、「素人劇団で村や職場の集団生活と何の関係もない」ものは「解散」としている(前掲『素人演劇運動の理念と方策』)。

東京芝浦電気株式会社芝浦支社産業報国会では、「事業部新体制」として「グループだけの活動になりやすく、一般化しなかった」「趣味の会」を統合した(『産報神奈川』八五号、一九四一年七月五日)。いすゞ自動車川崎工場では、工場労働者が組織する娯楽・スポーツなど趣味の団体はもとより、それ以外にも「「安眠会」とか「麦酒を飲む会」等があってもいい」と福利係長が「同好会」の結成を勧めている。しかし、こうした集団形成が奨励される場合も、「麦酒を飲む事すらも産報精神の涵養になる」、「仕事をする以外の、各人の自由な時間迄も産報精神で規正しよう」とのねらいからのものであった(いすゞ自動車川崎工場産業報国会『いすゞの友』一九四一年一〇月、『横浜市史Ⅱ 資料編5 戦時・戦後の労働と企業』一九九五年)。

ラジオの音楽番組は普及し、レコードの売上げは拡大していった。都市部においてはクラシックの音楽会が盛況となり、アジア太平洋戦争開戦前まではジャズなどの軽音楽がブームとなり、楽団も多く組織されている。こうしたなかで工場の文化運動では「音楽」が注目を浴びる。しかし、職場の休憩時間におけるレコード鑑賞(主にクラシック)など、「高級音楽」を民衆のあいだにもちこむことはうまくいっていない。逆に、合唱・吹奏楽・ハーモニカの三部門の勤労者音楽大会への参加団体数は四九〇団体(第三回、一九四三年一〇月)までに増加していた(赤澤史朗・前掲「太平洋戦争下の社会」)。それは、厚生運動の文脈からさかんに奨励されたものであった(厚生音楽体育研究会『職場と音楽』日本ビクター蓄音器、一九四一年)。「最近工場その他勤労の場所に、集団訓練といふ意味からなのだらう、音楽団の組織が甚だ多い。殊に支那事変第二年目(一九三八年)以降、非常に目立って多くなつた。多くはブラス・バンド、ラッパ鼓隊(男子)と合唱団、鼓笛隊(女子)で、最近では一つの流行ともみられる程である」(鈴木舜一『勤労文化』東洋書館、一九四三年)と言われている。一つの会社で「一隊を五十人なり八十人なりとし、さういふ隊を沢山作つて互に勉強し合ふやうに」することが厚生運動には価値がある、「特別な人々だけが音楽をやるのでは効果が薄い」(小松耕輔「産業と音楽」『社会教育』一二巻一二号、一九四一年一二月)とも指摘されていた。

一九四〇年暮れ、「某精密機械製造工場」の青少年労働者(一三—二〇歳前後、七〇〇人ほど)に対して実施された「工場娯楽」に関する調査がある。男性の労働者は、「音楽を聴くのは好き」が九四%、自分で「音楽をやりました」が三六%である。女性の労働者より「音楽経験」が多い。やってみたい音楽は、ハーモニカが「断然他を圧して」多く、アコーディオン・浪花節・詩吟・ラッパ鼓隊と続く。好んで聴く音楽は軍歌・ハーモニカ演奏・浪花節が「殆んどピカ三」、休憩時間(午前、正午、午後、合計して一時間)にレコード演奏を流す工場が多いが、「好きだと答へてゐるもの」が八〇%、「厭だといつてゐるもの」が七%いる。一方、特に二〇歳前後の女性の労働者は、ほとんど「音楽が好き」と回答している。聴きたい音楽は「軍歌、歌謡曲、それに浪花節、ハーモニカ演奏」、一方「自分で音楽をやるもの」一五％、「やらぬもの」八五％であり、「相当多くのもの」が「音楽を習ひたがってゐる」らしい。「学習を希望」するものはハーモニカ、唱歌が多い。さらには「ブラスバンド」「ラッパ鼓隊」希望者もいる（「工員たちはどんな娯楽を求めてゐるか」『文藝春秋』「現地報告」40、一九四〇年一二月号）。

こうした意識をうけて工場ではさかんにブラスバンド・鼓笛隊などが編成されていく。吹奏楽団などの組織においては、「職員の発起と指導にかかる事例が多く、参加者の大部分は青年工員である」ことが指摘されている（協調会産業福利部編『工場鉱山音楽調査』同、一九四〇年）。しかし出征兵士見送りや、会社の式典・儀礼などのみに出動するブラスバンド・合唱団などは、出来ても長続きしないという事態となっていた。勤労者音楽大会の盛況などの裏側には、職場などのコンクールによって「工場に於ける音楽愛好者中の特殊のものが、玄人的の訓練をうけ……著名の士から評価をうけるといふこと」となり、かえって「工場内に於いては、音楽団の存在を益々稀薄にして行ってしまふ傾向すら見出される」のであった（鈴木舜一・前掲『勤労文化』）。

一九四一年一二月一九日、労働科学研究所が開催した「戦時緊急厚生施設懇談会」では、アジア太平洋戦争開戦までの労働者と文化について興味深い問題が指摘されている。出席者の一人である入山採炭株式会社（茨城県常磐炭坑の一つ）労務担当の小山田滋は、職場での文化運動について次のように語っている。「色々趣味の調査などやつて見た結果が、一番多かつたのは釣です。釣をやるのが一番嬉しいらしい。坑内地下労働をして居る者が日光に当るのだし、今のやうな時代ならば釣が一番いゝのではないかと思ふ」。小山田は労働者の文化運動について「一番いゝのは適当に睡眠を取ること、余り過激な運動をしないこと」が良いと述べる。「寝る坑夫程よく働く」のだ、と。しかし、こうした消極的な「余暇」を「奨める」訳にはいかないので、小山田は、職場に文化運動のための「会」(＝〝釣り〟の仲間集団)を作ったというが、会を作ると「結局自分の釣いゝ場所を他人に教へる」ことになって「そんなことは嫌ふ」、「団体的にやっては駄目」であった。吹奏楽団の事例といい、職場労働者の文化運動ではなかなか「上から「会」をつくること」が困難である事情が語られている(16)。

従来指摘されるように「勤労文化」概念は、そもそも、文化運動に参加する主体の「自発性」や「創造性」が強調され、「勤労者」を「勤労文化」創造の主体として位置づけてはいた。しかし、それは余暇利用＝厚生運動の文脈を出るものではなく、大政翼賛会文化部や産業報国会などが目指した単一の「国民文化」形成の積極的な担い手として位置づけられたものではなかった。「集団」は確かに文化運動の担い手として注目されてはいたが、その意味も、その場所(職場・地域など)での「集団生活」の「訓練」に役立つ限りのものにすぎず、逆に文化に対する「自発性」「創造性」をどのような集団によって担っていくのか、という観点からの議論はほとんどなかった。国威発揚というテーマが基本的には決められてしまっているなかで、「文化の創造性」を問題にすること自体が無意味でもあった。

近藤孝太郎の文化運動経験

こうした戦時下の文化運動のなかにあっても、新たな、そして戦時下でなければできない民衆経験をした人びとがいた。そのなかの一人が石川島造船所の近藤孝太郎である。近藤孝太郎は一八九七年、愛知県東部の都市・岡崎の近郊、額田郡常盤村に生まれた。県立第二中学校を卒業して東京高等商業学校に入学、一九一九年、日本郵船会社に就職、翌年からニューヨーク支店に勤務する。一九二一年、退社後、パリで絵画・演劇を研究した。郷里、岡崎にもどった近藤は、中学校の美術教員をつとめるかたわら文化運動に携わり、次第にマルクス主義の影響をうけ、一九三三年には検挙されている(不起訴)。一九三六年、『音楽新聞』編集長となり舞踊批評家としても活躍、一九三七年発足の「日本舞踊聯盟」では書記長に就任、バレエ台本の制作も手がけた。舞踊における「写生」を、「表現する対象を客観的に写し取ること」ではなく、「作家がその表現様式に囚われず、「印象のまま」忠実に表現した」ものと位置づけた。また「批評は「指導」ではなく、「共働」である」とした舞踊批評論によって、「近代舞踊評論の先駆者」と位置づけられてもいる(國吉和子「近藤孝太郎論」『舞踊學』二〇号、一九九七年)。一九三七年、石川島造船所に入社して産業報国運動のなかで産報文化部長に就任した。[17]

石川島造船所は、「銀座も近ければ浅草上野へも直ぐ行ける」という月島にある。日本主義労働運動の一拠点として著名であり、一九三八年七月、日本で初めての産業報国会といわれた「石川島自彊会」が結成され、「産報運動の鏡」とまで評された。近藤が入社する前から吹奏楽団が企業内に組織され、工員家族を工場内に招いての素人演芸会も行われていた。[18] しかし文化施設が「本式に整備して来た」のは企業内に産業報国会組織が確立してからであり、しかも当初の「理想的な産報案」(すべての文化部門を網羅した画一主義)は工場の「現実」のまえに「一向よい実」を結ばないままであった。「工員の水準向上を目ざして」(前掲『工場と文化』)は、近藤孝太郎が石川島造船所における文化運動について、その「失敗談」を語ったものである。音楽、特に吹奏楽や合唱団は、産業報国会結成前から設立されており、石川島各事業場における産業報国運動の初期に「最も推賞され」たものであった。しかし近藤は、吹奏楽は「従業員一般の文化とは切り離され」、「会社の式典音楽」(鈴木舜一)になっていると考えていた。「合唱団」も当初は「非常な人気」であったが一年で「全滅」という「失敗」の経験をしている。吹奏楽団も、工場が「増産で大童」で休日すら切り詰めている状況のなか、理論的には「集団的でいい」とわかっているけれども「従業員の生活とぴったりしない」。ハーモニカ楽団も「全滅」となってしまった。石川島造船所産業報国会の音楽部事業は事業部運動として高く位置づけられ、会社がさまざまなかたちで資金援助したにもかかわらず、「決して盛大」とはいえず、むしろ「失敗の歴史」「失敗の経験」だったのである。

石川島造船所でむしろ活発であった文化運動は、会社からほとんど援助を受けられなかった文学関係の運動であった。石川島造船所では「俳句」と「詩」を創作する会が「殆んど自然発生的に出来」ていた。「詩は形式や制限がなく自由なだけに現代の青年に予想以上に親しまれてゐます」と近藤は述べている。俳句の会の活動がさかんになると(「石声会」というサークルを作った)、すでに会社内の青年学校同窓会誌や健康保険組合年報などに詩を掲載していた青年工員のなかから「詩の会」を作ろうという声があがり、「石川島詩友会」が結成される。近藤によれば、「詩精神」は本来すべての人が持っているもので、すべての人は詩を作る事が出来、「詩人であり得る」のである(近藤『働く者の詩』東洋書館、一九四三年)。近藤によれば、戦争とともに始められた「国民詩運動」は、「詩を失ひ歌を奪はれてゐた」一般国民＝「銃後国民」に詩が返されたものであった。専門詩家とはちがって、増産が

「本務」である労働者は、「詩」を作ることが義務ではない、しかし戦争というこの「感激的な時代」を「歌はずに居られる筈がない」、その意味で「誰もが詩人」であることができる。特に「立派な勤労者」による「新しい時代の生産者の詩」に価値があるのであり、「愛国詩」「職場詩」は「勤労青年の独壇上」として高く評価された(同)。

その際、近藤は青年工員たちの作品について、相互に批評を行うことを勧めている。その場合、詩作・批評の会は、「同じ工場の人」で作ることが望ましく、「自分の工場に居らず詩をやつて居るといふやうな人との交際は好ましくない」、さらに「親方や工場長、或は労務や厚生課長或は産報の人に報告し、それらの人の公認を得、賛助を得て、明るく堂々と、楽しく詩の会を作る」ことが大切だと述べている(同)。「石川島詩友会」も、批評会(互評会)を開催しはじめてから「会は非常に盛大になり」、旅行もするようになって会員が増加していった。五〇人ほどの会員は、「各工場に散らばつていて「夫々《それぞれ》の工場の(産報)青年隊を中心にしたり、同志の間で廻覧雑誌や隊報を作つて、非常に沢山の人々の文学熱や詩作」の中心となっているのである。やがて、互評会では詩の朗読の研究をはじめ、「脚本朗読」もとりいれ、工場には「読書熱」「愛書熱」が高まってくる。「「詩友会」は単に詩作の中枢機関であるだけでなく、もつと広い文化的な影響の中枢」になっていった(近藤・前掲「工員の水準向上を目ざして」)。

近藤が力を注いだ石川島造船所の文化運動において「今一つの特色」と評されたものが「絵画部」の存在であった。その詳細は、『働く者のための絵画』(東洋書館、一九四二年)という作品にまとめられている。「絵画部」の運動は、①「油絵」は他の多くの工場では「職員」が中心であるのに対して、石川島造船所では「全員が殆んど工員ばかり」であること、②「描く事は自由に休日を利用させて干渉せず」、互評会に重点をおいて活動するものであること、③美術史や画家伝などから読書が流行となり、「詩友会」とならんで「絵だけに止まらず、読書や劇への関心を昂める一方の文化的中枢機関」となったことが重要な特徴である（近藤・前掲「工員の水準向上を目ざして」、『働く者のための絵画』）。

「詩友会」と「絵画部」はこうして石川島造船所文化運動の二つの「中枢機関」となっていった。演劇運動も、石川島造船所では産報青年隊結成が契機の一つとなり、職場での演芸会がさかんになっていく。日中戦争開戦後、石川島では近くの神社の祭典余興も中止となり「沈滞していた」が、次第に「素人芝居」が入り、「どの工場でも大抵一つの演芸会に二つ位の劇」が出るようになった。ただ「素人芸」は「出た最初の一分間が面白いだけで、あとはやってゐる本人がいい気持になるだけ」で、人びとを「引張る力」がない。これに対して「詩友会」は脚本朗読研究から演劇に進んでいく。その動きを企業内素人芝居の「浅草のアチヤラカ芸風を一掃する一つの方法」と考える産報事務局の支援もあって、演劇研究会が出来あがった。そして「お祭騒ぎのための芝居」ではなく「演劇を一つの平常の文化的な勉強とする会」となった。近藤は、職場に「立派な台本書きはゐませんから、種を出すとみんなで割合見られる芝居にしてゆく。これは邪道かも知れないがこゝに却つて職場演劇のやり方の特色がある」（近藤孝太郎ほか「厚生施設としての職場演劇を語る」『職場の光』二巻四号、一九四三年四月）と述べている。

近藤にとっては、詩や絵画の創作、演劇はあくまで「勤労文化」の枠内にあった。とはいえ、彼の文化運動は、「工場人は自由に描く権利」がある（近藤「工場に於ける絵画運動」『ふるさと』一二巻一号、一九四二年一〇月)として、題材にとらわれない自由な表現を認めようとするものであった。同時に、詩・絵画・演劇いずれにおいても「互評会」を通じた集団による創作活動を重視したところに特徴がある。「互評会をやって、みんなが盛んに発言するやうになると、その集団は非常に絵が巧くなります」と近藤は指摘している。近藤にあっては、集団のなかでの創作活動は、工員たち自身が「立派に働く事」を中心にして「詩」の創作がそれを助け、「立派な「勤労人格」といふものが完成する」ものであるという発想が軸をなしていた。彼の文化運動は、「「職人」と呼ばれてゐたやうな旧い習慣から」工員自身が文化的に向上することを目指して実践されていたのであった。

岡崎師範学校で社会主義運動経験もある大橋忠治は、近藤の口ききで石川島造船所に入社した。工場内の近藤について大橋は次のように回想している。「近藤さんや私などは職員という名がついていまして、職場で働いているのは工員という名がついている。あきらかに身分的な差があった」、「職員は工員と口をきかないのが普通なのに、あの職員は工員とばかり話をしている、というようにみんな受け取っていたようです」(「近藤孝太郎を語る」での大橋の発言、福岡寿一編・前掲『近藤孝太郎』)。

詩友会に参加した渡辺良一は「職員が現場へちよいちよいきて、工員と話をするという事は非常にめずらしかつたし、又工員が職員に話をするというその事が他の工員に対して優越感をさえ覚え、私も先生がよく私のところへきてくれるので、なんだか、他人よりも鼻が高かつた」と回想している。日本主義労働運動の拠点であり、また企業一家を標榜した石川島造船所ですら「職員は工員をまるで人間視しない有様」のなか、渡辺は「先生が現場へ来て私のところで親しく話しをしてくれることは人間的な喜びを内包していた」と感じていたのである(渡辺「忘れられぬ人」前掲『近藤孝太郎著作集1』)。

産業報国運動のなかで労働者が経験したことは、「勤労者」としてイデオロギー的に国家的価値観のなかに「正当」に位置づけられ、工員と職員が同一の事業・活動に参加していったこと、である。その経験が戦後の労働者たちの諸運動に重要な意味を与えたことが指摘されている（三宅明正・前掲「戦後改革期の日本資本主義における労資関係」）。こうした経験にとっては、特に職員を中心とした文化運動の領域も無視できない意味を持っていた。

したがって、工場文化運動に果たした小集団の役割は大きい。特に、文学関係、俳句・短歌の会や詩の朗読、読書運動などの基礎となった小グループが注目される。鳥取県米子市にある日本曹達米子製鋼所（米子製鋼所が一九三八年に日本曹達と合併）では、一九四一年九月、新規青少年工員の「錬成」のため産業報国会に文化部を発足させた（以下は、『産報』二巻六号、一九四三年六月）。弓ヶ浜のほぼ中央部に存在する地方の中小都市・農村部の一大工場であった米子製鋼所において、産報文化部の活動は必ずしも活発ではなかったという。月一回の「相互討論」会も「無批判的な階級意識を誘引する」として中止に追い込まれ、洋楽バンドも「都市産業の産報文化運動の模倣に近い」として、「殆ど反響を得ない状態」、文化部事業は「娯楽的色彩を濃厚」にし「文化運動としての統制さへ失ひ勝ち」になっていった。そうしたなかで、産報文化部「文芸班」は、独自に機関誌『火華』を発行、工場各製造部門に「細胞組織」を作って雑誌への寄稿を奨励しつつ、さらに進んで文芸を中心として「文化運動全般の批判統制」を開始する。アジア太平洋戦争開戦後、『火華』は編集方針・目標を「思想戦に対応する産報会員の錬成」においたが、「反って一般従業員の反響は鈍くなり」、「娯楽誌化」への要望が高まった。その一方、「文芸班」は、中止に追い込まれた「相互討論」会を復活させる意味をこめて「月例座談会」を開始、こうして『火華』には青年層の寄稿者が増えていったという。

一九四一年四月結成の大同製鋼産業報国会築地支部「水曜隊」は、それまでにあった短歌会「はぐるま」を基盤として作られている。「はぐるま」短歌会は、産業報国会の行う文化運動に対して「余暇善用式な趣味同好」にすぎないとの不満をもっており、こうした立場から「勤労者の国民的自覚を情熱を短歌の形式を借りて表現すること」を会の「指導方針」としていた。「はぐるま」短歌会から発展した「水曜隊」は、産業報国運動のなかで編成されつつあった「部隊組織の精神には馳背する」が、労働者たちの「下からの自発的活動を重視」して隊長には「青年工員を据え」ていた。「水曜隊」には工場幹部も参加していたが、それは「一応平隊員」という建前をとっている。しかし、こうした集団形成は企業側の反発をかったのか、「経営機構の上からくる圧力」でわずか七カ月あまりで解散においこまれている（前掲『決戦下職場に於ける推進組織の動向』）。

横山工業大島第二産報青年隊推進班は、徴兵検査前の事務職員有志（中等学校卒業程度、青年隊員）「トモダチ会」が中心になっており、詩の朗読、ハーモニカ演奏などの「慰安事業」、「遠足、目的地で討論会」、推進劇団を作っての演劇公演などを行っている。こうした青年事務職員の活動によって「事務所と現場との対立的感情も収ま」ったとされている（同）。

一九四三年なかば以後、大日本産業報国会の「勤労文化」指導事業は、大幅に後退していった。そしてそれは、「勤労文化」創造の試みから、やみくもに増産意欲をあおり、「疲労」を「恢復」させることのみを目的とした「慰安」路線へと展開していった。「一般工員ハトモスレバ映画演劇等……受身ノ慰楽文化ニノミ向ヒ傾キ」つつあったのである（『東京産業報国会運動概況』一九四四年四月）。

それなりに自由な創造性と互いの批評（集団形成）を重視していた石川島造船所の近藤孝太郎は、「戦争が激しくなると、私の文化運動は、反戦的性格を示すようになり、終戦前半年、遂に検挙」されたのである（片倉信一宛書簡、一九四九年一月〔前掲『近藤孝太郎著作集１』〕）。

大政翼賛会文化部の中枢にいた指導者たちは、いくぶんかの昂揚感を持ちつつ、積極的に地域に講演に出かけ、関係者から話を聞き、座談会を開いている（それは大政翼賛会文化部の方針でもあった）。地域で経験したことを彼らは積極的に文章とし、ドキュメントタッチの「現地報告」をさかんに記している。翼賛文化運動の指導者たちが実際に出逢った人びとは、大政翼賛会文化部の主唱によって各地域に作られていった文化運動の指導者、官公吏、教師たちであり、翼賛文化運動は、こうした地域のサブリーダーともいうべき文化運動指導者の認識、問題把握を介して彼らは「民衆」のすがたを経験したといえよう。

また、産業報国会の文化運動においても、そのすぐれた指導者たちは、民衆自身の小さな集団に注目することで活発な文化運動を行っていった。そこには、近代社会以来職場に存在した職員と工員との差別を越えるような経験の場も存在していたのである。

第六章
銃後崩壊

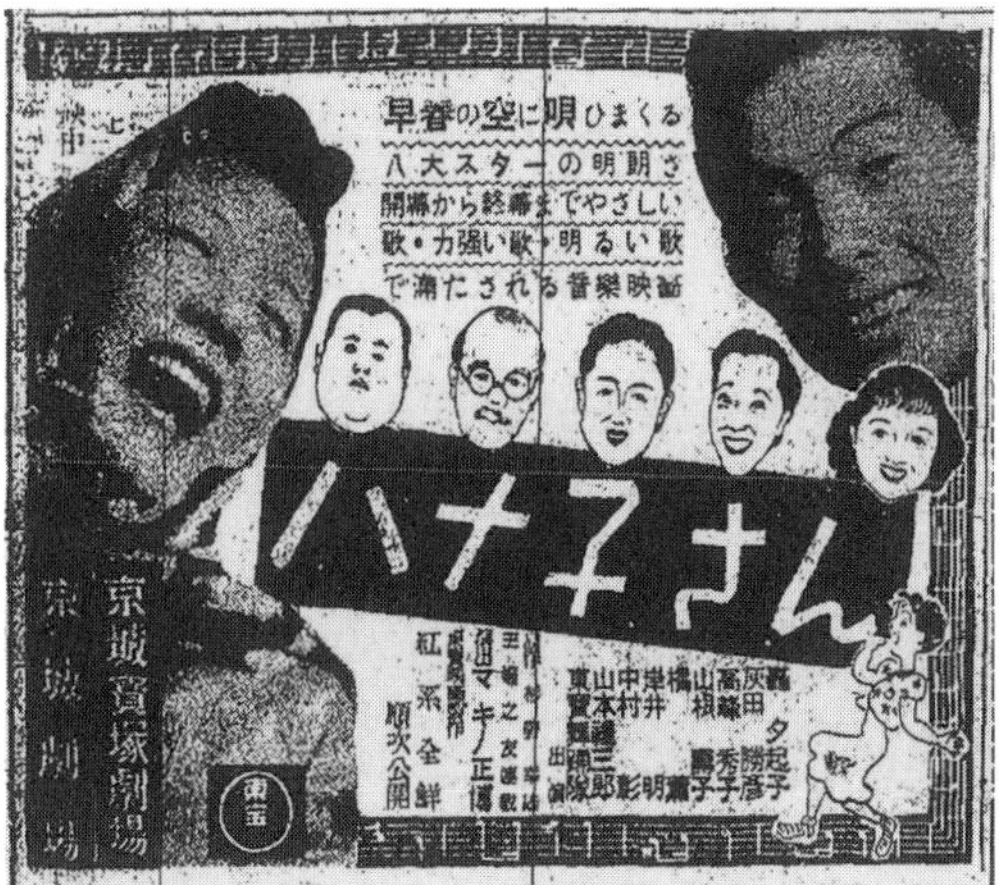

「ハナ子さん」の広告(『京城日報』1943年3月16日)

農村文化運動に携わってきた古瀬伝蔵は、アジア太平洋戦争開戦後に、人びとの「銃後に於ける任務」を再考すべきではないか、と述べている。まだまだ人びとは「銃後」の仕事は「単なる義務的の「つとめ」」と考えているのではなかろうか。だから、定時に退社・退庁する、賃金「手当の多少」で騒ぐ、「おでんやを飲み廻る」といった「勤め人根性」が抜けないのだ。「銃後の国民は戦士として銃後戦線に立つ以上第一線将兵に優るとも劣らざる真剣な敢闘をしなければならぬ」(古瀬「銃後の御奉公とは何ぞや」『農村文化』二一巻一一号、一九四二年)。「銃後」は「銃後戦線」と呼びかえられ、人びとには「戦士」同様の態度と緊張が求められるようになる。「銃後」ということばが氾濫する一方、そこには別の意味が付与されるようになった。

一九四五年一月一日、戦時下の社会を批判的に眺めていた清沢洌はその「日記」に次のように書きつけている。「日本国民は今初めて戦争を体験している」と。そう、これまでの「銃後」は「戦争」を知らなかったのである(『暗黒日記』岩波文庫、一九九〇年)。

敗戦にいたるまでの「銃後」社会の崩壊過程は、①戦争継続への意志表現としての「戦意」の低落、②戦時利得などの社会的不平等の深化、の過程としても把握できる。そして、重要なのは、①②の関連性であり、戦時社会のさまざまな不満は「内部の敵」に向けられていく。逆にいえば、戦時「銃後」社会の崩壊過程で表れる、戦意の高さにもかかわらず存在する社会の分裂状況＝「内部の敵」(不満・怒りの対象)や「社会的妬み」の対象が、何ものとして想定されているか、を明らかにすることが重要なのだろう。それは、（1）「銃後」社会の特性、のみならず、（2）日本近代社会の編成そのものをも照らし出す問題となろう。

1 「銃後」崩壊の諸相

一九四〇年、大政翼賛会の結成によって「銃後」社会は一つの到達点をみせた。翌年一二月にアジア太平洋戦争に突入、民衆の戦意は一気に沸騰する。アジア太平洋戦争期における民衆の「戦意」は、「開戦」の衝撃と、一九四二年二月のシンガポール「陥落」をピークに急激に昂揚した。開戦後はむしろ、民衆のあいだに昂揚する気分や「楽観」論、南方資源獲得への期待感を「抑制」する方針がとられている。しかし、人びとはこうした政府の思惑をうらぎって、各地域で街頭行進、市町村民大会の開催、戦勝祈願祭などのイベントを盛り上げていった。その後一九四二年の後半期からは「戦線の膠着」によって「戦意」は次第に弛緩、一九四四年秋頃から一気に崩壊していく（荻野富士夫『「戦意」の推移』校倉書房、二〇一四年）。

アジア太平洋戦争期の「銃後」は、主として一九七〇年代以降に多くアジア太平洋戦争末期の「疎開・空襲・食糧難」の経験として描かれ、回顧され、また語られてきた（松谷みよ子『現代民話考』第二期一「銃後」、立風書房、一九八七年）。ここでは、むしろこの時期を「銃後の崩壊」と位置づけ、その論理を考える上で重要と思われる論点をとりあげてみたい。戦局がほぼ「絶望的」となった一九四四年まで、「銃後」社会は労働力動員と軍動員によって、そのすがたをまた大きく変えていた。

（1）保健婦――「生活」に近づく、「暮らし」から遠ざかる

帰農の村

上泉秀信は一九四二年六月、翼賛会を離れた。文化運動関係の仕事もやめ、四四年四月から福島県石城郡渡辺村（現・いわき市）に「帰農」する。以後、彼は一九五一年に死去するまで渡辺村に暮らし続けた。

渡辺村の村長・高木善枝（一九〇二年生まれ）は帰還兵（一九三七―四〇年）。磐城中学校を卒業して東京帝国大学農学部（実科）で学んだ後、在郷軍人会・青年同志会などのリーダーとなって村の改革にあたっていた。産業組合理事、村長＝翼賛会の支部長でもあった。一九四一年、「健民健兵」政策に対応して村に隣保協会・国民健康保険組合を設立して保健婦を置き、一九四二年には診療所を開設。栄養士を置いて農繁期の共同炊事、保育所も開設する。こうした生活の指導にあたっては、今和次郎もこの村を訪れ協力をした。帰農後、上泉は、この村で一九四一年から開かれている母親学級のカリキュラム改善を提案、毎日通学として女子青年団の参加も求め、保健婦・教員・保母と連携し、実験農家を設定するなどの文化運動を展開していった(1)。しかし、実際には戦時の社会のなかでは実現困難となり、また上泉も疎開者受け入れなどの仕事に忙殺されることとなった。

農村の指導者

翼賛文化運動の末端では地方の官公吏が大きな役割を果たした。石川県鳳至郡柳田村で行われた文

化運動=生活刷新運動では、「生活新規準」に違反するものに一〇倍の村民税が賦課されたり(半額は本人、もう半額は隣保班員の「連帯責任」)、部落常会の欠席者には「配給物資を停止」したりと強権的であったが、「新体制」を実現するために「助役以下役場吏員が生活刷新指導員となって平常腕章をつけて常に村民生活の中に」入り、注意と研究を続けることとなっている。柳田村の生活刷新運動では、医師の役割も重要であった(『北国毎日新聞』一九四一年一月九日)。

山梨文化協会・山梨県文化聯盟は「芸能方面に重点」があったので医師(甲府市在住)も「素人写真家」として参加していたが、しばらくして「専門的職能において奉仕すること」が文化運動の趣旨であると「自覚」し、無医村への無料診療を開始したという(「南詢医師団」日本文学報国会編『文芸年鑑』昭和一八年版、桃蹊書房、一九四三年、『厚生運動指導者懇談会』一九四二年一〇月)。「地方文化団体の活動のうち、芸能運動に次いで活潑化して来たのは、目下医師による厚生運動である」と指摘される状況にまで展開していた(上泉・前掲「地方文化運動の諸相」)。「現地報告」を行った農民文学者にも、「若い保健婦が、自転車で村中の病家を見廻つてゐる姿も、いかにも銃後の姿として頼もしく見えた」のである(下村千秋『梅澤村と沖部落の更生記』翼賛図書刊行会、一九四二年)。翼賛文化運動のなかで、多くの「模範的」な地域では、「厚生文化運動」が実践され保健婦が置かれていた。(2)

一九四〇年一一月一三日、大政翼賛会文化部が開催した「生活文化に関する準備会」では、女性の「生活技術の拙劣さ」が話題となり、戦時体制を支える「新しい生活様式」を確立するべきであると主張された。家庭生活を「能率的」「合理的」に再編成するために必要と考えられたのが、①集団の形成(=「母の会」設置)と、②指導者の育成である。そして保健婦は、②に基づき「農山漁村に於ける生活指導者」と位置づけられた(『大政翼賛会会報』一号、一九四〇年一二月一日)。また大政翼賛会では、早急に保健婦・巡回看護婦の活動実態調査を行い、その養成に重点をおくことが議論されている(『大政翼賛会会報』二号、一九四〇年一二月一五日)。

すでに一九三七年四月、日中戦争勃発まえに「保健所法」は制定されており、人口一二―一三万人の地区に一カ所の割合で保健所の設置(都道府県主体。「保健婦」ということばが法規上明文化される)が進められ、さらに翌三八年四月の「国民健康保険法」において市町村が設置する国民健康保険組合に国保保健婦を設置することが定められた。(3) 一九四一年一月「人口政策確立要綱」には、「母性及乳幼児ノ保護指導」を目的に保健婦を置くことがうたわれており、地域の「保健所」を中心とし市町村に保健婦を駐在させる「保健所網」の整備が構想されていく。一九四二年の広汎な医療制度改革は、無医村を抱え、なおかつ応召による医師不足の情勢のもと、地域に医療団を置くものであった。また国保組合を強制設置させる「国民医療法」を軸とするこの制度再編は、「銃後」の医療体制において一つの画期としても位置づけられる。(4)

保健婦は、「健民健兵」政策の地域末端における担い手であった。その活動範囲は多くの町村をまたぎ、「農村あり、漁村あり、山間部ありて四名の保健婦が、同一に分担して受持ち、各自の受持地区の結核、乳幼児、妊産婦、其の他全般に亘る指導教育は総べて責任を持つ」というものであった(大野たか子[千葉県・木更津保健所]「農村保健所に於ける保健婦の臨地訓練法」前掲『保健婦の活動状況』)。さらに「一般疎開者強制疎開学童」の転入への対応や、工場に蔓延しつつある「結核」に対処するための「軍需重要工場ニ対スル工員勤労学徒ノ保健指導其ノ他勤労管理」もその業務に付け加えられていった(千葉県勝浦保健所)[5]。

先に述べたように保健婦は地域民衆の「指導者」として位置づけられていた。福島県は一九四一年一月に県保健婦協会を結成(会員八四人)、渡辺村のようにほとんどが国保組合所属として各町村に配属されている。「保健婦が技術的にも精神的にも指導優秀」であるとき、患者の経済負担は軽くなり、そのことで結果的に国保の経営も順調となる。保健婦は家庭訪問と健康相談といった個別指導に加え、各種の講演会・映画会・常会などの「集団指導」、保育所・共同炊事、「其の他健康に関する一切の催物、運動」の中心となっている。「保健婦が村民に接するに当りましては常に親切に、朗らかに指導者としての品格を失はない程度」とし、ことばは「方言を使ひ」、「村の人間らしくする」ことがその理想的態度とされた(佐々木ユキ「福島県の保健婦の活動状況」『保健婦の活動状況』)。保健婦が自らの携わる「任務」を、国策である食糧増産に対応させて「人間の増産」と表現する意識も見られた(大久保雪子〔富山県下新川郡大家庄村〕「戦時下農村に於ける母乳不足の対策」『保健婦の活動状況』)。しかし、無医村に駐在する場合には「医師の指示と連絡の下に保健婦がやる事が非常に多」くなっているにもかかわらず、「直ぐには効果が数字的に見えないといふ所から、仕事を理解せずに難題を云ふ所も多く保健婦は非常に苦労を致して居」るという(渡邊ちよ〔青森県〕「保健婦の希望」『保健婦の活動状況』)。

先進的な保健婦養成で知られた鳥取県を対象にした研究によれば、保健婦のなかには、役場職員や婦人会、村長のすすめにより、また「収入の増加や社会的地位の向上」を期待して資格取得したり、保健婦として就職をしているものがある(川上裕子・前掲『日本における保健婦事業の成立と展開』)。松江高等女学校は社会保健婦養成所を付設していたが、その実習地(出東村)を訪ねた本山政雄は次のように述べている。「私の心配する事は、村の指導者としての自覚と情熱とを持って赴任した保健婦が、現在の医者を中心とする保健所の機構の下で充分な活動が出来るかと言ふ事……医師の目からは保健婦は恐らく従来の看護婦乃至はそれ以下の一技術補助者としか考へず、保健婦が積極的に生活指導に当る事を嫌ふ懼《おそ》れが充分にある」(「島根県に於ける高等女学校保健科並に社会保健婦養成事業」『教育』一〇巻一号、一九四二年一月)。ここでは、「農村指導者」としての自覚を摩滅させる地域社会の現実が問題にされていた。

保健婦の活動は一九四四年頃から困難になっていったと思われる。こうしたなか、本来、保健所内に拠点を置いて活動する彼女たちが、管内の各地域に「駐在」し、日常的に民衆の生活とふれるようになる「保健婦駐在制」が開始されたのは、一九四二年のことであった(6)(「保健婦設置ニ関スル件」一九四二年三月厚生省通知)。崩壊しつつある「銃後」の社会に保健婦たちは向かい合うことになる。

神奈川県中郡成瀬村は、一九四一年から厚生省農村隣保施設指定村となり、保健活動で著名な村であった。戸数五〇〇、人口三〇〇〇人の村に保健婦は二人配置されている。村の保健婦前川政子は、成瀬村が「各種の指定村になつて数多《あまた》の計画がたてられはしてもその中の一つでもほんとに村のすべての階級の人々の生活を通して真面目に自主的に考へられる処まで行つたものがあつたでせうか。上から降りて来る政策の一つ〳〵がほんとに村の現状にピツタリし、下から盛りあがらうとする力を助け、人々の渇を一つ〳〵うるほして行つてくれたものがあつたでせうか。研究や報告の中果たしてその何%が真に村人の生活の中にまで具体化され浸透し影響を残して行つたことでせうか」と疑問を感じたという(7)。保健婦も下部組織をもつこと、上からの計画がとかく「机上計画」となり報告をするため「結果をあくせく」するのをなくすこと、「対象となる人の〔生活〕水準が如何に高くとも矢張り一軒一軒の訪問に依る個々の生活に適応した保健指導が中心になるべきこと」、平行して「集団指導」が必要なこと、前川はこうした構想のもとに成瀬村保健事業実行委員会を作ることとなる(「農村に於ける理想的保健婦事業の建設方法」前掲『保健婦活動の状況』)。

保健婦が向かい合った現実は、こうした「模範村」の実際に見られるような「上からの政策」と現実社会のズレ、という問題のみではなかった。高知県の駐在保健婦・上村聖恵は「村の衆は保健婦が何であるかを知りません」という状況のなか、「すべては現場を認識しその上に創意工夫をこらして村民を指導しなければなりません」と語っている。上村は、季節託児所を利用して子どもに衛生指導を行うことから始め、やがて地域の指導者層の理解、協力をうけるようになった。同じく高知県の中川ヨネコは、地域社会では、衛生行政は伝染病予防の警察業務のみであり中絶は許されない状況のなかで、男性である警察官が担当していた衛生活動に女性の保健婦は立ち入ることができなかったという(いずれも木村哲也・前掲『駐在保健婦の時代』)。「「産めよ殖やせよ」というスローガンのみが先行」して保健婦への指導体制・協力体制は全く確立されていない。「保健婦一人が現場で右往左往」という状況であった。

厚生省は、保健婦の指導機関(保健所・同支所)の増設を構想、健康相談所・簡易保健相談所などの各種機関を保健所に統合することとし、一九四四年には七七〇カ所の保健所・同支所を設置させた。しかし、空襲により全国で一五五カ所の保健所が焼失、「個々の保健婦の創意工夫による以外、住民の健康は守られなかった」(同)。こうした個々の努力にもかかわらず、アジア太平洋戦争末期にかけて、乳幼児の死亡率は高まっていった。子どもの育成を国家的に「保障」＝「管理」しようとした「銃後」は、ここでも崩壊していった。(8) しかし、こうした時代状況のなかから、彼女たちが自らの経験に即した民衆思想を生み出すにはあまりに時間と社会的条件が不足していたとも言えるのである。

（2）関係のゆらぎ

「根こそぎ動員」

アジア太平洋戦争期の「動員」は、兵力・労働力ともに「根こそぎ動員」と表現されてきた。もちろん、その場合の「根こそぎ」とは、兵力と、農業・工業労働力とのそれぞれ深刻な矛盾をはらんだものであり、何とか維持されてきた両者の調整がほとんど不可能となる事態を指すものだろう。

農村では応召と戦時重化学工業への労働力流出が大きな社会変動をもたらしていたが、食糧需給の深刻化にともなう食糧増産対策、製造業賃金と農業所得・農業労働賃金との格差の縮小、離農統制などにより、一九四〇年から四二年にかけて男性の農作業従事者はむしろ増加傾向にあった。四〇年からの「復員」や翼賛文化運動などはこうした地域社会の状況を基礎に展開されていたのだが、それも四三年度以降、応召数が段違いに増加したことによって、ふたたび日中戦争前半期と同じ規模で農作業従事者は急減していった（清水洋二「食糧生産と農地改革」大石嘉一郎編『日本帝国主義史3　第二次大戦期』東京大学出版会、一九九四年）。兵士も高齢化し、二度三度と応召するものも増え、さらに「軍紀違反・対上官犯」が増加するなど部隊の規律も低下し、後述するように、「内地」の駐屯部隊では「逃亡、物欲犯頗る多い」など軍紀違反・生活の乱れが問題になる。(9)

軍需・重化学工業への若年未婚の女性労働者の進出数(指数)は男性労働者のそれを上まわり、「事変(日中戦争)前に比べて四倍の増加率、男子に対し一四%の割合を占め」ていた。その職種も、旋盤工・組立工などの熟練を要するもののみならず「殆んど至難と考へられてゐた溶接工、木型工部面」への進出も見られた(昭和研究会『労働新体制研究』東洋経済出版部、一九四一年)。さらに、機械工場就労者一二万三四二六人の調査によれば、二〇歳未満女性がおよそ五七%、未婚者割合は八二%強に上り、また「農村出身女子で寄宿舎に居る者」以外で「従来と異なる点」は、父兄の職業が「商人、職人、工業勤労者」の都市出身者でなおかつ通勤者であることであった[10](同)。

一九四一年度の「労務動員計画」(翌年から「国民動員計画」)によって、未婚の女性の職場への動員がさらに強化されていった。一九四一年一一月「国民勤労報国協力令」が公布され、勤労報国隊の編成がはじまる。勤労報国隊は、①一四―四〇歳未満男性と一四―二五歳未満「未婚」女性を対象とし、②臨時に編成される要員であって、一年を通じて三〇日以内を期間とし、③「奉仕的協力」(無償の労働)と位置づけられ、「専ら国民の自発的協力に俟つ」とされていた(桐原葆見『戦時労務管理』東洋書館、一九四二年)。

こうした勤労報国隊は、当初、軍需産業への動員が圧倒的に多かったが、一九四二年度からは農業が多くなり(六三%、軍需産業[一七%]のおおむね四倍)、両者でそのほとんどを占めた。報国隊は、学生・生徒をその構成員とするものが最大を占めていたが、女性の比率も無視できない(女性は農林水産業で三七―三八%、軍需産業で三五%前後)。一九四三年に入ると、勤労報国隊はその編成が「常時」となり、また動員期間も延長、自らが暮らし、また学校生活を送る地域を離れて労働をすることとなる。

「学徒」たちは、厳しい労働環境や寮生活、それにともなう心身の不調、また空襲の恐怖のなかで「自分のことを考え、自分のことを守るのは、自分自身でしかないんだ」ということを痛烈に思い知る(11)。

一九四四年二月の「決戦非常措置要綱」および三月の「女子挺身隊制度強化方策要綱」(いずれも閣議決定)によって「女子挺身隊」への強制加入が実施され、八月「女子挺身勤労令」が公布される。四五年一月末現在の女子挺身隊結成状況は、①学校別(女子中等学校卒業者、各種学校在学者)四万三五〇三人、②地区別九万一二六四人と記録されている(西成田豊「労働力動員と労働改革」前掲『日本帝国主義史3』)。「家庭ノ根軸タル者」は除外、「隊員ニシテ結婚スル者ハ速ニ離隊セシムル」とされた。

一九四三年度以降の「国民動員計画」には「内地在住朝鮮人労務者」「移入朝鮮人労務者」が、一九四四年からは「華人労務者」も加えられ、「国民」の「銃後」は労働力給源の面では支えきれずに「崩壊」＝帝国大に膨張、植民地の人びとを巻き込んでいくこととなった。

徴用と軍隊規律

『応召兵』の著者として知られる漆職人の森伊佐雄のもとに徴用令が届いたのは、一九四三年一一月一八日のことであった(森『昭和に生きる』平凡社、一九七九年、同『ある漆職人の昭和史』新潮社、一九九一年)。転廃業を強いられ、かつ待遇も低く、さらに現場の労働者からは「侮蔑的態度」の視線にさらされていた徴用は、たいへん評判がわるく、「この頃、一種の徴用忌避が悪用され、防空監視隊員とか、農業要員とかその他の徴用免除の特典に浴する半公用的な機関に名だけ連ねている者が多」

かった。「父祖伝来の家業」である漆職人を廃業した伊佐雄は「敗惨者」の感じがしたという。

「情報局産業経済資料ニ現ハレタル問題」(日付ナシ、一九四三年頃)という記録は、民衆のあいだの「徴用忌避ノ傾向」について、「一般ノ徴用ニ対スル認識ガ消極的」であり、その「積極的忌避」として銓衡に不出頭(約二割程度)、「虚偽ノ申告(収入、健康、農耕反別)」、逃亡・住所移転などを挙げ、さらに「消極的忌避策」として「上級学校入学、官界ヘノ就職及公職(防空監視哨員、町会長、警防団員)ニ就ク為ノ運動ガアル」と指摘している(『応召及労務動員関係綴』一橋大学図書館所蔵)。公的指導者となることは、ていのよい「徴用逃れ」方策として広まっていた。逆にいえば、戦時の「指導者」たちはこうして「国策」を忌避する〝後ろめたさ〟をも持っていたのである。

伊佐雄の徴用先は中島飛行機尾島工場(群馬県新田郡尾島町)であった。一九四四年六月一日、「突撃時間」と称して一一時三〇分、午後二時三〇分、五時の各時間から三〇分ずつレコードを休みなしに鳴らす試みが始められた。工場文化運動の一環だろう。「リズミカルな突撃喇叭《ラッパ》の曲は、勇壮といえば勇壮だが、人の心を少しも落付かせない」。伊佐雄は「勤労意欲」よりは「焦燥感」を意識させられた。この試みは五日で中止となった。「冷静な作業心が攪乱され」、製品のおしゃかが増えたからだという(12)。ただ、「戦地帰りの工員には、この曲は耐えられた」という。その意味でも職場は「軍隊」に近づいていた。

川崎市にある日本鋼管では一九四三年九月から新規徴用工の受け入れを始めた。受け入れた徴用工は、第一次として東京・神奈川より五〇八人、翌月、神奈川・新潟から二三八人、さらに福島から二九八人にものぼった。重工業未経験者の彼らに対しては、重労働に必要とされる体力養成、作業規律の確立などを目的とした訓練が行われた後、年齢別に一〇〇―一五〇人の小隊(その下に分隊)に編成され、「国旗掲揚・遥拝・応徴士二〇則斉唱」などの儀礼を通じた訓練をはじめ「軍隊的規律」が強いられた。専門的な知識の習得機会や、職業訓練などはほとんどなかった。寮に入った徴用工は出勤率が高かったが、「自宅出勤」であった東京・神奈川のものは「家事整理」を理由に、欠勤が目立った。また、経験工も、欠勤したうえでより高い賃金を払う職場で働いていたという(長島修『日本戦時企業論序説　日本鋼管の場合』日本経済評論社、二〇〇〇年)。職場秩序が「軍隊」化すると同時に、優秀な経験工には、個別に――もちろん生活維持の必要からも――高賃金を取得する機会が開かれている。

一九四一年度の労務動員計画以後、労働力動員の主要な「給源」は、中小商工業からの転廃業者、それも失業によるやむを得ない転業者ではなく政策的に転業・廃業に追い込まれたものが中心となった(西成田豊・前掲『近代日本労働史』)。ただ一九四三年一二月までの数値でみると、「国民徴用令」(一九三九年)によって工場に入ったものは一六―一九歳が最も多く、続いて二五―二九歳のものとなっている。職場の幹部層である役付工も低年齢化が一挙に進んでいった。三菱重工業長崎造船所の事例では、一九四三年後半からの平均的状況として、職場の末端で労働者を指揮する組長の下の伍長クラスが一九―二〇歳、組長が三〇歳代となっている。伍長クラスは、徴兵によって入れ替えが激しい年齢層より少し若い。また「丙種合格」など兵役に就いていないものもあっただろう。

職業紹介機関を通じて動員された新規小学校(国民学校)・中学校卒業者については、特に一九四三年以降、中学校卒業者が大きな比重を占めるようになる。さらに、一九四四年度からは在学者の動員(学徒動員)、特に中等学校低学年、国民学校高等科の一三・一四歳を中心に動員計画が立てられた。

「国民徴用」は「頂点」に達し、「新規徴用ノ実施ハ勤労供給源ノ枯渇ヲ来シ次期徴用実施ノ見透ヲ困難ナラシム」状況であった（警視庁『勤労行政概況』〔『日本労働運動史料9』一九六五年〕）。

女性の働きと家庭

戦時期の女性と公職の関係については、国民学校の女性代用教員の増加や、町村役場吏員、産業組合職員に女性が採用される機会が増加するなどの傾向が指摘されている。一九四一年末の調査でも、産業組合職員の約三割が女性であったという。一九四二年五月、保健婦有資格者は七三四七人にのぼった（市川房枝編『婦人界の動向』文松堂、一九四四年）。大都市部・東京市の隣組では実際の事務を女性が担わざるをえない状況ともなり、組長数一一万六九七一人のうち女性が八七六六人と増加の傾向にある。また、宮城県塩竈市のように初めて「女の隣組長を認めることになつた」地域もある（『毎日新聞 戦時版』三五号、一九四四年四月五日）。

女性たちには、食糧増産のための農業労働に加え、共同炊事・共同作業など農村の「公的」職務が激増していった。食糧増産の「模範村」である千葉県夷隅郡中根村は、「婦人会の決議に不平を言ったり守らない者は一人もいない」「男の方もよくその決議に服する」「農繁期の共同作業、共同炊事、託児所など」女性が「まことによく働く村である」[13]。しかし、大日本婦人会幹部の目からみれば「婦人の家庭内のことが杞憂される」。「近頃婦人会の仕事はどこでも多くなつて来てゐるから月に幾回かは必ず（座談会などの会合が）ある」。「現地報告」の記者は「常会で主婦が不在の家の中を見せていたゞいた」。「家の中は大層とり散らされ特に台所はひどかった」、それは「何《いず》れも中流以上の農家」であった。この「村の男側は女に一目置いてゐる。女にリードされてゐる形である。だから女が会合に出るために家を空けても私たちの家庭のやうに叱られないですむのであった」(小山いと子「銃後増産第一線の婦人部隊を見る　なかね村記」『日本婦人』一巻一号、一九四二年一一月)。

家庭の仕事との矛盾は広がっていった。「今や決戦時の様相は、益々婦人の活動範囲が拡大され、従来の考へ方ではその責任を果すことが出来なくなつて来た。食糧生産に携はる一方、共炊〔共同炊事〕、育児に一層の努力を致さねばならぬ秋《とき》となつた」(西澤巌編・前掲『農村共同炊事と育児と栄養』)。農繁期託児所は、一九三三年に四八八二カ所であったものが、一九四一年には二万八三五七カ所、日中戦争開戦後からみても倍増している(三木安正〔愛育会研究所教養部〕「農繁期保育所の経営と保育」『同』)。

しかし、その内容は大きな限界を持つものであった。第一に「保姆《ほぼ》の不足」である。これに対しては「女子青年や教員の奉仕」が求められるが、こうした女性たちは「既に農事に向けられてゐよう。これから期待のかけられるのは、女学生、都会の女子青年の勤労奉仕ならびに国民学校高等科女生徒の出動等である」。しかし、都市生活の経験者は「一時に高い要求を出したり、無闇に子供を甘やかす」ので上手くゆかない。むしろ地域の高齢者が担い手となった方がよい。長野県埴科郡埴生村のある農事実行組合(一六戸)では、六人の乳幼児に対し「組合中より作業に適さないおばあさん四人に出て貰ひ」、学齢位までの子どもと遊ばせている。託児所では、「若い保姆さんを他所から頼んで来るよりも、顔も知り、気心も知れてゐる組合のおばさんに出て貰ひ、安心してあづけられる様な方法をとる事がよい」(長野県農会「農繁期託児所のやり方」『同』)というのである。衛生観念の普及や、教育的な配慮を含み込んだ保育所の構想は、ここでは単なる「安心してあづけられる」場所になっている。

第二に、現実の食糧不足である。保育所の共同炊事にもこの食糧事情が影響を与えていった。共同炊事は、「当初から規模の問題でしつくりゆかなかつたり、よい指導者を失ふとやめてしまったり」、助成金や特配物資に左右されがちであったが、「それに加へ〔昭和〕一八年から一九年にかけて農家の手持米が各戸ちぐはぐになつた」こと、調味料の砂糖と油が十分でないこと、野菜の値が高くなったためによい野菜を出し渋ること、蛋白性食品も身欠鰊と佃煮程度の少量の配給以上は期待できないことなどが問題となった。共同炊事・託児所開設倍加運動の提唱(一九四四年九月)にもかかわらず、実際にはその開設が難しいという状況となった(梅山一郎「協同炊事と保育所」『農業と経済』一九四五年一月号)。

都市女性と家庭の仕事

東京・品川にあった藤倉工業の工場では、「生活費の補ひに働きたいといふ希望者や、働かねばならぬ必要に迫られてゐる」主婦が多いため、「短期勤務制」(「勤労要員」と呼んでいる)を実施しているという。午前一〇時から午後三時までの勤務で、「ご主人の職業は、工員が大部分を占め、会社員、出征中、無職、商店員、官吏、大工、運転手」という順。工場内に託児所を設けている。「勤労要員」の佐藤ゆきは、毎日自宅を留守にしているので「配給日とか、防空演習などには、どうしても〔工場を〕休まなければならず」、会社や近所にも迷惑をかけて「心苦しい」と述べている(佐藤「働くお母さん達」『職場の光』一巻四号、一九四二年四月)。

一方、都市部において女性たちは勤労報国隊・女子挺身隊を支える仕事に忙しかった。工場寄宿舎の整理・洗濯、繕いもの、職場の女性工員たちの託児、炊事、配給、生活指導などである。加えて、家庭の「主婦」は、家にいながら「軍需生産」に従事するようになっていった。大日本婦人会名古屋市支部は班単位で地域の町内会組織と提携し、軍需被服の縫製作業に従事している。名古屋市中央社会会館で仕事をもらい自宅で働く（軍需縫製品、和裁、防具刺子など）。工場への勤労奉仕も奨励され、託児・共同炊事・配給などによって地域社会を「共同化」し、女性が「出る組織」より「出られる組織」を目指すという（長島正男「決戦生産に総進軍の婦人部隊現地報告　本会名古屋支部」『日本婦人』二巻二号、一九四四年一月）。軍需品の内職や、勤労奉仕に出かける会員の子どもを預かることも重要な仕事であった（大日本婦人会浦和市北西部班、『日本婦人』二巻一号、一九四三年一一月）。

香川県坂出市の大日本婦人会支部は、一九四二年一〇月から市内一〇一班七〇〇〇人の会員に対し家庭用ミシンを所持しているかを調査、所持会員は、「材料を貰つて家庭に帰ると、家事をみ、子供の世話をしながらも、十分二十分といふ僅かな時間を惜しんでミシンを踏む」という軍需品の縫裁労働に従事した。ミシンのない家庭は民需品の製作に携わり、なかには夜業をしているものもあるという（「現地報告　総蹶起申合せ第二条の実践状況」『日本婦人』二巻二号、A・ゴードン・前掲『ミシンと日本の近代』）。「家庭工場」、女性たちは家にいながらにして労働力動員されていったのである。

「銃後」の基礎となっていた社会集団、それももっとも基礎的な部分である「家族」の関係が弛緩している状況。こうした事態は、すでに日中戦争頃から「青少年不良化」問題を典型として話題にはなっていた。「銃後」の社会は、職場、地域などの「共同性」が強調され、またそこでの実践が強化されるというベクトルを持っていた（A）。しかし、戦争が進展するにともない、「家族の分解」とでもいうべき現象が広範に見られるようになった。すでに高橋三郎が指摘しているように、戦死・応召・徴用・疎開・勤労動員などにより、多くの家族がその成員の何人かを欠いた状態で暮らしを維持していた(B)。また、「男性戸主」を中軸として構成されてきた「家」の秩序も、軍需内職を含む「母の労働」を軸として日常生活が営まれるようになっていった(藤井忠俊・前掲『国防婦人会』)。(A)(B)の同時進行が日本の「銃後」崩壊の特徴であったのではなかろうか? 疎開にともなう、それぞれ一部家族成員を欠いた複数家族が同居することによる「軋轢」は、多くの疎開体験記に記録されているところである。

佐賀の農村から

「この食糧不足で、どこの百姓も、伯父さん、伯母ちゃんが増えて困ったものまい」「ほんなこと、今まで聞いたこともなか親戚の人がたずねてきて米の相談されることには、困ったもんのまい」。佐賀県兵庫村の米作農家・田中仁吉の「日記」の記載である(『戦争中の暮しの記録』暮しの手帖社、一九六九年)。長男が満洲に駐屯しているなど、仁吉一家は家族がひとまとまりであったわけではなかったが、『戦争中の暮しの記録』のたくみな表現によれば「聞いたこともない親戚がふえる」のが戦時社会の特徴であった。「物資のなかときじゃっけん、損ばかりせんでよかたい」「ほんにィ、この頃は百姓様々じゃんない」(一九四五年一月五日)。「百姓」=農民の社会経済的地位が上昇していること、〝家族〟や〝親類〟のツテを限りなく伸ばして食糧などの生活必需品を獲得しようとする人びとのうごめきがうかがえる。また、田中仁吉の「日記」には「徴用逃れ」も記録されている。

一九四五年五月三日の記事は「竹槍訓練」である。「訓練は婦人だけ」、「服装、防空頭巾にモンペイ姿、九尺の竹槍を片手に一列にならんでいる」。指導員は「真剣の指導だが、女たちは笑って面白くゆかない」。これを見ていた日露戦争経験者の老人は「銃槍の手なみ」を披露したのち、「今どき、竹槍どん持って戦争してなんの勝う《マ》か《マ》んたァ」と。指導員は「これも命令じゃっけん、一通りの訓練ばしとかんば、ちょうしの悪かもんのまい」と訓練を終えている。女性たちは「竹槍の訓練よりも共同炊事の訓練がよかなんた」と笑いながらしゃべっている。

兵庫村には、一九四五年六月一六日から長崎の大村聯隊の「食糧増援隊」が来る。仁吉の集落にも割当があったので、農作業を手伝ってもらっている。七月九日の夜には終了を慰労して小学校で開催された演芸会を見に行っている。「戦争統制で歌舞音曲は禁止同様であっても」、軍隊関係であれば公然と夜一一時過ぎまで演芸会を「見物」することが出来たのである。

「銃後」の崩壊期は、アジア太平洋戦争初期に多くの生活必需品が配給制・切符制に移行したことに対応して広がっていた闇取引が、原材料の購入など生産の条件にまで構造化されていく時期にあたる。一九四二年になると、闇取引は農村部にも波及していった。

職員層による工員向け配給物資の横領が多発し、工員・職員の関係を悪化させていく。産業報国運動で組織として編成されつつあった工員・職員一体の活動は、こうした状況のなかで崩壊していった。ましてや勤労動員学生や徴用工などはほとんど「役得」とは無縁であった。

こうしたなかで突出してくるのが、ブローカーなどを介在させた闇価格での軍や軍需工場による〝買いあさり〟であった（西田美昭「戦時下の国民生活条件」大石嘉一郎編『日本帝国主義史3』東京大学出版会、一九九四年、菊池健一郎「司法の面より観たる敗戦原因の研究」『司法研究』報告書三四輯五、一九四七年など)。アジア太平洋戦争敗戦間際、本土決戦のため地域は事実上軍隊に占拠されている状態となっていった(荒川章二・前掲『軍隊と地域』)。また多くの学校も軍隊の兵舎となり、また軍需工場としても利用されていた。内地に駐屯している軍隊では「軍民離間の誘因」となるべき軍の「要自粛事象」が「続発」した。その中味は、①軍人・軍属の横暴、暴行、②軍需供出、資材取得、軍用地買収等の処理不適切、③生活用品配給の不公平あるいは隊外流出等の不正行為、④その他一般民衆から非難される私行等、と指摘されている(『戦史叢書 北支の治安戦2』朝雲新聞社、一九七一年)。「銃後」は「軍隊」を支えるものであった。しかし、その「軍隊」が、次第に「銃後」の秩序を掘り崩していった。戦後における「銃後」社会への批判意識は、むしろ「銃後」を崩壊させていった「軍」への批判意識とでもいうべきものであった。

そしてそのテコとなったものが、「生活問題」とでもいうべき領域であった。民衆生活は極度に圧迫されている。にもかかわらず、軍・軍関係工場は軍需産業資材・原料のみならず、職員・工員の生活必需品の〝買いあさり〟を繰り返している。そして、こうした行為の根拠となるのも軍需工場職工員の「生活問題」(配給などでは不足する分の、闇での調達による生活保障)であった。

暴力の水位

のちに高校教師をするかたわらサークル運動(山脈の会)に携わることになる白鳥邦夫(一九二八年生まれ)は、長野中学校生徒としての勤労動員をおえ、一九四五年四月、海軍経理学校に入学するため神戸へ急いでいた。邦夫は、自分が軍人になると気負っていたのだろうか、車中で「個人主義思想」

の老婆と喧嘩をしている（『私の敗戦日記』未来社、一九六六年）。職場や社会に軍隊的秩序が広がるとともに、民衆の暴力行使の水位は下がっていった。「とげとげした不親切、荒々しい言葉遣い、我勝ちに先を争う利己的態度」ともいわれ、「社会生活」は「不愉快」になっていく（「社説　戦力源としての道義」『朝日新聞』一九四五年五月二五日）。

戦争末期、空襲の際、日本軍によって撃墜されたアメリカ軍機のパイロットが捕虜となり虐待される事件が多発した(14)。戦後、横浜BC級戦犯裁判で裁かれた事件の多くは憲兵隊の主導によるものだが、地域住民がかかわっている場合も少なくない。

熊本県阿蘇地方で捕虜たちが虐殺・暴行された事例は、地域においてはほとんど語られてこなかったが、近年、証言と研究が積み重ねられつつある(15)。一九四五年五月五日早朝、福岡県大刀洗飛行場への攻撃に向かったB29爆撃隊の一機が、日本軍機の体当たり攻撃を受け、パイロットたちはパラシュートで脱出、熊本・大分県境に降下していった。熊本県南小国町のとある集落に降りたアメリカ兵四人のうち二名は村びとに暴行を受けた後捕らえられ、一人は捜索中の村びとに発砲後、草刈り鎌で切られて死亡（現地に埋葬）、残りの一人は逃走中、竹槍・日本刀・三八銃などを手にした村びと数百人に囲まれ、自決、遺体にも暴行が加えられたという。別の集落に降下したアメリカ兵は、地元の獣医師の「捕虜には絶対、手を出しちゃならん」とのことばによって暴行を免がれた。別の村に降下した一人は、降下中に機銃掃射をうけて絶命していたが、遺体は暴行を加えられた。大分県側に降下したアメリカ兵は農民の猟銃によって撃たれ、竹槍で突かれそうになったところを駐在が制止、別の村で発見された一人は激昂した五〇人ほどの村びとに襲われたが日露戦争経験者の老人が「捕虜は殺しちゃならん」と村びとを制止、捕虜となっている。

この事件のケースでは、駐在や医師、日露戦争経験者がアメリカ兵虐殺を制止する側にまわっている。これらの人びとは「銃後」の社会においては公的権威を担う地域の指導者たちである。しかし、彼らは民衆の行動を制止する側にまわり、逆に「敵愾心」に駆られた人びとが暴力を行使している。アジア太平洋戦争当初においては戦局に対する楽観論が多く、むしろ「敵愾心」をあおる報道・宣伝の必要性が提起されるほどであった。「敵愾心」をあおる報道や宣伝、大政翼賛会などの主催する町村民大会などがさかんになるのは一九四三年頃を境とし、戦争末期には地域住民に対する竹槍訓練が実施されるようになる。一般には、在郷軍人帰還兵や翼賛壮年団など、地域のなかで「公的」に「銃後」を担っていた人びとが竹槍訓練の先頭に立っていたと言われる。役場吏員や警察が関与したこともあったであろう。この阿蘇地域の村むらでも同様であったのだろう。アメリカ兵虐待を煽動したものは、現在のところ判明していない。ただ、銃後の「公的」指導者たちも状況によっては、「敵愾心」をもつ民衆を抑えきれない。こうした事件の存在は、逆説的だが「銃後」の秩序が崩壊していることを照らし出す事例ともなるだろう。この事件にかかわった村びとは、戦後、ＧＨＱの厳しい追及を受けることとなった。

「戦争」と「生活」の乖離

「戦意」の弛緩は「戦時生活の兎角乱れ勝ちの傾向」を生んだ。「所謂戦争と生活とが分離され、国民の関心は自己の生活の周辺にのみ底迷《ママ》している状況」のなかで、人びとのあいだには「嫉視反感」

の雰囲気が蔓延し、「国民相互間の不信頼の風潮」が強まった（「警視庁警保局長 地方長官会議説明資料」一九四三年四月〔荻野富士夫・前掲『「戦意」の推移』〕）。「戦争」の苛烈化は、人びとの「生活」への関心を高めた、とも言えよう。人びとは「生活」の防衛と維持に余裕がなくなり、「銃後」社会を支えた、「戦争」と「生活」との連関は崩壊していった。

しかし、民衆の「戦意」は、総体としては空襲の激化にもかかわらず戦争末期まで維持されていたとも指摘される。その「戦意」の特徴は、第一に青年層に高い戦意が見られたこと。例えば「戦局の苛烈化は国民、特に青年層を燃え上らせ、米鬼撃滅せずんば已まず、の決意を披瀝するものが多い」と記録されている（通信院通信監督局「郵便検閲に現れたる民心動向調査」一九四五年三月分〔『東京大空襲戦災誌５』〕）。第二に、空襲を受けた都市部においてはむしろ「無資産者」層に高い戦意が見られたこと。大都市・中小都市にわたる空襲は、「夥しき多数に上る中流階層（特に、下層俸給生活者或は小規模経営の街工場経営者即ち協力〔軍需の下請け〕小工場主等）」を、転廃業や応召による影響のなかでの「早急復興能力無き為……下層生活者に転落」させてしまった。「銃後」の社会を担い、高い戦意を持つ戦争の末端指導者とも考えられていた「中堅健全層の喪失」と評される事態となった（『思想旬報』一九四五年七月二〇日、吉田裕『アジア・太平洋戦争』岩波新書、二〇〇七年）。一般に「罹災者」の戦意は低下するであろうが、そのなかでも「中流階層」に比べて「無資産階層」に「敵愾心」が見られたのである。一九四五年三月一二日、名古屋空襲後の「民心の動向」は「予想外に被害甚大 有資産階層及婦女子に在りては意気銷沈しつつある者多く、却って無資産階層に於て敵愾心を抱き居れるが如く看取される」と記録されている（愛知県特高課一九四五年三月一三日、「三重県特高資料」〔荻野富士夫・前掲『「戦意」

の推移』〕）。戦争末期の「戦意」は、青年と「無資産者」層によって担われていた、とも言えようか。後の映画評論家・佐藤忠男（一九三〇年生まれ）は敗戦の夏、高野山麓の村で農作業の手伝いをしていた。予科練（海軍飛行予科練習生）であった。「玉音放送」を聞いて宿舎の小学校にもどると、班長は本隊からの連絡として、「村の人たちが暴動を起して軍隊を襲うかもしれないから外出はするな」と言われたという。地域社会に駐屯する末端の軍の側においても、いわば〝民衆反乱〟とでもいうべき事態への恐怖感が存在した。それはやがて顕在化してくる「敗戦」への批判（敗戦責任論）への予感であるとともに、民衆の「抗戦意識」は高いという「誤解」に基づくものでもあった。「日本の軍国主義は、われわれ日本人の多数の途方もないほどの従順さによってこそ支えられていた」、それは占領の「成功」と同型であった（佐藤忠男『草の根の軍国主義』平凡社、二〇〇七年）。

2　戦争責任

敗戦によって日本軍は解体していった。「銃後」を支えた集団である大政翼賛会、翼賛壮年団はすでに戦時中に解体し（一九四五年、国民義勇隊編成）、国防婦人会も大日本婦人会へと統合され、在郷軍人会も敗戦後、続々と自ら解散していった。大日本青少年団も解散、集落を基礎とする青年会のみが事業を継続している。

翼賛文化運動にかかわった文化人のなかには、岸田國士（長野県飯田市）・上泉秀信（福島県石城郡渡辺村）のように戦時中地域に疎開していたものもおり、戦後も地域青年たちの意識・思想動向に大きな影響を与えていった。上泉は翼賛文化運動を次のように総括している。「地方文化団体の運動は戦争中戦争指導者によって政治的に利用される結果になったために、一時最初の意図とは違った方向にはしった傾きがあったが、その趣旨は戦争中はもとより戦後も、斯くあるべき文化の在り方にむかって……正しい進路をとらしめることにあった」、地方文化運動は「地方文化人の文化意識を高めて、これまで中央中心主義だった文化の在り方を是正し、文化の再分配を行うと共に、地方の特殊性、郷土性に立脚した雄渾、堅実、優美な文化の確立を期したものである」（上泉『農村と文化』全国農業会・家の光協会、一九四七年）。『農村と文化』で上泉が論ずるものも、共同作業の実施など農業の共同化、公民館の充実、診療所の設置など、戦時の文化運動で提起された「課題」の達成を目指すものである。これらの課題は、上泉にとっては「銃後」の要請によって認識されたものの、彼の描く「銃後」とは違った戦時の「現実」によって実現されなかったものである。上泉は、こうした課題を地域の青年たちに提示し続け、渡辺村の青年団運動に大きな影響を与える存在となっていくのである。

ほどかれる「共同」

農村において、強権的に設定された労働組織の「共同性」は戦後になって解消されていった。国民学校入学前の一九四四年に福島県相馬郡大野村（現・相馬市）に縁故疎開した岩本由輝は、「疎開者」を「厄介者」にすぎないという。彼も「厄介者」扱いを受けないため、国民学校一年生でも学校から帰るとすぐ親類の田畑の手伝いに行った。

疎開先である親戚の農家は一町歩ほどの田畑を持ち、その耕地は集落のあちこちに点在していた。

三月、田植えを前にして親戚たちは「当惑」していたという。農業会(一九四三年、産業組合と農会を統合した戦時農業統制機関)の指令により、農作業のための共同はすべて「隣組」単位で実施することが通達されたのである。それは「ユイ」(結い)が出来なくなることであった。古くからのユイ仲間は、「隣組」単位ではなく、耕地周辺の農家や水系ごとにたくみに組み合わされていた。耕地は散在しているので、それぞれ個別に即して「ユイ」を組まなくてはならない(岩本由輝『村と土地の社会史』刀水書房、一九八九年)。他地域とのあいだで共同作業を行う場合には農業会に計画書提出のうえ承認が必要、結婚や養子縁組、病気・妊娠・出産のため農業が出来なくなった場合にも農業会に申し出、承認を受ける必要があったという(「大館村農業会 農業生産統制規程」一九四三年『飯舘村史1』一九七九年)。部落会・隣組と、現実の共同労働組織とはズレてしまっていた。そして「敗戦後、さすがに不合理な隣組を単位とした農作業の共同はただちに廃された」のである。

岩本は「隣組でやれるのは物資の配給だけ」ということばも合わせて聴いている。戦時期、部落会・隣組には常会が設置され、それは一方で役場吏員の指導による指示伝達の場となるとともに、地域の事情を良く知る人物によって食糧・軍需品の供出、国債などの債券消化割当、配給物資の分配などを上手く処理する単位ともなっていた。ある農民の日記には、常会が頻繁に開かれ、農作業の手順や生活のあらゆる領域にわたって多くのことがらが協議されている様子が描かれている(西田美昭・久保安夫編著『西山光一日記』東京大学出版会、一九九一年)。こうした状況は戦後改革期にも引き継がれ、部落補助員の活動ともあいまって農地改革を無難に成功させ、また食糧供出割当についても大きな役割を果たした(西田美昭「戦後改革と農村民主主義」『二〇世紀システム5』東京大学出版会、一九九八年)。岩本の村でも、配給制度がある限り、部落会・隣組はなくならなかった。

「戦争責任」論のなかには、日本社会の構造そのもののなかに侵略戦争への基礎が存在したことを問う議論も生まれている。そこにあったのは「銃後」社会そのものを問うというよりは、近代総体を問い直す、という問題意識であった。しかし、それは主として家族や村落社会・内務班などにおける「封建的」社会関係として把握されていた。同時に、「むら」や「前近代」的な社会を単に否定してこと足れりとする思考とは一線を画する議論も存在していた(宮本常一、きだみのる、守田志郎、林竹二、谷川雁など)。それは「銃後」の求めた「共同性」と地域社会に存在する共同性の相互関係という問題でもあった。

もとの生業へ

森伊佐雄は一九四二年七月の徴兵検査は「第二乙種」合格だった。「兵隊にもなれないということは、現代青年の要素が欠けているという結論になる。それが私には耐えられない」。一二月、召集令状が届く(補充兵の臨時召集、一九四三年一月一〇日入隊)。盛大な見送りをうけ「即日帰郷にでもなったら、おめおめと故郷に帰れない」と思っていた彼は、三カ月で召集解除＝除隊となった(四月九日)。「銃後生活」を送っている自分は、漆職人という「時局に逆行する職業に未練を持ちながらしがみつき、かけ声だけで戦争協力を叫び、そのくせ徒手で傍観しているに過ぎない」(四月二五日)。それでも除隊後は在郷軍人分会に入会させられ、街の〝与太者〟にからまれる一介の塗師屋に過ぎないひ弱な自分も、分会行事などで「軍服を着るとこの日本に何一つ恐ろしい存在がないような倒錯した感情」

を持つ。「庶民の通例で「権力」に対して抵抗力は弱かった」。

伊佐雄はペンをとり三カ月に終わった自らの軍隊生活の記録『応召兵』の執筆にとりかかった。『応召兵』は一九四四年一月、大新社から刊行される(八〇〇〇部)。「軍隊を賛美した本」であり、伊佐雄は「終戦直後できるだけその本を回収し、こっそり焼却した」。「少なくとも一万人くらいには読まれたであろうことを考えると、やはり心苦しいものを感ずる。しかし、私は戦後の文化人の戦争責任弁明の常道であった「書きたくなかったが書かされた」のではなく「書きたくて書いた」のであることをいっておきたい」(森・前掲『昭和に生きる』)。

伊佐雄は戦争末期、群馬県の疎開工場の建設隊に編入されていた。戦争末期には疎開工場の敷地として「余程の田畑が潰されつつある」ので、これらは「歓迎せざる工場」となっていたという(一九四五年八月三日)。強制連行されてきた中国人捕虜には「敵国人という意識を抱くことがない」彼も、「作業は私たちと大して違わないくせに、労働賃金は私たちの倍額以上も貰う朝鮮人労務者に、ある反感を抱いている」。徴用工と朝鮮人労働者は、ともに「戦争に協力しているという自覚を持たない」存在であった(七月二三日)。喧嘩もよくおこった(八月三日)。

「……軍人怨嗟の声が強かった。戦争の真相がつぎつぎと判明してくると、すっかり欺されていたことがわかったが、しかし、そうかといって私には急に百八十度の転換ができなくて、当座は困った。……無論、軍国主義者に踊らされた大半の国民は無知であったかもしれない。それだけに、その張本人たる戦争犯罪人と呼ばれる人たちに、私たちは強い憎悪を感じたのだ。東久邇宮首相の「一億総懺悔」と称するものは、一部の戦争責任を一億国民に均等化しようとするものにほかならない……」(前[16]

掲『昭和に生きる』)。

伊佐雄は敗戦後、徴用先の群馬から古川に戻る。彼の塗師屋再開を支えたものは、工場からの退職金と、とにかく金を出せばヤミ値で買うことが出来た「軍放出の漆」であった(前掲『昭和に生きる』)。最近の研究によれば、戦時期に雇用者に転じて激減していた自営就業者の多くが、敗戦後に自営業に戻っている(佐藤[粒来]香『社会移動の歴史社会学』東洋館出版社、二〇〇四年)。

東久邇首相の「一億総懺悔論」は、「我々が徒らに過去に遡つて、誰を責め、何を咎むることもない」「軍も官も民」も「悉く静かに反省する」必要を述べたものであった。それは「前線も銃後も」という文脈でも述べられていた(一九四五年九月五日、帝国議会演説)。しかし、「一億総懺悔論」は、多くの違和感をもって受け止められ、「指導者」の責任を問わないではおかない意識が浮かび上がってくる。ここで「指導者」とは、主としては「軍閥」や日本を敗戦に導いた「政治家」を意味するものであったが、「中央地方ヲ問ハズ指導者ハ戦争責任ヲ取テ貰ハネバナラヌ」(愛知県)、「戦時中指導者ハ一般ニ目的ヲ達スル為ニ非常ニ無理ノ入ツタ供出」(山形県)を命じた、などといった声をふくみ、「指導者総交替ノ声澎湃トシテ輿論化」し「敗戦ノ責任ハ為政者デアリ軍人デアリ官僚デアル、須《すべから》ク退陣」、「村長以上県庁ノ課長以上ハ退陣セシメネバナラヌ」(鳥取県)と、政策決定の責任者のみならず町村という下部権力の「指導者」にまで及んでいた(『資料日本現代史2　敗戦前後の政治と社会②』大月書店、一九八二年)。

警察官僚の公職追放は現実化していたが(一九四五年一〇月四日、人権指令)、この一九四五年秋から四六年三―四月にかけては、地域末端にまで「戦争責任」をめぐる議論が広がり、市政・村政民主化闘争による「戦争責任」追及の動きが相次ぐことになった[17]。

すでにポツダム宣言に基づいて戦争犯罪人の概念は一定程度明らかになっていたし、また東京裁判をひかえ、政治家・軍人などの「戦犯容疑者」の逮捕が始まっていた。一九四六年一月四日には公職追放令が発令され(一一月に地方に拡大)、「指導者」の概念は、GHQ／SCAPの占領政策に基づく公職追放によって制度的に「線引き」が為されることとなる[18]。

地域では、村政民主化運動のなかで、あるいは自発的に、村長など村の指導者の辞任が相次いだ。長野県において、自発的に辞意を表明したある村長は、戦時中は「黙々と総力を戦争一本に集注」したため、「村長であった自分が見てもこれは無理だと思はれる上からの供出割当も二つ返事で引受けて強行した」と述べている。「優良供出村」を指導したその地位に「心苦しさを感じた」という村長もいた(ともに『信濃毎日新聞』一九四五年一〇月一一日)。他方、「戦争は始まった以上勝たんが為に全力を尽すのは公然のつとめ」と述べる村長もおり(辞職せぬ村長「敗戦の責任」『信濃毎日新聞』一九四五年一〇月二二日投書)、こうした動きをうけて長野県側は、村長の戦争指導責任による辞任を許諾すれば「隣組長以上大臣に至るまで凡ゆる指導者が全部辞職しなければならない」と警句を発している(『信濃毎日新聞』一九四五年一〇月一五日)。

長野県で村政民主化を掲げた大衆運動、村民大会の事例を見ると、小県郡長村(一九四五年一一月一日)＝村長村議退陣、下伊那郡上郷村(一九四五年一一月一三日)＝戦争責任者の総退陣、下伊那郡鼎村(一九四五年一一月下旬)＝戦争責任者総退陣・官僚の指示ではなく、村民による自主的供出実施、東筑摩郡波田村(一九四六年一月一六日)＝村長村議農業会長総退陣、小県郡青木村＝村長公選、東筑摩郡今井村＝村長村議総退陣、などの要求を掲げている。「戦争責任者」の範囲が明示的に主張されているわけではないが、村民大会での要求が村長・村議(加えて農業会長などの農政関係の役員)など村政指導者退陣に集中するのは、なによりも直接的に配給・供出をめぐる「不正」が発覚したことにもよるが、戦時中の模範的行政＝無理な供出督励による不満が昂じていたこともあった(19)。敗戦後から、戦時中の村政指導の道徳的責任やその明確な定義を語らないまま「戦争責任」を理由とする村長クラスの辞任が相次いでおり、こうした状況も実態以上に地域の指導者層は配給・供出にあたって「不正」を行うものだとの通念を瀰漫《びまん》させていったのだろう。しかし、「戦争責任」問題を、「銃後」を問うという視角から見てみれば、こうした配給・供出割当の不正・不公正といった事態は、むしろアジア太平洋戦争末期を中心とした「銃後」の崩壊期に、軍との関係で広範に展開した現象でもあったのである。

村政民主化運動をめぐっては、民主化を主導する勢力が「大同団結と大衆獲得に主眼をおき、目下一般知識人をはじめ旧産青聯、旧翼壮の中堅人物獲得に最大の努力を傾倒してゐる」とも報じられている(『信濃毎日新聞』一九四五年一〇月二五日[北信版])。実際に、各地域で実践された村政民主化運動の担い手には、旧産青聯・旧翼壮関係者が見受けられる。

一九四六年六月、産業組合青年聯盟の後継組織として全国農村青年聯盟が結成され、各地域の農村青年聯盟(農村建設聯盟などの名称もある)が合流していった。農業会(一九四七年解散、農業協同組合への官僚統制を批判しつつ、農村青年聯盟はその行動綱領に「独占資本及非農民的利益を排除し協同組合組織による農民の経済的独立並に進歩の確保」をうたい、「封建主義」の徹底打破、「農村自治確立・農村に於ける自主的綜合態勢の確立」、「立身出世主義教育・都市中心的画一教育」排撃、「農民人格の育成」、「官僚的独善」排撃、を主張した(「行動綱領　農青聯当面の要求と実践的活動目標」『日農　全国農青聯　一九四七年』大原社会問題研究所所蔵)。

農村青年聯盟は、その現実的な闘争において「最も特徴としてゐるところは、反官闘争」であるとされ、日本が敗戦に至ったのは、「財閥の私利追求がもちろん根本だが、それに集《つど》つて一個人の立身出世の前に人民も国家もない軍閥と官僚に責任の大半がある」との認識を持っていた(中村吉次郎「農青聯運動の立場」『農民解放』一九四七年四月号)。四七年三月五日に開催された農青聯主催全国農民大会における決議「日本農村民主化障碍除去に関する決議」(『日農　青年部資料　一九四五〜四八』大原社会問題研究所所蔵)は、「日本国民を戦争に駆り立て今日の苦境に追詰めたるは軍・財閥並に之と結託、国民の目をおうひ(覆い)口を塞いだ官僚なり」と述べて、地方公職追放を支持、さらに都道府県庁課長以上・地方事務所長・本省の課長以上にある「戦犯的官僚群」の追放が主張されたのである(「農民の諸要求は結集された」『農民解放』一九四七年四月号)。一方、「善良なる町村の翼賛会支部長、翼壮団長」は官僚によって「手足の如く追回」されたものとして、その追放には違和感が語られている(中村吉次郎・前掲「農青聯運動の立場」)。

農村青年聯盟が官僚批判をいうとき、追放されるべき官僚が行った行為は、戦時期に私的利益を追求し、資本主義を擁護したことであり、その対極として私的利益の追求をもっぱらとしない「協同社会」の建設が目指されていた。かつて壮年団運動における「協同主義」理論の支柱であった小野武夫は、敗戦の原因を社会道徳の欠如、その社会的基盤としての農民の小経営におき、農村再編については農村機構の平準化による「団栗の背比べ」とすることに満足せず、「青壮年中の人格者」「少数の優秀中堅青年」「中産にして有識、有徳の士」を中心とする農村再編の構想を語っている（小野『戦後農村の実態と再建の諸問題』経営評論社、一九四七年）。

小野にとっての「銃後」社会は、官僚と資本家による私的利益追求の行為、そこに示された「非社会性」「利己心」「立身主義教育」の問題として把握され、それゆえに戦後は、利己心の否定、「社会的道義」のための内面規律として「協同倫理」がいっそう求められるようになっていたのである。戦時の翼賛運動はこうして戦後の社会運動を支える一つの有力な基盤となっていった。

だましだまされた社会

長野県小県郡泉田村のある青年は、戦後復活した青年団運動の機関紙『泉田時報』に次のような文章を寄せている。「後のことは引き受けた、皇国の為に充分働いてくれと日の丸の小旗に埋め尽して征く者を時代の英雄として送つて居た。それが昭和二十年八月十五日、その日から掌を返した様に皆瞞されたと云ひ出した、然し自分が瞞されたとは云へ人を瞞す必要があるだらうか。問ふ征つて還らぬ兵は誰に瞞されて居るだらうか。軍閥に？官僚に？又送る時国民は何んと云つたであらうか」（月抄「地の叫び」『泉田時報』二号、一九四六年一〇月一〇日）。

すでに著名な文章だが、伊丹万作は「多くの人が、今度の戦争でだまされていたという」が、「それが実は錯覚らしい」と記す。「民間のものは軍や官にだまされたと思っているが、軍や官の中へはいればみな上のほうをさして、上からだまされたというだろう。上のほうへ行けば、さらにもっと上のほうからだまされたというにきまっている。すると、最後はたった一人か二人の人間が残る勘定になるが、いくら何でも、わずか一人か二人の智慧で一億の人間がだませるわけのものではない」。「銃後」の社会において、誰が一番直接的に人びとを「圧迫」し続けたのか？　具体的には、「直ぐ近所の小商人」「隣組長や町会長」「郊外の百姓」「区役所や郵便局や交通機関や配給機関などの小役人や雇員、労働者」といった、人びとが「日常的な生活を営むうえにおいていやでも接触しなければならない、あらゆる身近な人々」であっただろう。しかし、「だます人」と「だまされる人」をはっきりと区別できると考えることが誤りなのだろう。[20]「日本人全体が夢中になって互いにだましたりだまされたりしていた」、「ほとんど全部の国民が相互にだまし合わねば生きて行けなかった事実」、ここが伊丹の「銃後」批判の場所であったのである（「戦争責任者の問題」『映画春秋』一九四六年八月号）。

「だまされるということ自体がすでに一つの悪」であることを主張することが重要であり、かつ伊丹の文章はそのような自覚の欠如への警句として読まれてきた。しかし、ここでより重要なことは「自発的にだます側に協力していた」銃後の担い手のみならず、「国民が相互にだまし合わねば生きて行けなかった」経験であり、問わねばならなかったのはそうした社会のありかたであった。[21]

大正教養主義の潮流にあった知識人は、敗戦後に積極的に発言をはじめ、軍部・官僚・財閥などの「指導者責任」を指摘するとともに、民衆をあくまで「指導者」とは区別された存在ととらえ、その「だまされた」という感情を積極的に組織化し、「だまされた」自己を問うことを諭していった。その向かう先は、「個人・人格の未完成」を強調する近代日本の「自己形成」方式であった「修養」という方法として語られていった。そこには「社会」を問う視角は基本的に弱かったといえよう。

「指導者責任」論と対になって人びとのあいだに広まった意識は、「だまされた」という意識であった。それは、戦争の具体的実相が次第に明確になると同時に、「戦争責任」問題処理の展開にともなって「指導者」が具体的に措定されていくなかで、自らを「指導者」と区分し、精神の安穏をはかる態度であったともいえよう。

しかし、それは同時に「だまされた」ということで自らが熱心に戦争に協力したことの痛覚を忘却する作用をも併せ持つものであった。「銃後」の社会はまさに、「誰もが指導者になれる」社会――その意味では戦争遂行という「大義名分」を得れば常に微細な権力関係が発動する社会でもあったのである。

「銃後」とアジアの戦場

広島の農村地域においても、町村長の辞任など、広範に村政民主化の動きが現れていた。「農村青年団体の自主的な民主的活動」が活発になり、「〝戦争責任〟とか〝いや気がさした〟との表現によって町村長らの辞表提出」がさかんに行われていた(『広島県史 現代』一九八三年)。

こうした広島の農村で、新しい文化運動の試みを実践していったのが中井正一である。中井は、日中戦争後も京都にあって『世界文化』『土曜日』などを拠点に反ファシズム運動を実践していた。いかに民衆と接点を持ちながら反ファシズム運動を行うか、こうした問題関心を抱いていた中井ですら、戦後尾道図書館長時代、自身の文化運動がなかなか民衆に理解されない苦労を語っている。中井は、講演会など文化運動における民衆への語り口を模索し続けた(22)。

「封建制イデオロギー」などの概念をいくら民衆に語っても、彼らはそんなもの「自分にはないとソッポをむいてしまう」。民衆に切実に訴えるためには、概念ではなく、彼ら自身のことばと経験を素材にとり、自らの問題として認識させることが必要である。素材は講談で著名な「平家物語 宇治川の合戦」の場面。木曽義仲軍を攻める源義経軍のなかで「宇治川 渡河 一番のり」の功名争いが起こっている。出遅れていた梶原景季は、佐々木高綱をだまして出し抜き、「一番のり」の功名を上げる。「見てくれ根性」、そして「抜けがけ根性」、これに加えてどんな苦難もじっと耐えてやりすごす「あきらめ根性」、中井は「封建制イデオロギー」をこうしたことばによって民衆に伝えていった。中井にとってこの「三つの根性」は軍国主義と侵略戦争を支えたものであり、民衆自身がそれを克服する意識改革なしに戦後の民主主義はありえなかった。

そんな中井はある講演会で農村の若い女性に向かい、次のように述べたという。「三つの根性」の話をふまえたうえで、広島県福山とその周辺農村出身者が多く入隊していた「鬼の四十一聯隊」と呼ばれた福山聯隊の強さのしくみを語りだす。この強さを支えたのは「忍従をむねとする大和撫子」たち、つまり地域の女性たちであった。軍隊の男たちは「いやいや戦場へ出てはいない……人に負けてはならぬ、人にうしろ指をさされてはならぬ、そういう自律心で、困苦にたえ」戦場を疾駆した。彼らは、地域の女性たちに「敬慕される」存在たらんとして中国大陸で殺戮の「抜けがけ」を演じ続けたのだ、と。中井は続ける。「男が侵略を事とする時代には、必ず女に忍従を求め、忍従の美を説くものだ」、「家の中を人権の砦にするためには、女たちが忍従をはねのけて、それを男にも認めさせる力を持つことだ。そうなったとき、男は侵略を捨てざるを得ない」。

「民衆の戦争責任」といったとき、そこにはアジア各地域における「残虐行為」の直接の執行者、兵士としての経験、という問題がクローズアップされる。そこでは、「聖戦観」・帝国意識の根強い持続が論じられる一方で、戦場・占領地での「他者」経験が自らの「戦争認識」を揺さぶり、新たな認識＝アジア民衆に対するゆがんだ認識や戦争肯定の意識を克服する可能性が論じられてきた。それは「戦場から生まれる戦後精神」と評されるものであった（吉見義明・前掲『草の根のファシズム』など）。

こうした議論に対して、「銃後」の社会のありようと、アジアの侵略戦争での残虐行為とを、どのように関連させて考えるべきか、民衆自身のなかからははっきりとした思想が生まれたわけではない。しかし、中井の問題提起は——わかりやすく、講談や昔話をも用いたその語り口ともあいまって、非常に素朴ではあるが、重要な論点を民衆に突きつけたものであった。

中井の民衆経験を方法として学んだ山代巴は、広島でユニークな文化運動を展開していくこととなる。それは、山代自身が戦時期の京浜工業地帯で経験したサークル運動を基礎としていた。そのサークル運動は、山代にとっては、山代の夫・吉宗の提案に即して「どんな質問も出来る雰囲気」を集団のなかに作り出し、そのことで「日常生活に人権のふしめを折りたたむ」こと、外部に漏れることなく個人の悩みを語りうる「秘密の守れるふところ」を作りあげること、を模索したものとして戦後文化運動のなかで想起されてくる。戦後さかんになった生活改善運動（新生活運動）、そのどんな「模範的」な生活改善運動も、指導者の指示に従うかたちではほんものではない。家計簿を精査したり、台所の改善を指示されたりして出来上がった「模範」生活改善の村は、翼賛会と同様であると山代は批判するのであった。山代の戦後文化運動も、「銃後」という時代のなかで模索された「共同性」の民衆経験から導き出されたのであったのである（山代巴『連帯の探求』未来社、一九七三年）。

「戦争を後悔せよ」

一九四六年一月、近藤孝太郎は岡崎の地元紙『東海新聞』に「戦争を後悔せよ」という文章を寄せた（福岡寿一『一筋の道 近藤孝太郎研究』東海タイムズ社、一九七九年）。近藤は「今次の戦争」は明らかに敗北であったと述べ、「戦争に於いて日本人が米国に負けた事は、極めて当然のことであり、国民が当然知らねばならぬことを体験したというだけのこと」と言う。「それは過去の日本のやり方が間違つて居り、我が国が米国や其他聯合国より劣つてゐたという事」である。そのことを基礎として、「過去の清算すべきものを清算し、後悔すべきものを後悔して……将来の日本の来るべき新しい時代に処すること」が「国民」のとるべき道である。近藤にとっては、「戦争に負けたことなど何でもない」。「しかし、文化一般、生活一般に於いて、すべての上に於いて日本人が欧米人に遥に劣つてゐることを考えねばならぬことは、何という悲しむべき悲惨であろう」。ここでの近藤の議論は、自らの「戦時」の活動への言及が見られないという問題もあるが、何よりも、「敗戦」を当然とする「日本の文化」の低さへの認識が語られるのみである。(23)

産業報国運動のなかでは「職員層」の運動に対する不活発さが問題となっていた。こうしたなかで近藤の文化運動は、詩や絵画の表現の相互批評という方法をも用いつつ工員と職員がともに行う経験を持ったものであった。しかし、戦争末期の状況のなかで、工員と職員の待遇差は開き、相互の反発も見られるようになっていた。

近藤はその後、敗戦後に結成された共産党主導の労働組合団体である産別会議文化部の仕事に携わるようになるが、岡崎への帰郷を望むようになり、一九四九年、自らの戦時期の経験を総括的に語ることなくこの世を去るのである。

エピローグ——「銃後史」のゆくえ

朝鮮戦争は、アジア太平洋戦争終結からわずか五年後の、またかつての「大日本帝国」領土であった朝鮮での戦争であったにもかかわらず、「見えにくい戦争」であったといわれる。朝鮮戦争は、日本社会の人びとにどのような「戦争」として経験されたのだろうか。こうした「問い」は、歴史学(地域史研究)においても、また歴史教育においても検討がはじまったばかりである。ここでもいくつかの問題をかいま見るに過ぎない(1)。

開戦にあたって各新聞は「社説」を掲げたが、地方紙をふくめてその多くはアメリカの行動、すなわち「国連軍」派遣による事態収拾を支持する立場であった。日本人による「協力」も、「世界平和」のために戦う「国連軍」への協力、という論理で主張されていた。さらに、朝鮮戦争の背景を「国際共産主義の侵略」とみる立場を明確にとっていたいくつかのメディアは、より積極的に日本によるアメリカ・国連への協力を主張していた。

しかし、「国民感情」は微妙に動いている。「国連軍」協力を積極的に社説で掲げた『読売新聞』も、「国連軍」への「協力」賛成三〇・八%、「非協力」五六・八%という世論調査の結果を掲載している(一九五〇年八月一六日)。

日本の協力は「非軍事」に限定すべきである、という主張を掲げた新聞も地方紙をふくめてそれなりに存在したが、『北海道新聞』のように、その理由として、日本の「国民感情」や、いまだ「独立」をしていないことに加え、「元侵略国であること」を指摘したものはわずかであったようである(梶居佳広「朝鮮戦争・日韓関係(一九五〇〜一九五三年)に関する日本の新聞社説」『社会システム研究(立命館大学)』三〇号、二〇一五年)。こうした世論状況をふまえつつ、より微細な経験に視点をあてて朝鮮戦争期の「戦時社会」について見てみよう。

〝出征〟と〝慰問〟

吉田茂首相は閣議において、「国内における国連への協力は熱意が足らぬ」、横浜に「国連軍」が着いても「出迎えもしなければ、出征兵の見送りも行われていないが、これはあまり感心したことではない」と述べたという(『朝日新聞』一九五〇年八月二五日)。朝鮮戦線に出動する軍隊に対しての「慰問」活動が求められていた。

募金活動、「慰問品」の製作・募集活動は活発に行われ、日本赤十字がその活動の中心となった。日赤は、地域においては、婦人会(大日本婦人会は戦後解体していたものの、地域の婦人会として組織実態は残っていた)と組織的に重なりあっていたので、その「支援」「慰問」活動は、戦時と同様の仕組みで行われたともいえよう。日赤・葛飾区支部婦人会では、日赤本社が提唱した〝慰問人形づくり〟運動に呼応、地域内各分団ごとに製作、一九五〇年一一月一日、六四九体が区役所を通じて日赤本部に届けられた(『葛飾新聞』一九五〇年一一月五日〔木下千恵子『占領下の東京下町――『葛飾新聞』にみる「戦後」の出発』日本経済評論社、二〇一四年〕)。また、地域の女性団体である、白菊ウーメンズ・アソシエーション、高砂すずめ会などは、アメリカ軍の病院(両国・第三一六陸軍病院)を慰問、「振袖姿の可愛らしい子供達」とともに病室を巡回して傷病兵に花束を贈り、演芸場で日本舞踊などを披露している(『葛飾新聞』一九五〇年一一月二六日『占領下の東京下町』)。

一九五〇年一二月八日(アジア太平洋戦争開戦から九年め)、日赤本社から日赤・佐賀県支部にアメリカ軍向けの「救護班巡遣」要請が届いた。登録名簿から二一人(婦長一人・看護婦二〇人が戦時救護班の原則的な編成)の看護婦が選ばれ「戦時召集状」が発送された。米陸軍が日赤社長に対して救護班出動の指示を出す、すると日赤は「召集状」を各地域の看護婦に出す、という仕組みがとられていた。勤務先の学校や国立病院、自治体の保健課に「戦時召集状」が届けられていく。彼女たちのなかには「赤紙」と思ったものもいた(鈴木スム子「看護婦応召タノム」女たちの現在を問う会編『朝鮮戦争 逆コースのなかの女たち』インパクト出版会、一九八六年)。嬉野国立病院では「召集状」をみた外科部長が日赤主事と交渉、「日赤から一方的に召集されるのはスジ違いだ。それも時代錯誤の赤紙とはもってのほか」と反対し、令状の返送に成功した。残り一六人の女性たちは一二月一一日、佐賀市役所会議室での壮行会を経て「国連軍」第一四一兵站病院(福岡県志賀島村西戸崎)で勤務することになった。

二一歳の中学校養護教諭・小柳正子の場合は、学校長が音頭をとって「名誉の応召」と全校生徒のまえで壮行会を行ったという。両親は反対したが、正子は断り切れなかった。しかし、参加した看護婦から、出動中の勤務・給与・身分についての抗議が相次ぎ、一九五一年一月三〇日、わずか一カ月そこそこで「召集解除」となった。後日、「国連軍病院内の給与、服務内容など機密事項については今後も絶対に口にしないよう」との通達があった、という。日赤・長崎県支部でも同様に「救護班」

が編成・派遣されている（山崎静雄『史実で語る朝鮮戦争協力の全容』本の泉社、一九九八年）。

敗戦後の日本に、すでに兵士はいなかった。しかし、兵士を支えた「銃後」の人びとのうち、専門的技能を持ったものが、直接の軍務ではないにせよ今度は自ら「戦争協力」の前面に立つこととなった。このとき、これらの人びとを「支援」する側にはどのような意識が存在したのだろうか。

軍事化の底辺

九州地域は朝鮮半島にもっとも近い軍需工業・米軍基地密集地域である（板付・佐世保など）。一九五〇年六月二九日夜一〇時一五分、福岡県の板付基地（現在の福岡空港）、小倉・戸畑・八幡・門司で警戒警報が発令された。警戒警報は空襲のおそれがある場合に発令され、より危険な場合は空襲警報となった。人びとにとっては悪夢のような空襲の〝予兆〟であった。それは、五年ぶりの警戒警報であった（二〇時五五分に解除）。

同日、広島湾の西側に位置し、戦時期から重化学工業化と軍事化（海軍航空基地）が進んでいた山口県岩国市の議会は「防空計画の大綱」を決定している。警察署に防空本部をおき、空襲警報のためのサイレン設置、灯火管制、防空壕の建設などを決めている。岩国の海軍航空基地は戦後アメリカ軍に接収され、朝鮮戦線への出撃基地となっていた。

岩国の地域は、英連邦軍が占領していたが、朝鮮戦争勃発にともなうアメリカ軍の移駐によって一気に「買春施設」や「街娼」が増加し、「基地売春街」へと変貌していったという（藤目ゆき『女性史からみた岩国米軍基地』ひろしま女性史研究所、二〇一〇年）。岩国の女性教員であった中原ゆき子らの朝鮮戦争下での調査によると、「街娼」たちの年齢は二〇―二六歳が多く(一五歳もいる)、ほとんどが小学校卒であるが、なかには旧制高女や専門学校卒もいる。前職が看護婦である女性が相当おり、元教員もいた。「売春」をするきっかけは、経済的な理由によるものが第一であった。中原らの報告には、戦災・引揚や、「未亡人」たちの経験が多く記録されている。例えば、二四歳の高等女学校卒業の女性は、「全身に原爆時の傷痕」があり、初めの結婚に失敗、家産の傾いた実家を援助するため「売春」をしている。横須賀・呉を経て一九五二年から岩国にいる。「進歩的な考え方」をもち「清潔な結婚」を望んでいるが「パンパン」をやめることは出来ない、しかし「極端な戦争否定者」であるという(中原ゆき子「第二回婦人教員研究協議会第二分科会研究報告書」一九五三年『性暴力問題資料集成4』不二出版、二〇〇四年)、藤目ゆき・前掲『女性史からみた岩国米軍基地』)。朝鮮戦争の「銃後」は、十五年戦争の「銃後」を支え、その結果「被害者」として「苦界」に身を沈めた女性たちを下支えとして初めて成立していたのである。

陸軍予科士官学校があった埼玉県の朝霞地域には、戦後、首都圏に駐屯するアメリカ軍の中枢機能を担う朝霞基地がおかれていた(アメリカ軍第一騎兵師団司令部、第五・第七歩兵連隊)。朝霞基地周辺でも朝鮮戦争をきっかけに歓楽街が形成された。「基地の街」は上野アメ横などへの軍放出物資の流通で活況を呈するとともに、「朝霞! それは上海だ」(『埼玉新聞』一九五〇年五月二六日)、と呼ばれるようになった(中條克俊『君たちに伝えたい 朝霞、そこは基地の街だった』梨の木舎、二〇〇六年。なお本書はすぐれた地域現代史の教材化の試みであり、筆者の一つの教育実践としても読むことができる)。

「上海」の表象はもちろん「モダン都市」「魔都」などと多義的であったけれど、戦後におけるそれは、「モダン都市」というよりは「売買春」をふくむ巨大な歓楽街の表象であった。「東北の上海」は宮城県柴田郡船岡町であった。一九三九年、海軍火薬廠が設置されて一気に人口が増加、敗戦後、工廠は閉鎖されるもアメリカ軍が進駐してきた。地域住民は跡地払い下げ、平和産業誘致による雇用創出・民生安定を主張するが、アメリカ軍はこれを無視し続けた。やがて次第に占領軍は撤収して行き、かつての海軍火薬廠があった頃の「繁栄」は失われていった。朝鮮戦争が始まると宮城県仙台には後方兵站司令部がおかれ、近郊の王城寺原演習場は出撃前の実践訓練場として利用されている。船岡町には五〇年一〇月、日本の警察予備隊(五〇年八月創設、五二年一〇月に保安隊〔後の自衛隊〕に改組)が進駐、「町はやはり生気をとりもどし……四〇軒をこす軽飲食店と六軒の特飲店(特殊飲食店、買売春が黙認された飲食店)と、そして一つのダンスホールをかかえ」、「東北の上海」と呼ばれた、という(拙稿「戦後地域民主化と文化運動」平川新ほか編『講座東北の歴史2　都市と農村』清文堂、二〇一四年)。

朝鮮戦争の「戦時」と性暴力の問題、こうした関係を「問い」として提出する試みはほとんど存在しなかった。地域の女性団体は、「良家の子女」を保護するための「防波堤」論の立場から「売春」を是認しており、その限りでの「風紀改善」、「街娼取り締まり」論にすぎなかったからである。他方、基地反対運動の側においても、アメリカ軍基地、演習場周辺では、過去、日本軍と取り結んだ関係についての記憶はほとんど議論されないまま、「パンパン」「買売春」「基地の女」「風紀の乱れ」「植民地」状況などと、もっぱら「被害者」としての議論に終始した。「銃後」は、底辺女性のすがたを軸として「反転」している。

村と朝鮮戦争

少し後のこととなるが船岡町の青年団幹部は、農村の「娘たちが保安隊と遊びまわることによってですね、青年たちの間に汗を流して働くという尊い勤労意欲がなくなりつつある……青年の服装は実にはでになって来ました。何といっても、娘たちを」返してもらうことが農村には大事だ、と述べている(猪俣浩三ほか『基地日本 うしなわれいく祖国のすがた』和光社、一九五三年)。

船岡の青年たちは、保安隊(自衛隊)が都市的な文化あるいは消費文化を持ち込むことで、地域の女性たちがそれに染まっていくことを問題視している。農業に比べて保安隊員はそれなりに安定した収入を得られる官公吏でもある。農業をし、農村にとどまらざるをえない青年たちにとって、地域の女性たちが農業を嫌い、安定した保安隊員にひかれていくことは、切実な問題であった。宮城県古川町の森伊佐雄のいとこも警察予備隊に入隊をする。就職のつもりだと言っている。「戦争が起こったら」、ということは若い青年にはそれほど心配事ではないようだ。壮行会も行われたが、戦中に行われた伊佐雄の時のように「しめっぽい」ものではなかった(森・前掲『昭和に生きる』)。

戦前・戦中期に「模範村」といわれた長野県下伊那郡松尾村は、一九四九年頃から村独自の精神動員運動＝「村風刷新運動」(貯蓄意識の向上、経済道義の昂揚、新生活運動・純潔教育運動など)を展開しはじめている。しかし、その重要な担い手であった青年団の運動がこの時から衰退することによって「効果」を挙げられずにいると言われている。青年たちは、村の公民館での補習教育よりは、近在の定時制高校への進学を求め始めていた。朝鮮戦争のなかで再び「村の青年たちの能力が次第に低くなっていく事は悲しい事である」との声が上がっている(「明日への希望」松尾村公民館専修科生徒会編集部

『生徒会新聞』八号、一九五一年〔拙稿「「逆コース」初期の村政と民主主義」同時代史学会編『占領とデモクラシーの同時代史』日本経済評論社、二〇〇四年〕）。また、同じく長野県埴科郡五加村の事例では、戦後に成立した共産党村政が朝鮮戦争勃発後の情勢によって「崩壊」していくが、その論理（反村長派）のなかに村民子弟の就職問題があったことが指摘されている（庄司俊作『日本農地改革史研究』御茶の水書房、一九九九年）。戦争と就職の問題、かつて「銃後」ではどのような人びとの動きがあったのか[2]、朝鮮戦争など、戦後の戦争の経験のなかでふり返ってみるべき論点の一つである。

旧日本軍が駐屯していた基地は、戦後開拓のため払い下げの農地となっていた場所もあったが、朝鮮戦争によって再び「接収」されるところも少なくなかった。より直接に朝鮮戦争が村に影響を与えた事例である。一例だけだが紹介すれば、静岡県と山梨県にまたがる富士演習場の静岡県側、東富士演習場内入会地《いりあいち》は、戦後になると——一時的にアメリカ軍が使用を続けたとはいえ——戦前とは比較にならないほどその利用が農民に「解放」されつつあった。しかし、こうした状況が逆転していくのが一九四九年のアジア情勢の緊迫化から、一九五〇年朝鮮戦争にかけての時期である。東富士演習場では、旧軍時代よりもはるかに厳しい立ち入り禁止措置がとられ、またかつて認められていた廃弾・残飯払い下げの特恵もほとんど無視される状況となった。こうした措置に対しては、「敗戦の責め」をひとり地域住民に負わせるもの、と地域の人びとは主張した。当初、かつての契約を復活させるに留まっていた農民を中心とする地域住民の要求も、次第に基地周辺住民の「生存権」を主張するものへと深化していく（拙稿「占領期における東富士演習場問題の展開」『裾野市史研究』九号、一九九七年、荒川章二「東富士演習場と地域社会」粟屋憲太郎編『近現代日本の戦争と平和』現代史料出版、二〇一一年）。

自国の軍隊と「平時」に結ばれた関係、それは限定的な部隊出動という状況下では、最も安定的な軍隊と地域の相互依存関係であったともいえよう(河西英通『せめぎあう地域と軍隊』岩波書店、二〇一〇年)。逆にいえば「戦時」における「銃後」の社会はこうした関係をゆるがすものでもあった。また、軍隊の演習場においても、地域住民とのあいだには土地利用の方法や廃弾・廃材・残飯の払い下げなどの特恵的な契約が結ばれていた。しかし、同時に、日中戦争からアジア太平洋戦争にかけて――本書でいう「銃後」の時代に――多く周辺の土地を接収して軍事基地がつくられている(アジア太平洋戦争末期の事情についてはまた別途詳細な検討が必要である)。地域住民と軍隊の関係は矛盾をきたしつつあった。自国の軍隊と取り結ばれた関係は、「銃後」が消滅することでどのように変化していったのか。そして、アメリカ軍による再使用が現実化するなかで、かつての「銃後」の経験はどのようなインパクトを地域住民に残していったのか。こうしたことを明らかにすることも、今も続く基地問題の根底にある「銃後」の民衆経験史の課題であろう。

街頭の戦争

『神奈川新聞』に掲載された限りではあるが、朝鮮人を中心とする反戦運動を分析した平林久枝は、一九五〇年七月から一二月までの特徴について次のように指摘している(「朝鮮戦争期間中の神奈川県下の反戦活動について」『在日朝鮮人史研究』一四号、一九八四年)。ビラまきなどで検挙された一七例はほとんどが朝鮮戦争開戦直後の七月に集中、ビラの大きさは手のひらに入るものから半紙大までである。「闘争の場所」は街頭六件、電車内二件、工場二件、労働者宿舎一件、職安前二件、大学二件、朝鮮生協内一件、ほか一件である。活動家は、二〇歳代の男性が圧倒的に多く、工員・日雇い作業員、失業者などと想定されている。名前がわかるものは日本人九人、朝鮮人一一人だというが、日本名朝鮮人の可能性もある。一九五一年になると、そもそも記事が減って(報道規制のためか)実態はつかめなくなるが、ビラまきを報じた記事は四件(路上や電車の窓、駅のホームなど)、かわってさまざまな雑誌や新聞、パンフレットに対する「文書違反」検挙が目立ってくる。「密造酒」摘発を名目とした取り締まりも多い。五二年になると、ビラまきは農村部(愛甲郡高峰村)の一件のみ、また平和的なデモ行進への取り締まりが目立つ。朝鮮戦争の反戦運動は「街頭」で戦われた運動であった。

工場内は、レッドパージが荒れ狂っていた。「職員」と「工員」の待遇格差は、総動員体制下の「銃後」では縮少が目指されたが、再びそれを押し広めようとする「企業内身分制」の導入が試みられている。

ふり返れば、戦時下の大森・蒲田地域は、多くの青少年人口が流入し、「労働者の街」に変貌していった。戦時中、彼らの住環境は悪く、職場の身分制や賃金への不満もあって、頻繁に転職を繰り返していた。転職・移動がどのような社会関係に支えられていたのかはわからない。こうした青少年たちを組織するため、大企業とはまた別に地域単位の産業報国会も組織されていった。労働者の生活にとって地域が大きな意味をもっていた。

「銃後」を支えた労働者たちのどれだけが空襲・敗戦という状況のなか、この地域にとどまり続けていたのかはわからない。また、どの程度の割合が兵士として実際の戦場を経験していたのかも、詳しくはわからない(3)。大森区に設立された技能養成の専門学校(大森工業学校、一九四一年認可)の卒業生が戦後の労働運動のリーダーとして成長していったことも記録されている(『大田区史 下』)。しかし、朝鮮戦争期には、多摩川をはさんだ川崎地域とともに、この大森・蒲田地域は再び労働者が大量に流れ込んでくる街になっていった。そしてまた多くの臨時工の存在によってこの地域の朝鮮特需が支えられていた側面も無視できない。京浜工業地帯は米軍の立川基地・横田基地と横須賀軍港をむすび、また首都圏に駐屯するアメリカ軍の軍需を支える工業地帯となっていた。こうした不安定な職場から離れ、朝鮮戦争の反戦運動は、「街」を舞台に展開していったのである(『戦後民衆精神史』現代思想臨時増刊、二〇〇七年)。レッドパージなど労働運動に対する圧力のなかでの運動であった。共産党の影響もうけていたこの地域の反戦運動の主体にとって、朝鮮戦争戦時下の状況を認識する思想的枠組みのキイワードは、アメリカによる日本の「植民地化」と「軍事化」であった。文化運動でもあったこの反戦運動のなかで、かつての「銃後」の労働者の街はどのように描かれ、意識されていたのか。

小関智弘は工業学校に学び高校を卒業すると大田区(一九四七年大森区と蒲田区が合併)の町工場に入った。一九五〇年のことであった。同級生に朝鮮人がおり、「工場街に反戦のポスターを貼ったことがあった[4]」。最初に勤めた町工場(従業員は三人)は、「職工」の給料支払いも滞る状態であったが、朝鮮戦争による軍需で息をふきかえした。「この前の戦争じゃ大失敗だったが、こんどの戦争は有難いもんよ。なんといったって、海の向こうで、アメちゃんがやってくれてるんだからなぁ」(小関智弘『大森界隈職人往来』朝日新聞社、一九八一年)。

戦後日本は「復興」すべきであったのか。川村湊は「こうした疑問は、戦後社会において……一度も問われたことのない問い」であったという。「私たちはもっともっと深く……焼け跡や廃墟に佇《たたず》んでいてもよかったのではないか。いや、佇むべきではなかったのだろうか?」(『戦争の谺 軍国・皇国・神国のゆくえ』白水社、二〇一五年)。地域の青年団や文化運動のなかでものされた多くの論説や文章でも「戦争の被害・被災」からの復興は当然のことがらであり、「平和日本」「文化国家」を再建することに疑問を差し挟むものはいなかった。そして現実には、戦後日本の、特に経済的な「復興」に決定的な役割を果たしたものも「戦争」であった。戦後にあっては、「復興」と「戦争」の関係はつめた議論として提起されていたわけではなかった。しかし、人びとの意識のなかに何らかの「しこり」は残っていた。

例えば「大企業」に勤める鈴木宏は、「僕は、僕の生活が巨大な機構内部で機械的にくり返されている結果、自分が失われそうでしかたがない。疎外感に責められるわけです。ところが、こういう昆虫みたいな生活が、ときに、たとえば台湾海峡の危機などがあると、貿易会社のせいでしょうか、活気づくのですね。会社には、どうしても戦争待望のムードがあるわけです。朝鮮戦争の時の好景気が忘れられないんですね」と語る。「そりゃ、個人としてはみな反戦的ですよ。でも結局は、対岸の火事を待望する形で、朝鮮戦線行きの鉄鋼品目に捺印したし、「会社のすることだ。自分には無関係だ」、あるいは「自分は職務を遂行するだけだ」と自分を納得させるわけです。そしてせいぜい、選挙で革新勢力に投票したり、小市民的な平和な家庭生活を工夫することで、良識の平衡感覚に達するわけです。僕の会社にはクリスチャンやサークルにまじめな人がわりと多いですよ。……でも、もし戦略物資の輸出入に連続的に捺印する時がきたら、どうなるんかと思うと……」(白鳥邦夫『無名の日本人』未来社、一九六一年)。こうした「問い」を自由に語りあえる仲間を求めて、鈴木はサークル「山脈の会」に参加する。「民衆の現代史を掘り起こし記録します」というそのサークルにとって、「自分の足もと」からの「戦争責任」論は持続的に問うべきテーマとなっていった。

かくて朝鮮戦争をめぐってはまた多くの経験が積み重ねられた。朝鮮戦争は「銃後史」の一つの到達点でもあったのである。

「戦場」と「銃後」のはざまで

一九八〇年代から次第に語られ始めたアジアでの加害経験をふくむ「戦場経験」は、改めて日本社会の戦争認識を深化させていった(吉見義明・前掲『草の根のファシズム』)。それは、民衆の経験のなかに「加害」と「被害」の重層性を読みとり、またアジアの民衆という「他者」とのコミュニケーションのなかで自らの「戦場経験」を語り直し、語り継ぐ、そのような営みを、広く太い流れとしていった。「戦場経験」は、戦争を語る主要な領域にせり出し、歴史教育においても「戦争を語り継ぐ」方法と実践を考えるための重要なよすがを提供することとなった。

他方、七〇年代までは人びとの「戦争体験」の中心を占めていたといわれる「銃後の経験」は、おおむね九〇年代以後、かえって、後景に退いた感がある。いや、それは正確ではないかもしれない。現在でも空襲に象徴される「銃後」は、なお多くの「戦争体験」の中軸をなしているからだ。そのことはとても大事なことだが、むしろ「戦争」をする一見「平和な社会」をこそ「銃後」としてとらえ直すことが求められてきているのではないだろうか。どのような社会のありようのもとで、人びとは「戦争」に「参加する」、「参加できる」のだろうか。そして、現在のこの社会はそうした社会とは無

滝田ゆう『銃後の花ちゃん』(朝日新聞出版，2008年)

縁なのだろうか。不断の自己検証が大事だと思う。多様な「戦場経験」の表現とその研究の蓄積をふまえたうえで、改めてそうした「戦場」を支えた「銃後」を、空襲本格化以降の「戦場」となった「銃後」とともに考えていく必要があるだろう。そこでは「労働」(就職)や「共同」「建設」「文化」、「ささやかな立身出世」などあらゆるものが「戦場」へとつながっている。「日常生活」のなかに「銃後」が浸透し、「銃後の社会」が形成され、その特質が、どのように戦場へと延長していくのか、という問題意識が切実なものとして浮かびあがってこよう(冨山一郎『戦場の記憶』日本経済評論社、一九九五年)。「銃後」と「戦場」をどのように相互関連したものとして構想し、描き出すか。「銃後」ということばは、「兵站」と言い換えられつつ、いままた私たちに切実に迫って来ているのかもしれない。「銃後の民衆経験」、それは、世界の紛争地域に武力を派遣することが可能となったこの社会で、「日常生活」と「戦場」をつなぐ想像力を、「日常生活」の切実さのなかから考え直すための貴重な経験なのだろうと思う。

もうひとりのハナちゃん

「ハナ子さん」の上映から三五年あまり後、永井荷風と同じように「墨東」を愛したマンガ家・滝田ゆうは、「銃後の花ちゃん」という作品を描いている(『週刊漫画アクション』一九七〇年)。アジア太平洋戦争末期を舞台に、「娼婦」の花ちゃんと若い出征前兵士との交情を描いた作品である。花ちゃんは東京大空襲を何とか生きのびる。そして、空襲後の廃墟のシーンには「焼死体」が転がる一コマが無言で唐突に挿入されている。滝田の方法は、戦争は「庶民感覚のなかでは言葉にならないものだというリアリティをつくりあげている」と批評されている（夏目房之介『マンガと「戦争」』講談社現代新書、一九九七年）。「言葉」にならない、それは例えば体験記などとして整理されたものとはならないという意味だろう。しかし、民衆は日々の生きた経験を「断片」としてでも記憶し、表現し、また同時に国家の手になる各種の報告書などにもそのすがたをかいま見せている。本書でとりあげた「日記」「手紙」や調査報告などの記録も、そこに残された彼・彼女らの暮らしの痕跡も、ある意味では「断片」なのだろう。しかし、「焼死体」の一コマという「断片」があることで、全体の意味が全く違った光景に見えてくる。こうの史代『この世界の片隅に』（全三巻、双葉社、二〇〇八―〇九年）や、おざわゆき『あとかたの街』（全五巻、講談社、二〇一四―一五年）など「原爆・空襲」以前の「生活」を描く現在のマンガ作品は、「銃後」の人びとには「自分が戦争に参加しているなんて気持はこれっぽっちもなかった」（おざわゆき）という問題意識をモチーフにしているように思う。民衆の経験の「断片」は、「戦争に参加している気持なんてない」、そうした日常生活の意味を自己点検し、とらえ直しながら転換させてくれる大事な「根拠地」なのかもしれない。

注

プロローグ

(1) 内田勝「明るい銃後のミュージカル映画」(http://www1.gifu-u.ac.jp/~masaru/uchida/hanako12.html 二〇一六年四月一一日閲覧)、加藤幹郎「戦意昂揚にならない銃後映画」『日本映画論 1933–2007 テクストとコンテクスト』岩波書店、二〇一一年、P・B・ハーイ『帝国の銀幕 十五年戦争と日本映画』名古屋大学出版会、一九九五年。

(2) 「戦争文化研究とは、主として大衆文化研究である。それは他面において純粋芸術の大衆化でもある」。国民総動員は、大衆を動員するがゆえに、ひたすら大衆の感情に訴える「大衆文化」がもっとも重要になる。大衆文化のなかにどのような民衆経験をよみ込むかが課題となる(若桑みどり「戦争と文化」天野正子ほか編『戦後経験を生きる』吉川弘文館、二〇〇三年)。

(3) 戦時の社会を考える際、一九八〇年代までに大きな成果をあげた「日本ファシズム」論は、地域の実態をふくんだ国民動員政策の詳細な分析と、にもかかわらず存在する民衆生活上の「不満」の析出、という二方向を相補的に描くことで支配体制が深化していくさまを明らかにしてきた。多くの民衆的自発結社は解体され、翼賛体制のもとで人びとは地域や職場を単位として、また性別や年齢などにより組織化されていった。こうした動きが「銃後」の人びとの経験を形づくることとなる。同時に、国民精神総動員運動、大政翼賛会や産業報国会などの民衆動員・統合組織が繰り返し改組・組織編成されていったように、現実の社会のありかたとこうした組織化はズレをともないつつ進行していった。それは組織化が人びとの集団形成との拮抗のなかで行われたことを意味すると同時に、人びとの組織化されつくされない〝すきま〟の存在をも示していよう。戦争は、一方でこうした人びとの組織化されつくされない暮らしの「余裕」をもバネとして人びとのエネルギーを引き出しつつ、同時にその「余裕」を次第に掘り崩していく。藤原彰・今井清一編『十五年戦争史』(全四巻、青木書店、一九八八―八九年)が、現在においても、戦争史・政治史のみならず社会史・文化史にも目配りした優れた作品である。

当然のことながら、「銃後」社会は、そこから排除される人びとを生み出す。一九九〇年代以降の現代史研究が強調しているのは、「健康」や「男らしさ」などを価値意識とするその「排除」の論理であろう(藤野豊らの研究)。国家や社会は、「軍人・兵士」になれなければ、優秀な工員(「産業戦士」)になれなければ、そして満洲開拓の「先駆者」(青少年義勇軍)になれなければ、といった社会の成員からの「脱落」(「資格喪失」)へのおそれを巧みに動員しつつ、「銃後」社会への協力・責務＝「銃後のつとめ」を正当化し、少なくとも疑問符が付かないようにしていった。その論理は、病者や社会的弱者、総じて「排除される人びと」の側からの視点を通して明らかになると同時に、「排除する側」を支えた経験の論理もまた重要な問題であろう。

(4) 一九八〇年代以降、人びとの関係をさまざまな「社会的結合」として問題化した社会史の仕事が存在している。「社会的結合」の問題は、単に集団を国家との関係でとりあげるのみならず、街頭などの「場」における集合心性や、表象の分析、さらには日常的な生活実践のなかで取り結ばれる一見個人的な行為の背後にある微細な相互扶助の関係や権力関係を描き出してきた。日本現代史に即していえば、ファシズム論や、戦争に関連する「排外熱」の研究で問題となった「民衆の自発性」といった論点も、より複雑にその「主体性」を論じるべき段階に来ている。人びとの主体性は、家族や親密圏・社会集団などをふくむどのような共同性を基礎として発揮されたのか。また人びとは戦時における国家と一部同調しながらも一部それらを逸脱して、どのような集団＝共同性を築きあげていったのか、が問題になる。こうした観点については、山本秀行『ナチズムの記憶』(山川出版社、一九九五年)や松井康浩『スターリニズムの経験』(岩波書店、二〇一四年)といった作品に示唆を受けている。

(5) 戦時における社会・国家構想について、社会変容と対応させつつ「福祉社会」「福祉国家」の観点から問題をとらえた仕事が現れてきている(高岡裕之『総力戦体制と「福祉国家」』岩波書店、二〇一一年、など)。しかし、それらの構想は社会運動・文化運動などの指導者たち、行政機構末端の官公吏たちや医師・保健婦などの専門職の人びとなど、直接、民衆存在に向かい合う「中間的媒介者」の存在を通して、その矛盾や困難、問題点が表面化していくようなものである。こうした仕事からは、「銃後」の社会構成においても、これら「中間的媒介者」の民衆存在に向かい合うベクトル、その逢着した困難、民衆認識の特徴などがより積極的に論じられるべきであろう。従来、階層的な意味でのサブリーダー研究として積み重ねられてきた論点だが、最近の文化史研究にはこうした方向性が看取できる(赤澤史朗・北河賢三編『文化とファシズム』日本経済評論社、一九九三年、などの研究)。

第一章

(1) 金沢市における近郊遊園地(粟崎遊園)、映画文化などの「地方モダニズム」については本康宏史の一連の仕事があるが、とりあえず『昭和モダン 一九二〇—一九四〇』石川県立歴史博物館、一九八九年、を参照。

(2) 石川県石川郡富奥村(現・野々市市)については石川県立図書館所蔵「まめがら文庫 中島栄治文書」によった。基本的な文献としては、経済更生運動の中心人物であり、のちに村長(一九三九—一九四四年)となる中島栄治の『まめがらの人生』北国書林、一九六六年、また富奥郷土史編纂会編『富奥郷土史』北国新聞社、一九七五年、『野々市町史 通史編』二〇〇六年、を参照。村報『富奥』は「まめがら文庫」所収。

(3) 竹内一朗(石川県石川郡富奥村)の発言、「増産推進隊員に臣道実践を訊く」『家の光』一九四一年八月号。日中戦争のため、このあと富奥村では「食料増産の必要な今日、米作を止めて作るやうな蔬菜はやめやうと相談し、西瓜、トマトの栽培をやめました。その代り胡瓜をやることになりました」と述べられている。

(4) 忠魂碑・慰霊塔の建設は、満洲事変期、特に日露戦争三〇周年にあたる一九三五年頃がその一つのピークであった。しかし、歩兵第五〇聯隊を抱える長野県松本市のように、「排外熱」が一段落したこの時期には建立のための募金がほとんど集まらなかったという事例もある(拙稿「内陸の軍隊」河西英通編『地域のなかの軍隊3　列島中央の軍事拠点・中部』吉川弘文館、二〇一四年)。

(5)　中国東北部を支配下におき意気あがる軍への送迎のようすは次第に膨張する「ハレ」の様相を呈していた。「戦争モダン」ともいうべき状況への指摘がある(滋賀県東浅井郡大郷村[現・長浜市]、吉田敏浩『赤紙と徴兵　一〇五歳、最後の兵事係の証言から』彩流社、二〇一一年)。

(6)　一九三四年から三六年にかけて満洲駐留となった第三師団所属第三四聯隊の衛戍地・静岡の地方紙『静岡民友新聞』一九三三年八月一日の記事。荒川章二『軍隊と地域』青木書店、二〇〇一年。

(7)　御岳村、表山田部落については、佐藤信夫『戦争の時代の村おこし』南北社、二〇〇七年、同「「自力更生」から「銃後農村」形成へ」『季刊現代史』五号、一九七四年、に依拠した。また庄司俊作『日本の村落と主体形成』日本経済評論社、二〇一二年、も参照。

(8)　『出版警察報』には応召者人数・聯隊名・派遣先・動員下令日時を掲載したため発禁・記事差し止めとなった多くの事例が記録されているが、その「大部分は所謂地方の小新聞紙である」(『出版警察報』一〇九号、一九三七年一〇月)。一九三七年八月、記事差し止め七一件のうち動員派兵に関するものは六二件、九月は同二〇件のうち一八件である。ただし、長野県内で刊行されていた「村報」「時報」類には、こうした応召者氏名・人数などの情報が記載されている場合もある。

(9)　以上、雄勝郡を除きすべて現在の横手市域。『民間伝承』三巻二号、一九三七年九月。また「神々の出征」については千葉徳爾『民俗学のこころ』弘文堂、一九七八年、を参照。

(10)　「銃後史」研究では「戦争と民俗学」という視点での成果が相次いだことが、近年の特徴だろう。「弾よけ」の迷信や戦時中に流行る「妖怪」(〝くだん〟など)、まだまだその意味については検討が必要だろうが、先駆的な黒羽清隆の問題提起や博物館展示(石川県立歴史博物館)といった成果を改めて思い出しておきたい。

(11) この夏の防空訓練は北陸・信越地方を対象に実施された。この演習はまた消防組から警防団への編成替えのきっかけとなっている(大日方純夫『近代日本の警察と地域社会』筑摩書房、二〇〇〇年)。都市における大規模「防空演習」は、次第に農村へも「日常」のひとこまとして浸潤しつつあった。

(12) 前掲『銃後史ノート』を刊行し、「銃後史」研究に新たな段階を築いた加納実紀代は次のように述べている。「〈銃後〉ということばは、日露戦争後、桜井忠温が書いた戦争文学『銃後』に端を発しているらしい。しかし、ここに描かれているのは、主として直接戦闘行為の行なわれる〈前線〉のすぐ背後にあって、兵士たちに武器、弾薬を補給したり救護の任に当たったりする人々の活躍ぶりである。……一五年戦争開始以後、再登場した〈銃後〉は、日露戦争時とはかなりちがう。まず、前線からの距離が格段に長くなり、その範囲も拡大した。つまり、中国大陸の〈前線〉に対して、日本国内の全域(当時日本が領有していた朝鮮、台湾、樺太等も含めて)が、〈銃後〉とされたのである。その要員として、女たちがクローズアップされたことも、日露戦争時との大きなちがいだ」(加納実紀代『増補新版 女たちの〈銃後〉』インパクト出版会、一九九五年)。

(13) 日露戦争「銃後」についての基本的な文献は依然として、宮地正人「日露前後の社会と民衆」『講座日本史6』東京大学出版会、一九七〇年、同『日露戦後政治史の研究』東京大学出版会、一九七三年、大江志乃夫『国民教育と軍隊』新日本出版社、一九七四年、同『戦争と民衆の社会史』徳間書店、一九七九年、であろう。

(14) 江口圭一『日本帝国主義史論』青木書店、一九七五年。最近のものではL・ヤング/加藤陽子ほか訳『総動員帝国 満洲と戦時帝国主義の文化』岩波書店、二〇〇一年。

(15) 鈴木トミヱ『かもめの便り——初山別村発—戦地の兵士へ 証言篇』、初山別村編『同 史料篇』ともに北海道出版企画センター、二〇〇〇年。『かもめの便り』の全号は、活字翻刻されて『かもめの便り 史料篇』に収録されている。

(16) 周知のように、戦後の地域の文化運動のなかから、「戦没農民兵士の手紙」「七〇〇〇通の軍事郵便」を集め、読み解く試みはスタートした。これらは、時々の「戦争」論にとって大きな影響を与えた仕事であった。現在では、藤井忠俊・関沢まゆみ編『国立歴史民俗博物館研究報告 村と戦場』(二〇〇三年)が一つの到達点を示し、『眞友』もこの報告書に収録されている。戦後(一九五二年)、村の戦没者をまつった「平和観音」を建立し、兵士の誕生日に供養を欠かさなかったという高橋峯次郎の経験は、最近ではその家族史をも視野に入れつつ、藤根村・後藤野の生活文化史研究・サークル運動研究とも接続しつつある(大門正克『全集日本の歴史15 戦時と戦後を生きる』小学館、二〇一一年)。また、東日本大震災後の「持続社会」にとって不可欠な「平和」を考えるための重要な経験として見直されてもいる(山崎憲治ほか『三・一一後の持続可能な社会をつくる実践学』明石書店、二〇一四年)。そのことは、「銃後」という時代と社会において作られた社会関係・人間関係を、戦後の経験のなかでどのようにとらえ直し、また現在、どのようなものとして考え直すのか、についての示唆的な問題提起になっているといえよう。戦後の平和意識の土台に、どのような銃後の問い直し、「銃後の戦後史」が存在したのか、という問題領域の構築への一歩であるともいえる。

(17) 長野県学務部長から各市町村長宛「海外部隊慰問新聞記事送付方ノ件」一九三八年七月五日(『自昭和十二年七月至昭和十三年七月 第一年度 支那事変関係書類 国民精神総動員 銃後対策』延徳村、中野市立図書館所蔵)。ただしこの文書には続けて「然ル処時日ノ経過ト共ニ予々御依頼申上置候標記新聞記事御送付ノ向漸次減少シ外地部隊慰藉上ニ一抹ノ不安ナキヲ保シ難キ次第ニ御座候」ともあって、次第にこうした活動の熱が低下している様がうかがえる。

(18) 近年の「軍事郵便」研究の状況については、とりあえず新井勝紘「軍事郵便の基礎的研究(序)」『国立歴史民俗博物館研究報告』一二六号、二〇〇六年、同「パーソナル・メディアとしての軍事郵便」『歴史評論』六八二号、二〇〇七年二月号、を参照。おのおのの時代の戦争や各国軍隊における軍事郵便の比較史的な研究はまだ始まったばかりともいえようが、第一次世界大戦研究のなかで指摘されていることは、その「銃後」観念の形成に「戦場と銃後の状況や情報が共有される」機会の増大(同時期の日本とは格段の差)が重要社会との疎外感を感じさせるものでもあった。
闘するすがたをさかんに書き送ったが、たぶんに紋切り型のそれは、かえって帰還後の兵士たちに「銃後」
子どもたちは、「兵士」の労苦と自らの生活態度を比較して戦争生活の負担に堪えて「銃後のつとめ」に奮
な意味を持ったことである(木村靖二『第一次世界大戦』ちくま新書、二〇一四年)。「内地」にいる家族や

第二章

(1) 結城哀草果(一八九三―一九七四年)については、そのエッセイ集『村里生活記』(岩波書店、一九三五年)、『続村里生活記』(同、一九三七年)、『小風土記』(同、一九四〇年)があって、黒羽清隆「「結城哀草果歌集」私注」(『十五年戦争史序説』三省堂、一九七九年)というすぐれた論考がある。

(2) 黒田俊雄編『村と戦争』桂書房、一九八八年、小沢真人・NHK取材班『赤紙』創元社、一九九七年、など。

(3) 長野県上田市の事例による(「商工業特ニ中小商工業ニ及セル事変ノ影響」日本商工会議所、塩田咲子「戦時統制経済下の中小商工業者」『体系日本現代史4』日本評論社、一九七九年)。

(4) 帝国農会に報告があった全国四八二一町村のうち、「自給可能」三九二九(八一・五%)、「自給困難」八九二(一八・五%)である(農林省農務局農政課編『事変ノ農村ニ及ボセル影響ニ関スル調査』一九三八年九月)。

(5) この点について大鎌邦雄は「応召農家と血縁集団そして部落の勤労奉仕という相互扶助の関係のバランスをとって実施システムを作り……それは部落の「相談」を得ることにより、「村仕事」として実施された」とまとめ、徴兵強化に対し従来の相互扶助組織が対応したと評価している(大鎌邦雄「戦時統制政策と農村社会」野田公夫編『戦後日本の食料・農業・農村1　戦時体制期』農林統計協会、二〇〇三年)。

(6) 同時代から、「兵の応召、馬匹の徴発、軍需工業等への転業者の激増等」による「打撃」にもかかわらず、農村が「比較的安定しつゝあるのは、経済更生運動が既に全国的に行はれてゐたため」と認識されていた

(助川啓四郎『戦時体制下の農村対策』日本青年教育会出版部、一九三八年)。

(7) 前掲『時局対策懇談会記録』。この時の調査にかかる原史料は農山漁村文化協会図書館「近藤康男文庫」所蔵。なお近藤が指摘した「普段の過剰人口」が「労力不足の真の原因」という指摘は、同時代における農業経済学者などには共通して認識されていたようで、労働科学研究所の調査報告などには「あまっているから足りなくなる」という指摘もある(大門正克・柳沢遊「戦時労働力の給源と動員」『土地制度史学』一五一号、一九九六年四月)。

(8) ちなみに、後者は「農業経営主ニシテ出征セル者ガ戦死セル場合……当該農家ノ遺家族ハ村民ノ迷惑ヲ憂ヒ、農業生産ノ停止若クハ廃止ヲ主張スル者若干アルモ村当局ハ之ニ反対シ、勤労奉仕班ノ力ニヨリ、事変ノ終結スル迄、従来通リノ経営ヲ維持セシメツツアリ」とあるが、「長期ニワタリ応召増加シ、勤労奉仕班ノ労力減退スルニ及」ぶことが懸念されている。出征兵士遺家族に対する農作業「勤労奉仕」は、「銃後」社会の安定のために必須の実践事業ではあったが、現実には遺家族農家の「経営ヲ維持」することは困難になりつつあった。「昭和十三年八月 日支事変下農山漁村生産力実態調査報告 岡山・福岡・佐賀県ノ部」企画院産業部『昭和十三年八月 事変下農山漁村生産力実態調査 概要』農山漁村文化協会図書館所蔵。

(9) 丑木幸男ほか『群馬県の百年』山川出版社、一九八九年。群馬県では後述するように、工場勤務労働者の地域居住が進むなかで農業労働力の調整が問題になっている。

(10) 黒羽清隆『日中一五年戦争史(中)』教育社歴史新書、一九七八年、同『昭和史(上) 戦争と民衆』飛鳥、一九八九年。黒羽の戦争叙述は、子どもたちへの語りかけとそのための教師への素材集の提供も意識したユニークな十五年戦争史論であった。

(11) 河崎なつ「秋田、青森、両県を巡って 地方視察員報告(二)」『国民精神総動員』二六号、一九三九年二月一五日、藤井忠俊『国防婦人会』岩波新書、一九八五年。

(12) 同時代的資料として吉岡金市『日本農業労働論』時潮社、一九三九年。ほか、山下粛郎『戦時下に於ける

農業労働力対策』第一・二分冊、農業技術協会、一九四八年、牛山敬二『農民層分解の構造 戦前期』御茶の水書房、一九七五年〔新潟県柏崎市周辺〕、暉峻衆三『日本農業問題の展開 下』東京大学出版会、一九八四年、大門正克・柳沢遊・前掲「戦時労働力の給源と動員」、など。

(13) 以下、伏せ字となっているが、応召の際の手当支給が予想されるからであろう。水上理左衛門〔福岡県農会〕「大工業地帯を抱擁する福岡県下農業経営及び経済の推移」前掲『時局下農業経営及び農家経済の動向』。また、この地域では、一九三二年より朝鮮総督府と契約して、朝鮮人農業労働者を雇用していた。一時中絶していたこの事業を一九三八年度から再開している。「内地農業練習生」として養成し、二、三年後に帰還させ、「朝鮮中堅農村青年」とする構想であった。

(14) 農林大臣官房文書課『経済部長事務打合会質疑応答要綱』〔前掲『資料日本現代史11 日中戦争期の国民動員②』〕。群馬県前橋近郊の芳賀村を分析した森武麿は、農村中堅人物払底の要因を兵力動員に求めているが(「日本ファシズム崩壊への展望」!)、同時に工場労働への流出という状況とその相互関係による地域社会の変貌をより重視するべきであろう(森武麿『戦時日本農村社会の研究』東京大学出版会、一九九九年)。

(15) 労働科学研究所編『農業を兼業する工業労働者に関する調査報告』労働科学研究所、一九四二年七月。この調査、特に農民生活については大門正克・柳沢遊・前掲「戦時労働力の給源と動員」を参照。調査報告書のなかでは「N市」となっている。新居浜地域には住友精鋼などの軍需産業が集中していた。

(16) 戦時期の土地・農地をめぐる社会的諸問題について、近年の研究としてとりあえずは坂根嘉弘『日本戦時農地政策の研究』清文堂出版、二〇一二年、を参照。

(17) すでに大都市近郊部では一九二〇年代から見られた精神態度である。暉峻衆三『日本農業問題の展開 上』東京大学出版会、一九七〇年、田崎宣義「都市化と小作争議」『社会学研究』二六号、一九八八年、大門正克『近代日本と農村社会』日本経済評論社、一九九四年。

(18) 一九四一年、文部省は薄給であった小学校教員の軍需産業への流出を防止するため、年功加俸の増加措置を行っている。

(19) 満洲移民が若い女性にとって「封建的」な家族関係からの「脱出」をも期待させたものであったことについては、古久保さくら「「近代家族」としての満州農業移民家族像」『女性学研究』(大阪女子大学女性学研究センター)五号、一九九七年三月、を参照。

(20) 「現役兵」(一九三五―三七年・徴集)一一・三%、「予備役兵」(一九三〇―三四年・徴集。おおむね二三―二七歳)二三・六%、「後備役兵」(一九二〇―二九年・徴集。おおむね二八―三七歳)四五・二%、「補充兵役兵」(一九二五―三七年・徴集)二〇・九%。以上、防衛庁防衛研修所戦史室編『戦史叢書 支那事変陸軍作戦 3』朝雲新聞社、一九七五年、藤原彰『昭和の歴史5 日中全面戦争』小学館、一九八二年。

(21) 一九三九年から『大衆文芸』に連載、ベストセラーとなった。また演劇化もされている。

(22) 宮崎県特高課ではより厳しく、軍部と連絡をとりつつ「第一線ニ及ホス影響ヲ顧慮シ凱旋祝賀会凱旋報告会等一斉ノ会合ヲ認メズ唯氏神ニ対スル願解参拝程度ニ止メシメ」ている(「特高課時務概要」一九四〇年[荻野富士夫編『特高警察関係資料集成』第三〇巻、不二出版、一九九四年])。

第三章

(1) 一九四二年二月に「婦人標準服」が発表された。A・ゴードン/大島かおり訳『ミシンと日本の近代』みすず書房、二〇一三年、井上雅人『洋服と日本人』廣済堂出版、二〇〇一年。

(2) 今和次郎(一八八八―一九七三年)は、後に東京都下「保谷文化会」理事となる。東京が「近来工業が盛んに行はれ新興の工業地帯」となっているとの認識に基づき、「農と工の融和及びその施設状態、自然と伝統に即した特殊な文化の創設」のためには、単なる「親睦団体」ではなく「積極的に仕事を展開していく」(具体的には「産業人の綜合美術展覧会及び演劇大会」「農工指導者の座談会」)ことが必要との立場をとった(『文化運動資料』一輯、一九四三年八月『資料集 総力戦と文化1 大政翼賛会文化部と翼賛文化運動』大月書店、二〇〇〇年」)。戦時下に変貌する地域社会、特に「農」と「工」が混住しつつある地域での文化運動実践の一例である。今については『今和次郎集』全九巻、ドメス出版、一九七一―七二年、川添登『今和次郎 その考現学』リブロポート、一九八七年。今の論説については基本的に著作集からとった。

(3) プロレタリア文学者であった里村欣三については、その「転向」経験もふくめて『里村欣三著作集』全一二巻+別巻、大空社、一九九七年、高崎隆治『従軍作家里村欣三の謎』梨の木舎、一九八九年、大塚眞吾『里村欣三の旗 プロレタリア作家はなぜ戦場で死んだのか』論創社、二〇一一年、里村欣三顕彰会編『里村欣三の眼差し』吉備人出版、二〇一三年。

(4) 成田龍一『近代都市空間の文化経験』岩波書店、二〇〇三年。例えば日露戦争期においても都市社会史論のなかで「祝祭性」が強調されている(能川泰治「日露戦時期の都市社会」『歴史評論』五六三号、一九九七年三月)。

(5) 永井荷風と「断腸亭日乗」については、永井『断腸亭日乗』全七巻、岩波書店、二〇〇一―二〇〇二年、『永井荷風全集』第二一―二五巻、岩波書店、二〇一〇―二〇一一年、野口富士男『わが荷風』集英社、一九七五年、磯田光一『永井荷風』講談社、一九七九年、など。

(6) 「千人針」についてはすぐれた調査に基づくエッセイである、服飾デザイナー森南海子の『千人針』(情報センター出版局、一九八五年)が印象的である。近年の研究については、渡邊一弘「千人針研究に向けての整理」『昭和のくらし研究』(昭和館編)六号、二〇〇八年三月。

(7) すでに黒羽清隆がこのエッセイに注目して次のように述べている。「真の問題は、ここで高見沢中尉のいう「叱られはせぬかと、おどおどしてゐる人」と「叱る側に立つ」人とのすぐれて活性的で自由な? 相互変換の過程――そこでは「通り文句」「合言葉」が触媒作用をはたす――をつうじて、戦時体制による国民意識の「画一支配」……が進行し、と同時に、その空洞化という「大日本帝国」にとっての白アリ集団も発生しはじめているという事実の存在にあろう」(黒羽清隆・前掲『昭和史(上) 戦争と民衆』)。なおこの記事には何カ所かの空白が認められる。編集段階の伏せ字処理ではなく、大量印刷用の「鉛版」を削って出来たものである。由良はこのエッセイの後もいくつかの文章を『文藝春秋』によせている。

(8) 中小商工業者においては、「その従業員、店員、職工等の場合には好意的給与行はれ、仮令《たとえ》出征者が一家の中心として生計を維持してゐた場合に於ても、遺家族がその出征により直ちに生活に窮するが如きことはない」とされていたが、「平和的産業関係」においては不況と労働力不足によって「長期間の好意的給与をあたえることは出来ず、ましてや「家業の中心をなす者の出征したる場合に於ては、その遺家族の蒙る打撃甚大」となった。自営業者の出征は、「翌日より直ちに経営困難に陥り従業者、店員等に対する支給はをろか、生計迄不如意を来すものも少なからず」という事態となった(「支那事変に於ける出征(戦傷死)者遺家族の動向に関する調査」一九三九年一月末現在報告、『思想月報』五六、一九三九年二月)。公的生活支援と同時に「好意的給与」の有無が重要なポイントとなろう。

(9) しかし、大森区授産所は設置されていない。戦争末期の一九四三年五月一日、ようやく大森区「入新井皆働斡旋所」が業務を開始するが、実態は労働力の〝根こそぎ〟動員機関となった(『大田区史 下巻』)。

(10) 川崎の社会史については、主に以下の研究を参照した。川崎労働史編さん委員会編『川崎労働史 戦前編』川崎市市民局市民部労働会館資料室、一九八七年、『川崎市史 資料編4上 現代 行政・社会』一九九一年、大石嘉一郎・金澤史男編『近代日本都市史研究 地方都市からの再構成』日本経済評論社、二〇〇三年。

(11) 日本鋼管の労働者生活については、長島修『日本戦時鉄鋼統制成立史』法律文化社、一九八六年、同『日本戦時企業論序説 日本鋼管の場合』日本経済評論社、二〇〇〇年、A・ゴードン/二村一夫訳『日本労使関係史』岩波書店、二〇一二年。

(12) 「戦時下労働者生活状態報告書」『京浜工業時報』一九三八年一一月、「停止令実施後に於ける労働者の生活状態」『同』一九四〇年三月(『京浜工業時報』は神奈川県立図書館所蔵)、前掲『近代日本都市史研究』。

第四章

(1) 「共同炊事」の実際はどのようであったのだろうか。新潟県中頸城郡保倉村岡澤部落は、一九三九年、共同炊事施設を、県農会の指導によって「県下三ヶ所に強制的に開設」した地域の一つであった。当初、一日三食配給であったが、実情により改めている。共同炊事による食事の「配給方法」は、各農家が決まった時間に容器を持って持ちかえる、というもので、「一ヶ所に会食すると云ふことは、設備の点に於て、又各班の食事時間を拘束すると云ふ点に於て、農家からは歓迎されぬ」と評されている(前掲『共同作業・農繁託児所・共同炊事 実施に伴ふ農村労働事情調査成績』)。

(2) 近代日本の「模範村」における民衆経験について、さしあたり安丸良夫『日本の近代化と民衆思想』青木書店、一九七四年、宮地正人・前掲『日露戦後政治史の研究』。

(3) 『新居町史2 通史編下』一九九〇年、新居町史研究会編『戦争と新居 町民の体験した太平洋戦争』新居町教育委員会、一九九七年。

(4) これまで地域における翼賛体制の形成は、主として村政の担い手の階層分析を中心にして(森武麿・前掲『戦時日本農村社会の研究』など)、一九三〇—四〇年代に展開したファシズム運動や、「革新」を標榜する社会運動勢力がどのように村政のヘゲモニーを掌握するか、という政治経済史として研究されてきた(渡辺新「日本ファシズムと右翼農民運動 千葉県皇国農民自治連盟を事例として」『土地制度史学』一〇七号、一九八五年四月)。また、戦時期の社会運動を、国策に沿いながらも社会改造をも志向する「国民運動」としてとらえ、そうした運動の地域における個別活動の研究もそれなりに進展してきたといえる。ただ前者の研究は、その権力掌握の政治社会過程の詳細な分析に比して現実の地域社会での諸活動についての分析が不十分であり、後者の研究は文化運動や医療問題への対応など、広く社会的領域に眼をくばりつつも、その運動の主体をあくまで「国策」協力＝「銃後」の担い手としていわば先験的に位置づけているにとどまっており、彼らの経験をより深く分析するという課題が残っている。

(5) 教育科学研究会の戦時青年論については、同会の機関誌である『教育』各号の論説と、民間教育史料研究会編『教育科学の誕生』大月書店、一九九七年、を参照。

(6) 戦時期の青年団運動についてはとりあえず大日本青年団編『大日本青年団史』同、一九四二年(復刻版、一九八九年)、『大日本青少年団史』日本青年館、一九七〇年、大日本聯合青年団編『全国青年団銃後活動の概況』第一—三輯、一九三八年、大日本青年団本部編『時局下に於ける青年団の産業活動』同、一九三九年。

(7) 下村湖人については『煙仲間 郷土社会の人材網』(偕成社、一九四三年)など戦時期刊行の著作に加え、『下村湖人全集』(全一〇巻、国土社、一九七五—七六年)を参照した。また、永杉喜輔『下村湖人伝』柏樹社、一九七〇年、同『凡人の道 煙仲間のこころ』渓声社、一九九八年、村山輝吉「下村湖人研究 煙仲間について(1)(2)」『駒沢大学教育学研究論集』一、二号、一九七七、七八年、地域社会福祉研究の立場から「煙仲間」の意味を論じた、蜂谷俊隆「糸賀一雄と下村湖人「煙仲間」運動を通して」『社会福祉学』五〇巻四号、二〇一〇年二月。鶴見俊輔は、翼賛体制とは完全に同調しなかった「煙仲間」の思想と実践を、戦後サークル運動の「原型」と評価している。下村は、その壮年団運動実践の評論集『煙仲間』では、「壮年団といえば翼賛壮年団」という時代のなかで、「純粋な自主的民間団体」であったかつての壮年団へのオマージュとして、あえて「煙仲間」と表記し続けている。

(8) 翼壮については日本ファシズム運動研究において、もっとも体制的な「自発性」を持つ集団として関心を集め、その活動の「疑似革命性」や、地域社会における既存の政治体制に対する「批判勢力」・「新興勢力」としての政治的位置が明らかにされてきた。団員はおおむね地域における大政翼賛会支部構成員より経済的に下位の中間層に属すること、一九二〇—三〇年代の青年団運動・小作争議などの社会運動にかかわった個人が幹部に就任する事例が見られること、「新興勢力」として市町村政を掌握する場合があったこと、などがその論点となる。ここでは、翼賛体制下の地域政治史を論じるのではなく、より日常的な生活改善・文化運動に即した活動に力点をおいて翼壮の運動をとりあげ、民衆にとって翼壮が何を意味したのかを考えていく。基本的な史料として、『資料日本現代史6 国家主義運動』大月書店、一九八一年、赤木須留喜編『大政翼賛運動資料集成5』柏書房、一九八八年、「翼賛壮年叢書」全五一冊、など。

(9) 『工場神奈川』『産報神奈川』は神奈川県産業報国会機関紙(神奈川県立文書館所蔵「比嘉盛広資料」)。

(10) 青少年労働者と家庭については、収入の管理(親から小遣いをもらう)、食事の心配がないこと、家庭教育の役割などが自宅通勤者に賃金に関する不満がない要因として指摘されている。同時に、工場は自宅通勤者に対する生活指導がほとんど出来ていない状態であり、もし父親の出征、母親の就労などによって家庭状況が変化すれば、こうした関係・意識も動揺していくことになるのだろう。

第五章

(1) 安田武は火野葦平の文学に対する批評において「火野の人間的資性と、その惨苦にみちた十年にわたる体験が、民衆のなかのひとつの表情だけをしか、〈頑迷〉に信じなかったという、いわば、火野の、おそらく最も良質な部分に、われわれの分析と批判が及ばないならば、われわれの文学とわれわれの精神「構造」は、火野葦平の全生涯を賭けた死生の体験と教訓から、ついに何ものも学ばないことになる」と述べ、「『麦と兵隊』に感動した百二十万の読者」の存在とともに、「戦後日本は、ケロリとその時点の感動と熱狂を忘れたのである」と述べている(安田武『定本 戦争文学論』第三文明社、一九七七年)。本書は、戦時文化運動の「最も良質な部分」が、その「庶民性」(火野葦平)や民衆理解、民衆への「接近」であるとすれば、その内在的批判のためにも「戦時文化運動の民衆経験」が論じられねばならない、との問題意識に立っている。池田浩士・前掲『火野葦平論』も参照。

(2) 酒井三郎『昭和研究会』TBSブリタニカ、一九七九年、『資料集 総力戦と文化1 大政翼賛会文化部と翼賛文化運動』大月書店、一九九一年。文化部の活動方針の内容には、その設置を提言したといわれる昭和研究会・三木清や、また初代文化部長・岸田國士(山本有三ないし三木清の推薦による)の考えかたが流れ込んでいると考えられている。

（3） 岸田國士についてはすでに多くの研究がある（渡邊一民『岸田國士論』岩波書店、一九八二年、北河賢三「戦時下の地方文化運動」『文化とファシズム』日本経済評論社、一九九三年など）。ここでは、必要な範囲で彼が翼賛会文化部における活動のなかで示した「民衆」論を確認しておきたい。また岩波書店から田中千禾夫・中村真一郎・古山高麗雄・矢代静一編『岸田國士全集』（全二八巻、一九八九―一九九二年）が刊行されている（以下、『全集25』のように記す）。本書はこれによった。

（4） 戦時下都市社会における社会的混住の問題を指摘したのは、雨宮昭一『戦時戦後体制論』（岩波書店、一九九七年）であった。岸田の文化運動論もこうした社会変化を前提にしていると考えられる。例えば清沢冽などに見られるような「反発」ではなく、「市民の社交生活」の構築としてこれを問題化しようとしたことが岸田独自の民衆論であろうか。

（5） 上泉の演劇人・劇作家としての側面について、宮岸泰治「上泉秀信――時間が消していったもの」『テアトロ』三八〇―三八一号、一九七四年一〇月―一一月号、また最近の伝記として中山雅弘『農民作家 上泉秀信の生涯』歴史春秋社、二〇一四年。宮岸泰治は、上泉の一九二〇年代の戯曲を「出来てしまった行為は仕方がないことと認め、許し合うところに人間の善良さをうたっている」と批評し、さらに三〇年代の作品には「自然のとけこむ生活に共同の夢を追う」、彼なりの「社会的人間」を描いていると指摘している。

（6） 山形県における地域ぐるみの工場誘致運動と翼賛体制の関連については、鶴岡庄内地方を対象としたものであるが、森武麿・大門正克編『地域における戦時と戦後 庄内地方の農村・都市・社会運動』日本経済評論社、一九九六年（源川真希執筆部分）を参照。

（7） 大政翼賛会文化部では、「非常時局を乗り切るための生活新体制の基本的方向は生活の協同化」という立場から、「素人演劇運動は集団生活を地盤として展開され、生活の協同化促進に貢献しなければならない」としている。「素人演劇運動は是非とも、どういふ集団生活を地盤として、何を目指して展開するかをはっきり意識」することが求められていた(大政翼賛会文化部編『素人演劇運動の理念と方策』翼賛図書刊行会、一九四二年)。

(8) 赤澤史朗「戦中・戦後文化論」(『岩波講座日本通史19 近代4』岩波書店、一九九五年)では、地方文化運動のなかに地域の「封建性」を批判する議論など、地方や郷土への批判的姿勢が見られる場合もあるとして論点となっている。

(9) 最近では、池田浩士・前掲『火野葦平論』、有馬学「戦時期日本の文化・運動・地方」松本常彦ほか編『九州という思想』花書院、二〇〇七年。

(10) これらの運動は、アジア太平洋戦争が激しくなってくると大政翼賛会文化部によって「地方翼賛文化運動の筋金」と位置づけられ、各県でさかんに奨励された(大政翼賛会実践局文化部「文化部事業報告(昭和十八年六月現在)」)。

(11) 郡山文化協会・会津文化協会の事例として、北河賢三「戦時下の地方文化運動」『社会科学討究』三九巻三号、一九九四年三月、「戦時下の文化運動」『社会科学討究』四一巻三号、一九九六年三月。また『郡山市史6 現代』一九七三年、湯浅大太郎を偲ぶ会編『閑古鳥』同、一九六五年、も参照。

(12) 富木友治「北方文化聯盟経過報告」『地方翼賛文化団体活動報告書』一輯、一九四三年七月、『秋田県教育史3 資料編3』一九八三年および『同6 通史編2』一九八六年、北河賢三「戦時下の地方文化運動」前掲『文化とファシズム』。

(13) なお翼賛壮年団中央本部の機関紙『翼賛壮年運動』紙上ほとんど唯一の女性からの投書は、「家庭日常生活の合理化」のため団に女性幹部を置くべきことを主張している(『翼賛壮年運動』一二号、一九四二年七月二五日)。地域社会には大日本婦人会などの女性団体が存在し独自に生活改善運動などを展開していたはずである。その実践力を強化するため翼賛壮年団に期待を寄せたとも考えられるが、今後の課題である。

(14) 赤澤史朗「太平洋戦争下の社会」藤原彰・今井清一編『十五年戦争史3 太平洋戦争』青木書店、一九八九年、高岡裕之「大日本産業報国会と「勤労文化」」『年報日本現代史7』二〇〇二年、など。

(15) 坪井秀人「感情の動員」『岩波講座アジア・太平洋戦争3 翼賛・動員・抵抗』岩波書店、二〇〇六年。なお、「感情」の問題は、ファシズム研究をふくめてヨーロッパ現代史研究の最前線でも問題となっている。

(16) 『労働科学』一九巻四号、一九四二年四月。なお、「私は千葉県から通つて居りますが、実に澤山釣人がゐますね。しかしその帰りに物資を澤山持つて帰るのですね」と、地域社会での「釣」ブームの背景にも言及していることが興味深い。

(17) 近藤孝太郎については『近藤孝太郎著作集1』(同刊行会、一九五二年)や、『東海タイムズ』記者で岡崎地域の政治・社会・文化に詳しい福岡寿一の編になる『近藤孝太郎』(東海タイムズ社、一九七三年)、同『一筋の道 近藤孝太郎研究』(東海タイムズ社、一九七九年)のほか、岡崎市立中央図書館所蔵「近藤孝太郎資料」に収録されている雑誌記事類に基づいた。

(18) 石川島造船所については「右翼的労働運動」として研究も多い。とりあえず掛谷宰平『日本帝国主義と社会運動 日本ファシズム形成の前提』文理閣、二〇〇五年、を参照。

第六章

(1) 高木善枝(渡辺村長)「渡辺村に於ける厚生施設並に健民運動」『文化健民運動資料』五輯、一九四四年頃。上泉の活動については「渡辺村に見る上泉秀信氏の構想」『毎日新聞 福島版』一九四四年一〇月二九日(中山雅弘・前掲『農民作家 上泉秀信の生涯』所収)。上泉は、知己をたよって東京の自由学園からの勤労奉仕隊派遣を請うなど農村の生産維持に尽力、また近在の福島県立磐城農学校の顧問にも就任している(一九四四年)。

(2) 以下、保健婦の叙述については、基本的な文献である社会事業研究所編『日本の保健婦』常磐書房、一九四三年、大国美智子『保健婦の歴史』医学書院、一九七三年、最近のものとして川上裕子『日本における保健婦事業の成立と展開 戦前・戦中を中心に』風間書房、二〇一三年、によった。

(3) 国民健康保険組合の設置と保健婦の配置が調和的であったわけではなかった。長野県は国民健康保険組合設置市町村一一六と全国一位であったが、保健婦はわずか三人、全国で最も少ない状況であった。若林とみ「保健婦組合に於ける保健婦の活動状況」日本保健婦協会編『保健婦の活動状況』南江堂、一九四三年。

(4) 高岡裕之『総力戦体制と「福祉国家」』岩波書店、二〇一一年、藤野豊『厚生省の誕生 医療はファシズムをいかに推進したか』かもがわ出版、二〇〇三年。

(5) 「一九四四年度 事業概要」千葉県夷隅郡勝浦保健所(『千葉県の歴史 資料編 近現代8(社会・教育・文化2)』二〇〇三年)。勝浦保健所は一九四三年六月に設置。それまで県内に四カ所であった保健所は、一九四四年一〇月に一挙に一一カ所増設されている。勝浦保健所管内には県健民特別指導地区・夷隅郡中根村がある(『同 通史編 近現代2』二〇〇六年)。

(6) 以下、木村哲也『駐在保健婦の時代』医学書院、二〇一二年、による。一九四二年、全国の保健婦総数は五八〇五人。うち駐在保健婦は一一一九人。保健婦駐在制は、先駆的であった高知県のほか、広島・新潟・埼玉・福井などで実施されていた。一九四三年、駐在保健婦は一九六二人となる。保健婦駐在制は敗戦によって停止したが、高知県においてのみ一九四八年一二月から継承・復活し、以後、定着していった。都道府県身分の保健所保健婦と市町村身分の国保保健婦の二系統を統合し、地区分担をしながらすべての業務を行うことにその特徴があるという。

(7) 計画と実際のズレという問題では、同じ神奈川県「某村」(全戸数六三五戸)で実施された「農繁期保育所についての調査」において、「忙しい時に一番足手纏いなる子ども」の年齢(三—四歳)と農繁期保育所で実際に預かる年齢(六—七歳)との「ズレ」が問題となっている(三木安正〔愛育会研究所教養部〕「農繁期保育所の経営と保育」西澤巌編『農村共同炊事と育児と栄養』昭和刊行会、一九四四年)。成瀬村については、黒川泰一『沙漠に途あり』家の光協会、一九七五年、も参照。西澤は長野県更級農業拓殖学校卒、村農会長・郡農会役員を経て全国学農聯盟幹事。
(8) 最近のものとして斎藤修「戦前日本における乳幼児死亡問題と愛育村事業」『社会経済史学』七三巻六号、二〇〇八年三月、宇佐見正史「昭和恐慌期～戦時期における農村社会事業と保健・医療・教育——愛知県額田郡形埜村の事例を対象として」『岐阜経済大学論集』四八巻二号、二〇一四年一〇月、など。
(9) 「昭和一八年四月八日防衛総司令官、軍司令官等会同席に於ける陸軍次官講演要旨」〔粟屋憲太郎「国民動員と抵抗」『岩波講座日本歴史21 近代8』岩波書店、一九七七年〕。こうした事態は、中国大陸などの占領地においては、戦争犯罪拡大の一要因ともなる。「銃後」の崩壊と前線の「弛緩」——こうした問題が戦争犯罪発生の社会的基礎にあったともいえる。
(10) 西成田豊は「日中戦争の勃発は、都市的職業に従事している親元で家事労働を担っていた若年の女性を、大量に重工業労働市場へ引き出した」と表現している。西成田豊『近代日本労働史』有斐閣、二〇〇七年。
(11) 石川精子「勤労動員、その体験がもたらしたもの」神奈川の学徒勤労動員を記録する会編『学徒勤労動員の記録 戦争の中の少年・少女たち』高文研、一九九九年。石川は、一九二九年生まれ、四一年に岩手県水沢高等女学校に入学するも入学の頃から農作業など「勤労奉仕」に携わる。さらに一九四四年九月、「通年動員」で神奈川県横浜市鶴見のヂーゼル自動車工業へ。
(12) 兵庫県のとある工場では昼休みの放送に職員が「外国盤の吹奏楽」など自分の好きなレコードばかりかけるという工員の反発から、事務所への投石事件も起きている（『神戸新聞』一九四三年六月二八日、高岡裕之・前掲「大日本産業報国会と「勤労文化」」）。
(13) 夷隅郡中根村は一九四三年、千葉県健民特別指導地区となる。注5も参照。
(14) POW研究会による調査・研究が進んでいる。福林徹「本土空襲の墜落米軍機と捕虜飛行士」（http://www.powresearch.jp/jp/archive/pilot/yokohama.html 二〇一六年四月一四日閲覧）。
(15) 藤井可「阿蘇地方の住民によるB29飛行兵殺傷事件に関する一考察」『先端倫理研究 熊本大学倫理学研究

室紀要』六号、二〇一二年三月、NHK「戦争証言」プロジェクト編『証言記録 市民たちの戦争2 本土に及ぶ戦禍』大月書店、二〇一五年。

(16) 家永三郎は「一億総懺悔論」を「戦争責任の無差別的拡散による実質的解消」と指摘し、「無責任論」と評価する(『戦争責任』岩波書店、一九八五年)。

(17) 拙稿「戦後初期における「戦争責任」問題と民衆意識」『年報日本現代史』四号、一九九八年。市政民主化運動については切刀俊洋『戦後地方政治の出発 一九四六年の市長公選運動』敬文堂、一九九九年。

(18) 公職追放令は、個人の思想、行動を審査したうえで追放該当を判定する項目が設けられていたとはいえ、おおむね戦時の「地位」(職業軍人、大政翼賛会支部長など)を基準にして実施された。

(19) 長野県下伊那郡上郷村や埼玉県大里郡折原村、栃木県安蘇郡新合村など戦時期の「模範村」において村政民主化運動や村政指導者の「人民裁判」が実施され、一気に「赤い村」=共産党主導の村政が形成されたことは注目に値する。上郷村については拙稿「戦後改革期、下伊那地域における村政民主化」『人民の歴史学』一四二号、一九九九年一二月、折原村については西田美昭編『戦後改革期の農業問題』日本経済評論社、一九九四年、北条英『折原の村に生きて わたしの昭和史』私家版、一九八四年。

(20) こうした論理のなかで自らの「だまされた」経験を位置づけようとすると、ほぼ総じて「銃後」の社会は、天皇と「民衆」が「軍閥」・「指導者」に「だまされ」、甚大な被害を蒙った社会として抽象化されていくことになる。

(21) 伊丹万作のこのエッセイは時代状況のなかで多くのアンソロジーに収録されている。最近では堀真清編『原典で読む 日本デモクラシー論集』(岩波現代全書、二〇一三年)に収録されている。

(22) 中井正一の戦後文化運動については『中井正一全集4』(美術出版社、一九八一年)収録の論考を参考にした。また、牧原憲夫『山代巴 模索の軌跡』而立書房、二〇一五年、も参照。

(23) 福岡寿一は、「近藤は「戦争を後悔せよ」と、読者に訴えた長い文章のなかのどこにも自分の戦争中の言動に対して「後悔」していない」と述べている。福岡寿一・前掲『一筋の道』。

エピローグ

(1) 朝鮮戦争下の日本社会について、これまでのところ最もまとまったものとして大沼久夫編『朝鮮戦争と日本』新幹社、二〇〇六年、地域史研究では新津新生『朝鮮戦争と長野県民』信州現代史研究所、二〇〇三年、最新のものとしてテッサ・モーリス゠スズキ編『ひとびとの精神史2 朝鮮の戦争』岩波書店、二〇一五年。

(2) 「銃後」の人びとにとって就職は大きな関心事であった。戦後における軍隊と就職にかかわって安田武『少年自衛隊』(東書房、一九五六年)が先駆的な問題を提起しているが、そこでは自衛官募集反対運動の論理゠「貧農の次三男の就職対策」に対して、実際には自衛官志願者は成績優秀、進学希望のものが多いという。就職問題ではなく「進学問題」であるというのだが、ここでも軍隊と就職・進学の関係が論点になってこよう。

(3) 朝鮮戦争下に実施された京浜工業地帯の著名な労働調査(『京浜工業地帯調査報告書 産業労働篇各論』神奈川県、一九五四年)を「再読」した近年の研究によれば、兵役経験者のうち、元の職場に復帰したものは「職員」であるものが多く、「労務者」(工員)で実家が農家である場合、復帰者が相対的に少ないことが指摘されている(稲田雅也「兵役経験者たちの軌跡」橋本健二編『戦後日本社会の誕生』弘文堂、二〇一五年)。

(4) なお、朝鮮人の反戦運動にかかわって出入国管理体制が整っていくが、それが朝鮮戦争期であることにも注意が必要である。大村収容所に象徴されるように、朝鮮戦争「戦時体制」は、外国人の排除と管理をその重要な、あるいは不可欠な一部としていたのである。

あとがき

歴史学と歴史教育の「二足のわらじ」を履くことを自分に課す決意をしたのは何時の頃だったでしょう。そんなわたしにとって、家永三郎さん、黒羽清隆さんの戦争史叙述はつねに大きな目標であり続けました。歴史研究に多くの情熱を注ぎながら、ほとんどそれと同じだけのものを歴史教育、ひいては子どもたちにむけた語りに注いだお二人のお仕事は、わたしの原点の一つでした。

お二人の歴史学・歴史教育は、民衆生活上の「切実な課題」を基礎に、通史叙述や日本史学習の系統を構成するものでした。当然、お二人の戦争史叙述も、時々の人びとにとっての「切実な課題」からみた戦争史叙述となっていました。いま、わたしなりに一つの歴史叙述を書き終えることができました。しかし、歴史教育――ひいては子どもが暮らしのなかで抱えている「切実さ」からみて、この本は一体どのように読むことができるのだろうか、と自分自身に問うてみて、内心、とても不満が残るものとなりました。歴史叙述における民衆軽視は教育現場における子ども軽視につながる、そんな黒羽さんのことばを思い出しながら、歴史学と歴史教育、その「二つの魂」を生き抜くことは、まだ「道なかばだ」と痛感しました。

戦争末期においては「空襲」の経験が、そして子どもたちにとっては「疎開」の経験が、これまで「銃後」の切実な経験として語られてきました。そのことは決して軽視してよいことではないでしょう。また、「銃後の民衆」たちが経験した切実なことがらの最も重要な一つは、肉親・知人の「死」であったでしょう。二〇〇〇年代の現代史研究では、軍隊と地域社会の関係、戦没者慰霊をふくめ「兵士のライフサイクル」が注目を集め、多くの優れた仕事がまとめられています。この本では、こうした問題群については基本的にこれらのお仕事に委ね、あまり叙述をしていません。「空襲」「疎開」「戦死者」の問題を人びとの「切実な課題」と思わないわけではありませんが、この本はまた別の「銃後」論の叙述を目指しました。さらに、「帝国史」の方法が提起され、植民地責任というかたちでの問題の深化が図られたのも二〇〇〇年代の特徴でしょう。しかし、L・ヤング『総動員帝国――満洲と戦時帝国主義の文化』(岩波書店、二〇〇一年)などの優れた成果を受け止めて「帝国の銃後史」を構想し叙述することは、いまのわたしの植民地史研究やアジア史研究の理解不足もあって、果たせませんでした。ただ、この本の叙述のなかに、問題状況(ないしは「点景」)として示唆しえたに過ぎません。そして、沖縄における「銃後」、つまり沖縄戦へと向かう地域社会をどのように描くかは、教科書検定の動向や、教科書における沖縄戦叙述ともかかわるものであって、わたしとしては、どうしても「教科書問題」論の一環として考えてみたいのです。

「民衆経験」を考えるうえでは、いくつかの民衆論・大衆論がつねにあたまのなかにありました。万年二等兵でいる三〇歳ぐらいの兵隊は人の「先に立って」なぐったりしない、そんな「ぶつぶつ言いながら半身の姿勢で戦争に協力していたような人たち」(鶴見俊輔)と、日常的には「一種の自然な虚偽で国家に対抗している」が、「戦争をやれと国家から言われれば、支配者の意図を越えてわっとやる」(吉本隆明)という、鶴見さん、吉本さんの「大衆の原像」の違いをめぐる論点も、どうにかこの本で方法的に活かしたかった問題の一つです（鶴見×吉本「どこに思想の根拠をおくか」『展望』一〇〇号、一九六七年）。また、渡辺京二さんのいう「わが国の基層的生活民が十五年戦争を黙々として支持したのは、市民社会的現実からたえず剝離してゆく自分たちの欲求を戦争がみたしてくれるのではないかという幻想があったから」だという問題、つまり人びとの「人間らしい」欲求と戦争との関係構造も今後深めるべき問題として残ってしまいました（「戦争と基層民」『現代思想』一九七六年七月号）。戦後の地域史研究、教科書問題（教科書裁判）への取り組みから研究をはじめたわたしとしては、「戦時」の社会を描くことはあるまいと考えていたのですが、戦後の「戦争責任」を考えるうえで不可欠の仕事と考え、執筆の依頼を受けることにしました。しかし、実力不足は否めません。ただわたしとしては、戦争と民衆の問題について、この本のなかではわずかに登場するだけの白鳥邦夫さんたちの戦後の営みを通じて、戦後における「銃後史」再認識のゆくえ——それは戦後思想と言い換えてもいい——をまた別に追いかけてみたいと思っています。

ここまでの研究生活では、多くの方々にお世話になりました。特に、君島和彦先生と吉田裕先生には感謝しております。わたしは、歴史学と歴史教科書、「戦争責任」「植民地責任」と民衆、この大きな問題をふたつながら考えてこられた両先生のあとを追いかけているに過ぎないのかもしれません。また、安田常雄さんとの対話は、その民衆論・大衆論をめぐるやわらかい発想と経験への深い視野で、いつも楽しいひと時となっています。ただ、安田浩さんにこの本を読んでもらえなかったことが悔やまれます。ひとえにこの本の完成が遅れてしまったからですが。

本書の執筆にあたっては多くの図書館・文書館・資料館の皆様にお世話になりました。すべてをこここに記すことは出来ませんが、とりわけ、飯田市歴史研究所、石川県立図書館、法政大学大原社会問題研究所、神奈川県立公文書館、国立国会図書館、農山漁村文化協会図書館、一橋大学図書館などの諸機関には、たいへんお世話になりました。記して感謝したいと思います。

執筆の依頼があってから、さまざまな事情でわたしのライフスタイルは大きく変わってしまいました。そうしたなか、何度も挫折しそうになったわたしを、この本の完成にまでもっていってくださったのは編集者の吉田浩一さんです。彼のはげましがなければ、この本は完成しませんでした。また、堺原輝幸さんのていねいな校正にも感謝します。最後に、この本の内容をそのまま講義・講演で話したことはないのですが、いつも鋭く、また思いもよらない「問い」を突きつけてくれる学生・市民の皆さんにも感謝したいと思います。「切実な問い」を抱えた彼・彼女たちとのつきあいは、この本が生まれる「豊かな場」でもあったからです。

今は亡き母(「日華事変」の際に生まれたので「曄子」)、必死に家族を支えてきた今も元気な父(「國廣」)はともに一九三七年、日中戦争開戦後の生まれです。「銃後の民衆経験」は、私にとって「母の時代／父の時代」の歴史叙述でもあったのです。

二〇一六年四月

おおぐし　じゅんじ

大串潤児
1969年，東京生まれ．東京学芸大学大学院教育学研究科修士課程，一橋大学大学院社会学研究科博士課程修了．現在，信州大学人文学部准教授．日本現代史．主な著作に「教科書訴訟・教科書問題と現代歴史学」(『岩波講座日本歴史 22』岩波書店)，「戦後子ども論」(『シリーズ 戦後日本社会の歴史 4』岩波書店)など．

「銃後」の民衆経験
—— 地域における翼賛運動　　戦争の経験を問う

2016年5月25日　第1刷発行

著　者　大串潤児《おおぐしじゅんじ》

発行者　岡本　厚

発行所　株式会社　岩波書店
〒101-8002 東京都千代田区一ツ橋 2-5-5
電話案内 03-5210-4000
http://www.iwanami.co.jp/

印刷・理想社　カバー・半七印刷　製本・松岳社

ISBN 978-4-00-028380-9　Printed in Japan

戦争の経験を問う

経験を切り口に戦争のリアリティに迫る

［兵士たちの経験］

*兵士たちの戦場 体験と記憶の歴史化 山田 朗

*日本軍の治安戦 日中戦争の実相 笠原十九司

*兵士たちの戦後史 吉田 裕

［「帝国」のゆらぎ］

*抵抗と協力のはざま 近代ビルマ史のなかのイギリスと日本 根本 敬

*東南アジア占領と日本人 帝国・日本の解体 中野 聡

*資源の戦争 「大東亜共栄圏」の人流・物流 倉沢愛子

［変容する社会］

*総力戦体制と「福祉国家」 戦時期日本の「社会改革」構想 高岡裕之（品切）

*せめぎあう地域と軍隊 「末端」「周縁」軍都・高田の模索 河西英通

*「銃後」の民衆経験 地域における翼賛運動 大串潤児

［戦争を語る、戦争を聞く］

〈特攻隊〉の系譜学 イメージと語りのポリティクス 中村秀之

*「戦争経験」の戦後史 語られた体験／証言／記憶 成田龍一（品切）

（*は既刊）